KB249894

한국의 축제 다시보기

한국의 축제 다시보기

김 태 경 著

한국학술정보㈜

서 문

　컴퓨터를 이용하여 '祝祭', '洞祭', '大同祭', '宗教', '記號學' 등을 검색하면 민속학이나 인류학 그렇지 않으면 지리학 정도에서 관계를 찾을 수 있을 터이므로, 이 책을 보시는 분들께서 본 저자에 대하여 당연히 그들 분야의 어느 한 귀퉁이에 있지나 않을까하는 생각을 할 것같아 그렇지 않음을 미리 밝힌다. 저자는 오래 전에 국악과 탈춤에 약간의 관심을 두고 잠시 몸을 담았던 것이 우리 것에 대한 경험의 전부이다. 따라서 이 책이 우리 것에 대한 이해를 위해서 시작했던 연구라기 보다는 공간과 그 안에서 일어나는 행태를 연구하는 과정에서 만들어졌다고 보는 것이 좋겠다. 뒷장을 먼저 보시면 저자는 조경을 업으로 하는 사람임을 알 수 있을 것이고, 조경은 우리나라의 산업분류상 건설업에 포함된다. 우리 분야에서 말하는 조경은 좋은 말로는 종합과학이고, 술자리에서는 잡학이라고 약간의 자조를 섞어 낮추어 말하는 사람도 있다. 그러나 조경이 인간과 관련된 모든 분야의 연구결과를 모아모아 인간에게 가장 쾌적하고 안전한 환경을 만드는 분야임을 강조하고 싶은 것은 본 저자가 대학에서 학생들을 가르키는 한 사람이기 때문일 것이다. 최근에 만들어진 서울숲과 대형 환경개선사업인 청계천복원이 조경가의 리드에 의한 것임을 아는 사람은 극히 드물 것이다.

　축제는 최초의 시간으로 돌아가 하나가 되는 현장이다. 그간의 축제에 대한 연구는 대부분 민속학적 시각에서 다루어져 왔고, 그럼으로써 민속학적 가치를 갖는 연희자 중심의 기록이었다. 이러한 연구결과는 두 말할 것 없이 전혀 다른 분야에 있는 저자도 대단한 무게감을 느끼고 있고, 그러한 사실은 이 책속의 곳곳에 들어앉아 저자의 시각을 맑게 해주고 있다. 내용이 둘로 나뉘어져 있는 듯한 느낌이 드는 것은 현대축제의 이해를 위해서는 없어서는 안되는 내용이기 때문이기도 하지만 그러한 무게감을 벗지 못한 결과이기도 하다. 전반부의 주요내용이 되고 있는 축제의 발생과 변천은 민속학적 측면이 강조되고 있는 반면, 중반이후에 서술되어 있는 현재의 축제에 대해서는 그것을 연희하고 있는 사람보다는 축제를 즐기는 향유자와 그들을 담는 그릇이 중심이 되고 있다. 축제는 하나가 되는 현장이므로 연희자 중심의 '그들만의 축제'가 아니라, 참여하는 모든 이들이 하나가 되는 '우리의 축제'가 되어야 하기 때문이다.

조경학이라는 다소 생소한 분야에 있는 저자가 축제라는 화두를 다루게 됨으로써 민속학이나 인류학을 전문분야로 하시는 분들에게 누가 되지 않았으면 하고, 이 글이 '민속' 그리고 '축제'를 박물관에서 꺼내어 놓는 하나의 시도였다는 정도의 이해였으면 하는 마음이다. '환경'과 '문화'를 테마로 하는 21세기를 맞아 문화를 이야기하는 이 글이 먼지에 덮혀 잊혀질 수도 있었으나 햇빛을 볼 수 있는 계기를 만들어주신 한국학술정보㈜의 신재훈 씨와 채종준 사장님께 깊은 감사를 드린다.

2006년 5월
동해바다가 보이는 也萱齋에서
김태경 씀

차 례

제3장 현대축제에 나타난 전통요소

제4장 한국축제의 특성과 발전방향

제1장 축제의 개념과 전승

제1절 축제의 개념

Ⅰ. 축제의 정의

축제(祝祭)란 사전적으로는 축하(祝賀)의 제전(祭典)[1], 축하(祝賀)와 제사(祭祀)[2]로 정의되고 있으며 서구식으로는 carnival(순회쇼/ 진탕만탕 놀기/ 사육제(謝肉祭))[3], celebration(축하, 축전, 의식, 성찬식, 찬양)[4], cult(예배식, 의식, 제례, 숭배, 존경, 동경/ 예찬, 유행, ~열fashion, raze/ 사교(邪敎), 종파sect)[5], gala(경축, 제례festivity, 축제festival)[6], feast(향연, 잔

---

1) 제사의 의식, 성대히 열리는 예술발표회나 체육회 등을 뜻하는 말
   제전 : 의식을 갖춘 제사와 의식을 갖추지 아니한 제사의 통칭
   　　　 서도잡가(雜歌)의 하나, 제물 올리는 법과 제상(祭床)에 차려진 산해진미, 초헌(初獻), 아헌(亞獻), 종헌(終獻)의 절차를 밝힌 뒤, 인생의 무상함을 읊은 것임
   　　　 (이희승, 국어대사전, 민중서림, 1982, pp.3295～3296)

2) 한글학회, 우리말 큰사전3, 어문각, 1992
   이희승, 국어대사전(수정증보판), 민중서림, 1982, p.2676

3) The New World Comprehensive English-Korean Dictionary, 시사영어사, 1980, p.351
   ① a travelin amusement show, having sideshows, rides, etc. ② any merrymaking, revelry, or festival, as a program of sports or entertainment ③ the season immediately preceding Lent, often observed with merrymaking (시사영어사, *THE RANDOM HOUSE DICTIONARY OF THE ENGLISH LANGUAGE*, Random House Inc., 1987, p.317)

4) The New World Comprehensive English-Korean Dictionary, 시사영어사, 1980, p.327
   어근 cel은 라틴어 caelum에서 유래된 것으로 sky, heaven의 뜻

5) The New World Comprehensive English-Korean Dictionary, 시사영어사, 1980, p.510

치, 연회banquet/ 축제, 축일)[7], festival(축제, 축전, 제전/ 축제일/ 향연/ 계절의 축제)[8], fête(축제/ 축제일, 명절날, 휴일/ 축연, 향연/ 성명축일(聖名祝日))[9], rite(의식, 의례/ 관습, 관례)[10] 등으로 표현되는 용어에서 가장 밀접

---

① a particular system of religious worship, esp. with reference to its rites and ceremonies. ② an instance of great veneration of a person, ideal, or thing, esp. as manifested by a body of admirers: the physical fitness cult. ③ the object of such devotion. ④ a group or sect bound together by veneration of the same thing, person, ideal, etc. ⑤ a group having a sacred ideology and a set of rites centering around their sacred symbols ⑥ a religion or sect considered to be false, unorthodox, or extremist, with members often living outside of conventional society under the direction of a charismatic leader ⑦ the members of such a religion or sect. ⑧ any system for treating human sickness that origianted by a person usually claiming to have sole insight into the nature of disease, and that employs methods regarded as unorthodox or unscientific. (시사영어사, *THE RANDOM HOUSE DICTIONARY OF THE ENGLISH LANGUAGE*, Random House Inc., 1987, p.488)

6) The New World Comprehensive English-Korean Dictionary, 시사영어사, 1980, p.912
① festive; festal; showy ② a festive occasion; celebration; special entertainment ③ festal pomp or dress (시사영어사, *THE RANDOM HOUSE DICTIONARY OF THE ENGLISH LANGUAGE*, Random House Inc., 1987, p.782)

7) The New World Comprehensive English-Korean Dictionary, 시사영어사, 1980, p.792
① any rich or abundant meal ② a sumptuous entertainment or meal for many guests ③ a something highly agreeable ④ a periodical celebration or time of celebration, usually of a religious nature, commemoration an event, person, etc. (시사영어사, *THE RANDOM HOUSE DICTIONARY OF THE ENGLISH LANGUAGE*, Random House Inc., 1987, p.704)

8) The New World Comprehensive English-Korean Dictionary, 시사영어사, 1980, p.802
① a day or time or religious or other celebration, marked by feation, ceremonies, or other observances ② a periodic commemoration, anniverasry, or celebration ③ a period or program of festive activities, cultural events, or entertainment ④ gaiety; revelry; merry-making (시사영어사, *THE RANDOM HOUSE DICTIONARY OF THE ENGLISH LANGUAGE*, Random House Inc., 1987, p.711)

9) The New World Comprehensive English-Korean Dictionary, 시사영어사, 1980, p.802
① a day of celebration/ holiday ② a festive celebration or entertainment ③ a religious feast or festival (시사영어사, *THE RANDOM HOUSE DICTIONARY*

한 관련성을 찾을 수 있고, 또한 일본의 경우에는 그들의 신(神)에 대한 전통 의례인 마쯔리(祭り: まつり)11)라는 의식에서 가장 유사한 예를 볼 수 있다. 'carnival'은 라틴어의 'caro(고기)'와 'levara(제거)'의 합성어로 카톨릭교 국가 에서 四旬節(Lent)동안 육식을 멀리하므로 육식과 이별하기 전에 고기를 먹 는다는 데서 유래했다는 설도 있다.

『설문해자(說文解字)』에 보면 '제(祭)'는 'タ(肉)', 'ㅈ', '示'의 합자(合字) 로서 'タ'은 고기, 'ㅈ'은 오른손 그리고 '示'는 하늘이 길흉의 상(象)을 내리는 것12)이라 하여, 곧 고기를 잡아 신에게 바침으로써 길흉의 상(象)을 보게 된 다는 것이다. 또 『상서(尙書)』에서는 제의는 신에게 지극정성을 다하여 제물 을 바치고 위함으로써 신령과의 화해를 통하여 삶의 조화와 질서를 회복하고 자 한 것13)으로, 이것은 초월적인 존재에게 공희(供犧)하여 성(聖)과 동일 성14)을 회복하려는 신앙적 행동양식이라고 의례와의 차이를 설명(김의숙, 한

OF THE ENGLISH LANGUAGE, Random House Inc., 1987, p.711)

10) The New World Comprehensive English-Korean Dictionary, 시사영어사, 1980, p.2056
① a formal or ceremonial act or procedure prescribed or customary in religious or other solemn use ② a particular form or rite of religious or other ceremonial practice ③ one of the historical versions of the Eucharistic service: *the Anglican Rite* (시사영어사, *THE RANDOM HOUSE DICTIONARY OF THE ENGLISH LANGUAGE*, Random House Inc., 1987, p.1661)

11) ……祭天은 그들의 훈으로는 '텐오 마쯔루(天を 祭る)'가 된다. 이를 영어로 훈 을 달면, '祭'라는 것은 'to worship'이며 '예배한다'와 완전히 동일한 의미이다. (金容沃, 여자란 무엇인가, 통나무, 1986, pp.217~220)
① 神をまつること. 神をまつる儀式 ② 祝い・宣伝などのために行うにぎやかな もよおし (㈜시사영어사, 표준일본어사전, 왕문사, 1988, p.801)

12) 天垂象吉凶所以示人

13) 祭之言察也. 察字至也, 言人事至於神也.

14) 엘리아데는 거룩한 공간이라는 개념을 도입하여 이를 설명하고 있는데, 즉 종 교적 인간은 공간을 거룩한 것과 세속적인 것으로 인식하고 있으며 그들의 행 위는 거룩한 공간을 발견(계시)하여 실존적인 가치를 높이는데 있다고 한다. 다시 말해 세속적인 공간을 거룩하게 만드는 것은 神的 행동의 모방으로 神과

국민속제의와 음양오행, 집문당, 1993)하고 있다. 또한 콕스(Harvey Cox)가 정의하고 있는 축제는 인간이 과거를 포함한 삶의 확장된 영역을 그 자신의 체험 속으로 적용시키는 인간적인 놀이형식으로, 일상을 깨뜨리고 인간에게 과거를 열어 보임으로써 그의 경험을 확충하고 편협성을 배제하는 것[15]이라고 한다. 마르틴(Gerhard M. Martin)은 축제적 시간이란 삶의 질을 구성하는 것에 대한 인식이며, 그것을 위해 공개된 공간, 자유로운 시간, 사치(luxus)로 규정하고 있으며, 따라서 자유로운 시간, 주일휴가, 각종 휴일들을 '축제'와 같은 것[16]으로 보고 있다.

이상의 내용을 종합해보면 축제란 일상의 생활 속에서 행해지는 특별한 활동으로 대부분 신격화(神格化)된 상징적 대상[17]을 가지고 있으며 시간적인 개념과 공간적인 개념을 함께 주요 대상으로 삼고, 그 목적은 삶의 질서를 회복하는데 있는 것으로 볼 수 있다. 여기서 주목해볼 것은 시간이라는 개념과 공간이라는 개념 그리고 활동이라는 측면이다. 즉 축제란 일상의 생활에서 펼쳐지거나 일상의 공간에서 이루어지는 활동이 아니며 그

동일하게 되려는 의도로 파악하고 있다.

15) Cox, H., The Feast of Fools : A Theological Essay on Festivity and Fantasy, Cambridge, Mass., 1969, pp.7~12, 김천배 역, 바보祭 -祭祝과 환상의 신학, 현대사상사, 1973

16) Martin, G.M., Fest und Alltag, 김문환 역, 축제와 일상, 한국신학연구소, 1985, pp.61~62

17) 우리는 동일한 신비적 사건-전적으로 다른 종류, 우리의 세상에 속하지 아니한 어떤 실제가, 우리의 자연적이고 '세속적'인 세계의 불가결한 부분을 이루는 대상 속에서 현현된다는 사건에 마주치게 된다. 근대의 서구인들은 거룩한 것의 수다한 현현 앞에서 어떤 불편스러움을 경험한다. 그들은 거룩한 것이, 예컨대 돌이나 나무와 같은 것 속에서 현현될 수 있다는 사실이 많은 사람들에게 받아들여지기 어렵다고 생각한다. …… 여기에 담겨진 것은 돌 그것 자체에 대한 숭배나, 나무 그것 자체에 대한 예배가 아니다. 거룩한 나무, 거룩한 돌은 돌이나 나무로서 경외되는 것이 아니다. 그것들은 정확히 그것이 성현이기 때문에, 그것이 더 이상 돌이나 나무가 아니라 거룩한 것, 전적으로 다른 것을 보여주는 존재가 되기 때문에 숭배를 받는 것이다. (Eliade, M., 이동하 역, 聖과 俗-종교의 본질, 학민사, 1983, pp.11~12)

활동 또한 평상의 행동과는 구별되는 것이다. 물론 일상의 공간에서 이루어지는 축제활동의 예도 찾아볼 수는 있고, 세속적인 공간의 비균질성[18][19]을 확인할 수 있는 경우도 있으나 전자의 경우는 이미 그 공간이 주변과 구별되는 비균질적인 거룩한 공간으로 변화한 것이고, 후자의 경우는 다수를 대상으로 하는 비균질적 공간의 형성이라기 보다는 개인적인 내밀성이 강조되는 공간의 형성인 것이다. 또한 앞으로만 가는 시간의 관념뿐만이 아닌 뒤로도 돌아갈 수 있는 시간, 그럼으로써 반복이 가능한 시간을 만드는 것이다.

> 종교적인 인간에게 있어서 시간은 공간과 마찬가지로 균질적인 것도 지속적인 것도 아니다. ……. 종교적 인간은 제식이라는 수단에 의하여 일상적 시간의 지속으로부터 거룩한 시간에로의 이행을 위험없이 수행할 수가 있다. ……. 거룩한 시간은 그 본질에 의하여 역전(逆轉)이 가능하다 그것은, 엄격히 말해서 원초적인 신화의 시간이 나타난 것이다. 모든 종교적 축제, 모든 예배의 시간은 신화적인 과거에, '태초'에 일어난 거룩한 사건의 재현을 나타낸다. 축제에 종교적으로 참여하는 것은 일상적인 시간의 지속으로부터 벗어나서 축제 그 자체에 의해 재연된 신화적 시간에로 복귀하는 것을 포함한다. ⟨Eliade, M., 이동하 역, 聖과 俗-종교의 본질, 학민사, 1983, pp. 53~54⟩

엘리아데는 이러한 원초로의 회귀현상에 대하여 상이한 문화 속에서도 공통된 무의식적 작용으로 나타나고 있음을 여러 실증적 자료[20]에서 보여

---

18) 균질성・비균질성의 문제는 엘리아데의 주요 논지로 聖과 俗의 공간을 구분하는 근거이며 바슐라르의 내밀성과 밀접한 관련을 맺는 개념으로 이해된다.

19) 세속적인 공간에서의 비균질성의 장소는 주로 개인과 관련된 공간에서 이루어지는 것으로 자신의 출생지, 밀애의 장소, 첫 외국 나들이 장소 등과 같은 私的인 의미에서의 '거룩한 장소'인 것이다. 바슐라르의 내밀한 공간이 바로 이러한 개인적 의미에서의 '거룩한 장소'를 표현한 것으로 이해할 수 있다.

20) Eliade, M., *Le Chamanisme et les techaniques archaiques de l'extase*, Paris, 1951
_____, *The Myth of the Eternal Return*, New York, Pantheon Books,

주고 있으며, 이러한 사실들은 우리들의 기제사(忌祭祀), 당제(堂祭) 혹은
부락제(部落祭)·동제(洞祭), 당굿, 계절제(季節祭) 등에서도 확인할 수 있
다.

이러한 사실에서 축제란 농업과 밀접한 관련을 가지는 의례에서 나온
것으로 특정한 사건이나 시간적 상황을 기념하여 순환·반복적으로 행하여
지며, 종교성을 특징으로 하는 행위이다.

Ⅱ. 축제의 양상

오늘날 일상언어로 가장 흔하게 사용되는 말중의 하나가 '사회(社會)'일
것이다. 이 '사회'는 축제적 행위와 매우 밀접한 관련을 맺고 있다. 진(
晉)·한(漢)시대에 농촌의 젊은 남녀들이 봄과 가을에 두 번씩 모여 '사제
(社祭)'라고 불리우는 토지신에게 제사를 드리며 함께 음식을 나누어 먹는
이른바 공식행위(共食行爲)를 즐겼다. 그런데 사람들은 바로 이렇게 젊은
남녀들이 한 자리에 모여 음식을 함께 나누어 먹는 모임을 두고 '사회'라고
불렀다.21)

과거의 모든 사회적 행위는 항상 종교성을 가장 중요한 위치에 두고 이루
어졌다. 모든 생활이 종교적이었고 종교적 행위가 곧 생활이었다. 우리의 삶
속에 이러한 종교적 행위와 그에 따라 공간이 이루어지는 모습은 인간의 삶
자체라고 할 수 있는 관혼상제 의례와 함께한다고 할 수 있는데, 이것이 이루
어지는 곳은 우리들 혹은 인간들에게 삶과의 관계에서 정기·부정기적으로
나타나는 의미 있고 내밀한 공간인 것이다. 따라서 관혼상제의 전통은 가장
그 성격이 분명한 축제로 분류될 수 있고, 이러한 관혼상제의 의례와 더불어

Bolingen Series ⅩLⅥ, 1954
_____, *Patterns in Comaprative Religion*, New York, 1958

21) 김욱동, 탈춤의 미학, 현암사, 1994, pp.176~177

이로부터 파생되거나 이에 근거를 둔 통과의례[22]적 행위들 또한 같은 성격으로 이해할 수 있는데, 여기에서는 세속적인 공간의 비균질성을 특정으로 하는 개인화된 형태가 아닌 공동체적 질서의 회복을 목적으로 하는 것을 축제의 범위로 한정하고자 한다. 물론 관혼상제 자체가 하나의 통과의례이므로 넓은 의미에서는 모두 이에 포함된다고 할 수 있으나, 부분적으로는 제의(祭儀)의 형태이지만 통과의례의 의미를 붙일 수 없는 행위들[23]도 축제로 볼 수 있다 - 이에 대해 장철수는 주기성을 띠는 의례는 세시풍속이라고 부르며, 임시성을 띤 것은 평생의례라고 구분[24]하고 있음 -. 이와 함께 제의적 형태가 세시풍속과 어우러져 놀이화되어 연출되는 것[25] 또한 공동체에 대한 질서의 회복이라는 측면에서 보면 분명한 축제의 하나가 될 수 있다.

1. 의례와 축제

축제의 형태는 이에 대한 정의와 범위에서 보았듯이 제의(祭儀) 혹은 의례(儀禮) 등을 근본형태로 하여 그 모습을 찾을 수 있고, 이러한 제의와 의례는 형태와 절차 혹은 공간과 시간상 차이에 의해 동일하지 않음[26]은

---

22) Van Gennep, A., *Les rites de passage*: 통과의례, 전경수 역, 을유문화사, 1985

23) 장날에 펼쳐지는 장터에서의 행위, 그리고 과거에는 제의(祭儀)였거나 제의적(祭儀的) 형태를 지녔으나 시간의 흐름에 따라 변화(무대화·전문화·상업화)한 요소들이 있음

24) 장철수, 한국의 관혼상제, 집문당, 1995

25) 밀양 백중놀이, 좌수영 어방놀이, 동래 지신밟기, 무안 용호놀이, 각종 탈춤놀이 등을 들 수 있다.

26) 대체로 제의(祭儀)는 조화로운 삶을 누리기 위하여 신령에게 희생(犧牲)을 바치어 동일성을 회복하려는 신앙관념의 표현양식이고 의례(儀禮)는 우리말의 '차례'와도 상통하는 말로 인간이 살아가는 데에 있어서 요구되는 '순리(順理)' 그 자체의 의식화된 행동양식이며 제의(祭儀)를 포함해서 그 행위의 저변에 깔려있는 관념까지를 포함하는 광의의 개념이라고 김의숙은 분류하고 있음.(김의숙, 한국민속제의와 음양오행, 집문당, 1993)

많은 연구들에 의해 확인되고는 있으나 축제라는 공통된 구조에 의해 같은
개념으로 볼 수 있다. 축제가 갖는 양상은 크게 인간사와 관련되어 사람들
사이에서 일어나는 일시적 축제, 그리고 인간사와 관련은 되어 있으나 사
람과 神의 차원에서 작용하는 주기적·반복적 축제로 구분할 수 있다.

> 문화의 무대는 …… 바로 우리 삶의 공간속에 있는 것이다. 우리 삶의
> 공간속에 있는 무대란 무엇인가? 그것은 전통언어를 빌리자면 관(冠)·
> 혼(婚)·상(喪)·제(祭)라는 것이다. …… 죽음조차도 삶의 한 과정이라
> 면, 이 매듭매듭은 인간에게 있어서 너무도 소중한 의미의 장(場)이며
> 너무도 공감이 쉬운 마당들이다. 바로 옛날 유자(儒者)들은 이러한 삶의
> 매듭을 가장 중요한 문화의 무대로 생각했던 것이다. 〈김용옥, 여자란
> 무엇인가, 통나무, 1986, p.70〉

여기서 말하는 인간사는 관혼상제라는 말로 대치시킬 수 있는데, 이중 관
(冠)·혼(婚)·상례(喪禮)는 사람들 사이에서 일어나는 일시적 축제로 볼 수
있으며, 여기에는 우리에게 많은 비중을 차지하고 있는 출산의례도 포함된다.
이에 대비하여 제례(祭禮)는 신적(神的)인 존재와의 교섭에 의한 주기적·반
복적 축제로 볼 수 있다.

(1) 관 례(冠 禮)

관(冠)이란 벼슬을 얻거나[27] 어른이 되는[28] 성인식 혹은 입사식(入社
式)(initiation)[29]을 의미하는 것으로 관례(冠禮)를 지칭하는 것이다. 시간적

---

27) ㉠갓관: 머리에 쓰는 물건.「冠帶」.「冠冕」.「裂冠毁冕」〈左傳〉㉡볏관: 닭의 볏. 계
　　관(鷄冠).「冠距」.「聖人見鳥獸有冠角鬐胡, 遂制冠冕縫綏」〈後漢書〉㉢갓쓸관 : 갓
　　을 씀「上或時不冠」〈漢書〉(민중서관편집국, 漢韓大字典, 민중서림, 1966, p.148)

28) ㉢갓쓸관 : 어른이 되어 관례(冠禮)를 올리고 갓을 씀.「冠者」.「昭帝旣冠」
　　〈漢書〉㉣어른관 : 관례를 올린 성인(成人).「冠童」.「童冠八九人」〈張華〉(민
　　중서관편집국, 漢韓大字典, 민중서림, 1966, p.148)

29) 반 젠넵(Arnold van Gennep)은 이것을 주로 연령과 관련을 맺는 통과의례로 특

으로는 비정기적인 특징을 가지며 다른 의례와의 차이는 신격화된 존재를
대상으로 하는 것이 아닌 – 단군신화에 나타나는 곰이 인간으로 되기 위해
햇빛을 보지 않고 마늘과 쑥만 먹은 것을 성숙의 제의, 즉 성년식으로 보는
견해도 있음 – 그 자체의 행위를 수단으로 한다. 이러한 신입례로서 '들돌들
기(혹은 들독들기)'는 대부분 7월 백중절에 마을의 신목(神木)(혹은 정자나
무) 밑에서 이루어지는데 마을의 청장년들이 힘을 겨루어 두레에 가입할 자
격을 심사받는 행위이다.

<사진 1-1> 평생도 – 관례 ◀ ◀
자료 : 한국민속대관, 1980

<사진 1-2> 들돌 (강진군 대구면
사당리) ◀
자료 : 황헌만, 조선땅 마을지킴이, 1993

전라도나 충청도 일대에 이러한 풍습이 있었으며 경남 밀양지방에서는
'힘발림'이라 하였고, 제주도에서는 '뜸돌'이라하여 동리 어귀에 두어 마을
청년들의 체력단련에 사용되었다.[30] 공동체에 의한 의례진행, 의례후 공동
체로의 복귀라는 부분에서는 공동체 사회의 질서와 관련을 맺고는 있으나
대상의 측면에서는 개인적인 성격이 강하게 나타나고 있다. 이러한 관례(冠
禮)의 형태로는 진서턱, 들돌들기, 주먹다듬이 등이 있는데, 이는 미성년자
가 16~17세가 되어 성년으로서 두레에 가입하는 의식의 하나로 일종의 노
동의례로 이해할 수 있다.

정 사회집단에서 하나의 구성원으로서의 자격을 주는 행위로 설명하고 있다.
(Van Gennep, A., *Les rites de passage*: 통과의례, 전경수 역, 을유문화사, 1985)
30) 주강현, 굿의 사회사, 웅진출판, 1992, pp.182~184

기록에 나타난 관례의 절차는 택일(擇日), 고사당(告祠堂), 계빈(戒賓), 숙빈(宿賓), 진설(陳設), 진관복(陳冠服), 서립(序立), 영빈객(迎賓客), 시가례(始加禮), 재가(再加), 삼가(三加), 초례(醮禮), 자관자(字冠者), 출취차(出就次), 견우사당(見于祠堂), 견우존장(見于尊長), 예빈(禮賓), 견우향선생(見于鄕先生) 등31)으로 매우 복잡한 구조를 가지고 있다. 택일(擇日)부터 영빈객(迎賓客)까지는 본단계를 들어가기 전에 이루어지는 준비단계이고 시가례(始加禮)부터 자관자(字冠者)까지는 핵심과정인 시행단계이며, 출취차(出就次)부터 견우향선생(見于鄕先生)까지는 종결단계이다.

(2) 혼 례(婚 禮)

레비-스트로스는 고대의 근친상간 금기에 대한 연구에서 결혼이란 부모측이 딸을 제공하는 축제의 일환이었다고 설명하고 있다. 우리나라의 옛사람들에게 있어서 혼례(婚禮)란 하나의 종교적 행위(religious act)였으며 음양의 상생(相生), 곧 성적(性的) 이분법의 합일(合一)을 추구하는 전형적인 의례였다. 한 인간이 출생후 자라서 성인이 되었다는 점과 한 가정을 이룬다는 의미에서 동·서양을 막론하고 대단히 중요한 행사였으며32), 특히 우리는 예로부터 혼례를 인륜대사라는 말로 대신하여 사용했을 정도로 그 중요성의 정도가 매우 강한 통과의례였던 것이다. 예서제나 민며느리제와 같은 과거의 혼속을 확인할 수 있는 몇 가지의 사실들만으로 당시의 혼속(婚俗)을 정확히 판단하기는 어렵고 혼인형태의 일부분만을 확인할 수 있을 정도이며 우리나라의 경우에 있어서 이러한 혼속의 전통은 육례(六禮)33)나 사례(四禮)34) 등의 자료에서 볼 수 있듯이 조선시대에 들어와서

---

31) 세부사항에 대한 내용은 장철수의 「한국의 관혼상제」(집문당, 1995) 참조

32) 엘리아데의 견해에 의하면 결혼이 통과제의에 의하여 수행되는 것은 긴장과 위험을 내포하며 위기를 촉진시키기 때문이라고 한다. 그리스인들의 경우에는 결혼을 텔로스(telos), 즉 성화라고 불렀으며 이러한 결혼의식은 비교(秘敎)의 의식을 닮고 있다고 한다.

33) 六禮란 朱子가 제정한 여섯가지의 결혼절차를 말하는 것으로 「文公家禮」에는

그 기틀이 잡혔을 것으로 민속학 분야에서는 판단하고 있다. 육례(六禮)나 사례(四禮)는 혼인이 이루어지기까지의 절차를 일컬음이고 여기에서 논의하고자하는 축제로서의 혼례(婚禮)는 친영(親迎)에 해당하는 혼례장을 의미한다. 전반적인 절차는 전안례(奠雁禮), 교배례(交拜禮), 합근례(合巹禮) 등으로 이루어지고 있다.

우리나라 전래의 혼례풍경은 혼례상 준비와 손님대접 등 축제날 그 자체였으며 이러한 행사를 잔치라고 하였는데, 이러한 잔치는 한 집만의 잔치가 아닌 모든 것을 마을 구성원들이 함께 하는 마을의 잔치였다. 이러한 축제의 분위기 속에서 술과 음식을 먹으며 하루를 즐겁게 보내는 것으로, 특히 잔칫날 마을의 서당이나 머슴방에서 음식을 청구하는 쪽지를 보내는 단자(單子)의 풍경은 마을이 일심동체가 되고 상부상조하는 우리들만의 풍경으로 보인다.

아래와 같이 구분하고 있다.
① 의혼(議婚) : 신랑집에서 신부집에 청혼하는 것
② 문명(問名) : 신부될 처녀의 어머니 이름을 묻는 것
③ 납길(納吉) : 신랑집에서 혼인날짜를 신부집에 통보하는 것
④ 납징(納徵) : 납폐(納幣)라고도 하는 데, 신랑집에서 신부집에 예단(靑紅의 비단)을 보내는 것
⑤ 청기(請期) : 신랑집에서 혼인날짜의 가부를 신부집에 묻는 것
⑥ 친영(親迎) : 신랑이 친히 신부를 맞이해 오는 것(보통 혼례라고도 한다)
  (배도식, 한국민속의 현장, 집문당, 1993, p.356 / 김의숙, 한국민속 제의와 음양오행, 1993, pp.76~79)

34) 조선시대에 六禮가 번잡하다 하여 간소화시킨 것으로 이재(李縡)의 「사례편람(四禮便覽)」에 의혼(議婚), 납채(納采), 납폐(納幣), 친영(親迎)으로 구분하고 있음

<사진 1-3> 전통혼례의 신행 ➡
<사진 1-4> 교배례 ⬇
　자료 : 한국의 전통예절, 1994

⑶ 상 례(喪 禮)

　장례의식에 대하여 처음 생각할 때는 전이의례나 통합의례와 비교하여
단순한 분리의례가 장례의식의 가장 중요한 요소라고 예상할 것이다.
……전이의례가 상당기간에 걸쳐서 이루어지며 매우 복잡하여 자율적인
것으로 간주될 정도인데 반하여, 분리의례는 그 수도 적거니와 또 매우
단순한다. 더우기 망자(亡者)를 사자(死者)의 세계로 통합시키는 장례의
례는 가장 광범위하게 발달되어 있고 또 매우 중요한 것으로 여겨지고
있다. ……. 장례의례는 민족에 따라 크게 다르며 또 동일민족 사이에서
도 亡者의 性, 연령, 사회적 지위에 따라 달라지는 것은 ……. 〈Van
Gennep, A., *Les rites de passage*; 통과의례, 전경수 역, 을유문화사,
1985, p. 210〉

　상례(喪禮)란 반 겐넵35)이 지적하였듯이 통과의례 중 이승에서의 분리
를 통해 저승으로의 통합을 이루는 절차로 음(陰)과 양(陽)의 구조를 명확
히 보여주는 의식이다. 흔히 장례(葬禮)라고도 한다. 장례라는 의식은 대부
분의 사람들에게 있어서 슬픔이라는 상황이 작용함으로 축제의 구조로 파
악하는데는 모순이 따를 수도 있다. 그러나 그 의례의 구조가 갖는 특성은

---

35) 벨기에 출신의 프랑스인으로 실증주의적 사상을 기반으로 관찰에 의해 일반법
　칙을 추구하는 민족지학자이며 민속학자이다. 그는 전이단계에서의 의례를 밀
　도있게 다룸으로써 인류학분야에 커다란 영향을 미쳤다.

공동체의 모임이라는 의미에서 축제상황과 내용적인 측면만 다를 뿐 그 형식에 있어서는 많은 공통점을 가지고 있다. 특히 장례의식을 만들게 되는 죽음에 대한 관념에서 보면 이러한 특징은 쉽사리 찾아볼 수 있다.

과거에는 인간이란 삶과 죽음이라는 생성과 소멸의 거대한 자연법칙에 따르는 하나의 존재로서 자연을 비롯한 모든 것들과의 조화로운 상호작용을 하는 커다란 유기체의 구성요소로 파악하고 있었다. 이들에게서 공통적으로 나타나는 것은 죽음이란 현생(現生)과 매우 밀접한 관련을 맺고 있다는 인식과 죽음이라는 삶에 대한 한계성의 절감이 오히려 삶을 풍요롭고 충실하게 만들어준다는 믿음인 것이다. 이에 대해 조르쥬 바따이유(Georges Bataille)[36]는 장례의식의 기원에 대한 연구에서 장례는 죽은 자가 가는 저세상에 대한 관념의 표현이 아닌 현재의 삶에 촛점을 맞추고 있다고 유추하고 있다. 즉 초기시대의 사람들이 죽은 자를 묻는 이유는 죽은 자를 보호하기 위해서가 아니라 죽음의 전염으로부터 자신을 보호하기 위해서라는 것이다. 또한 선사시대의 묘지유적에서 발견되고 있는 무기류의 흔적으로 보아 당시에는 저승에서의 삶을 영위하기 위한 배려를 하고 있었으나 점차 종교 의례적인 영향에 의해 저승관이 변하고 있었다고 많은 연구에서 제시되고 있다. 즉 당시의 종교는 무속이었을 것으로 이러한 유추를 가능케하는 것은 부장품으로 나오는 청동의기(儀器)와 형태가 같은 무구가 지금까지도 무속에서 쓰여지고 있기 때문이다.[37]

우리들의 죽음을 받아들이는 자세는 보다 긍정적이었던 것으로 이러한 긍정적 태도는 죽은 사람이 살아있는 사람에 대해 영향력을 가지고 있다고 생각한 것에서 그 원인을 찾을 수 있다.[38] 즉 자신의 죽음은 조상들의 맥

---

36) 프랑스 출신의 사회학자로 신성성(일부에서는 원시성이라고 부름)에 대한 연구를 주로 하였으며, 내적 체험에 대한 중요성을 강조하고 있다.

37) 장철수, 한국의 관혼상제, 집문당, 1995, pp.45~46

38) 龍(山)을 중심으로 한 지형·지세의 풍수적 표현인 옥녀단장형(玉女丹粧形)이나 금계포란형(錦鷄抱卵形), 비아탁시형(飛鴉啄屍形) 등의 개념은 땅의 기운과 깊은 관련을 갖고 있지만, 이곳을 음택에 이용할 경우에는 죽은 자의 氣를 전수받

을 이어주고 자신의 혼을 넘겨주는 통과제의로서 그 의미를 가지는 것이다. 특히 묏자리의 경우는 자손들과의 연계라는 의미에서 더욱 큰 중요성을 가지게 되는데, 이러한 사고체계는 음택(陰宅)이라는 묏자리 선정의 태도를 낳았고, 그 음택의 사상은 무의식적 문화습득으로 현대를 살고 있는 우리에게도 남아있음을 확인할 수 있는데, 이것이 보다 체계화된 것이 바로 풍수사상인 것이다.

특히 조상숭배와 연관이 깊은 무속의 의례에서는 더욱 확연히 형상화된 삶 속의 죽음을 보게 되는데 죽은 이의 억울함을 달래주기 위한 '풀이굿' 등이 좋은 예라 하겠다. 일부의 연구에서는 이러한 저승의 세계마저 이승의 또다른 양상으로 보는 경우도 있다.

인간이 행하는 마지막 통과의례로써의 장례는 종족과 지역에 따라 큰 차이를 보이고 있는데 따라서 그 절차를 통해 그 시대, 그 지역 사람들의 철학과 세계관을 가장 생생하게 볼 수 있는 현장인 것이다. 우리의 장례절차는 천거정침(遷居正寢), 속광(屬纊), 수시(收屍), 습(襲), 염(殮), 입관(入棺), 혼백(魂帛), 성복(成服), 문상(問喪), 상여놀이, 산신제(山神祭), 하관(下棺), 실토(實土), 평토제(平土祭), 반혼(反魂), 삼우제(三虞祭), 졸곡제(卒哭祭), 소상(小祥), 대상(大祥), 탈상(脫喪)으로 이루어지는데 일부지역에서 나타나는 상여놀이의 모습에서 공동체 사회의 결속을 다지는 계기를 발견할 수 있다.

상여가 나가기 전날 저녁 상두꾼들이 상가에 모여 상여를 점검하고 각자의 위치를 정하는 등 운구에 차질이 없도록 준비를 한다. 이러한 준비가 끝나면 상여놀이가 시작되는데 이는 상두꾼들이 서로 발을 맞추어 보고 앞소리꾼과 상엿소리의 호흡 등을 맞추어 본다는 구실 아래 빈 상여를 메고 행하는 일종의 예행연습으로서, 상두꾼들이나 마을사람들의 입장에서 보면 흥겨운 놀이판의 성격을 갖게 되는 것이다. 따라서 장례가 치루어지기 전

___

기 위한 목적이 있는 것이다.
수의를 만들 때는 박음질을 하지 않고 실의 매듭도 짓지 않는다. 박음질을 하면 자손들이 줄어들고 매듭을 지으면 자손이 끊긴다고 ……(구미래, 죽음Ⅱ, 「얼과 문화」제52호, 우리문화연구원, 1993, p.9)

날 벌어지는 상여놀이는 단순히 상두꾼들만의 놀이가 아니라, 마을의 공동체 놀이로서[39] 다양한 놀이거리가 함께 베풀어지게 된다. 이러한 상여놀이에서는 아기의 탄생 장면, 가짜 상주와 가짜 문상객들의 우스개 소리와 몸짓, 장님인 거사와 거사의 마누라인 사당 그리고 중 사이에 벌어지는 남녀관계 등을 풍자적으로 엮어 굿, 춤, 노래, 연극 등이 혼합된 일종의 종합예술이 벌어지게 된다.

이러한 상여놀이를 통해 죽음을 죽음으로서만 받아들이지 않고 이를 극복하여 새로운 삶의 토대를 이루려는 현실적응의 지혜에 토대를 둔 것으로 이해하여야 할 것이다. 유교적 합리주의에 따르면 죽음이란 생명의 끝을 의미[40]하지만 우리의 민속에 깊이 뿌리를 내리고 있는 무교적·불교적 세계관에 의하면 죽음이란 곧 또다른 탄생이며 재생(再生)[41]을 의미한다. 따라서 상례(喪禮)는 슬픔과 어두움만이 아닌 재생(再生)에 대한 기쁨과 축복의 의미도 지니게 되는 것이다. 전남지방과 진도 등지에서는 장례행렬[42]의 양상에 전날의 상여놀이와 맥락을 같이하는 놀이적 특징을 강하게 보여주는 사례도 보이는데, 행렬의 맨 앞에 풍물잡이들이 풍물을 치기도 하고 기생들이 상여 앞에서 춤을 추어 음악과 춤이 어우러진 축제 형식의 장례 풍습이 그것으로 이러한 풍습은 지금도 남아있다. 이러한 사실은 장례라는 의식이 우리의 삶과 죽음에 대한 전통적 세계관을 바탕으로 가무(歌舞) 중심의 제사로 이루어졌음을 알 수 있다.

---

39) 전남의 '다시래기', 경북의 '대돋움', 충북의 '대드름, 댓도리' 등이 있으며 진도 지방에서는 '관머리 씻김굿'이라는 굿판을 벌인다.

40) "사는 것도 모르겠거늘 어찌 죽음을 안다고 할 수 있겠는가" (孔子)

41) 전남에서의 '다시래기'는 '다시나기'에서 유래함

42) 장례 때는 북을 치고 춤을 추며 노래를 지어 부름으로써 시신을 묘지로 운송했다.(葬卽鼓舞, 作樂以送之)〈『삼국지』「위지동이전」고려조〉

<사진 1-5> 상례 (농창탈놀이) ◀
<사진 1-6> 상례 (노제(路祭)) ▼
자료 : 한국의 전통예절, 1994

위와 같은 절차와 사생관(死生觀)에서 확인될 수 있는 사실은 우리에게
있어서의 죽음이란 生과 死를 완전히 단절시키는 것이 아니며, 상례(喪禮)
는 죽은 자를 보내는 슬픔의 의식만이 아닌 새로 태어남에 대한 축하의 염
원을 통하여 산 사람의 현실생활로의 복귀를 중요시하였다고 할 수 있다.
죽음 자체의 사상을 발전시켜 삶의 문제를 해결하고 극복하기보다는, 삶의
모습과 밀접히 연결시켜 낯설지 않은 모습으로 받아들임으로써 죽음을 극
복하고 있는 것이다. 즉 삶 속에서 죽음을, 죽음 속에서 삶의 모습을 밀접
히 연관시켰던 것이다. 죽음이란 어쩔 수 없는 현실이며 모든 이에게 적용
되는 하나의 굴레로 인식하였음으로 이에 대한 적극적인 승화작용을 필요
로 하였는데, 그것이 장례(葬禮)라는 의식 속에서 축제의 형태로 나타났다
고 볼 수 있다.

(4) 제   례(祭 禮)

제의(祭儀)는 용어 연구에서 볼 수 있었듯이 일정한 질서[43]를 전제로
절기(節氣)나 일과(日課)의 행사를 통하여 자연의 섭리와 원만한 관계를
유지하고자 하는데서 생기는 모든 생각이나 그 표현형식들을 포괄하는 것

---

43) 그 질서는 온갖 자연의 움직임 곧 천체의 운동, 계절의 변화, 삶과 죽음의 변환,
밤과 낮의 순환 등에서 제시된다.(김의숙, 한국민속제의와 음양오행, 1993, p.14)

이다. 그리고 인간은 자연의 질서를 유지하려면 초자연적인 힘이나 존재와 올바른 관계를 지녀야 한다는 신념 아래 이들의 행적을 상징적으로 재현하고 각종의 동작과 함께 헌공(獻供)을 하는 행위를 갖는다.44) 이러한 초월적인 존재에게 공희를 함으로써 신성(神聖)과 동일성을 가지려는 제의(祭儀)와 함께 순리(順理)를 위한 의식화된 행동양식인 의례(儀禮)도 축제의 범주에 포함시킬 수 있다.45) 그러나 제의와 축제가 과연 동일선상으로 이해될 수 있는 것인가? 마르틴은 축제와 예식에 대하여 몇 가지의 차이점을 지적하고 있다. 즉 축제는 미리 충분하게 고안된 쏘시오그램(soziogramm)을 가지고 있지 않는 반면, 예식은 바로 준비가 된 때에는 언제나 잘 이어간다. 또한 장엄한 분위기는 예식적으로 만들어질 수 있지만 기쁨과 파격은 만들어질 수가 없다. 축제는 오해, 불쾌 또는 처진 기분(mißmut) 때문에 실패할 수 있으나 완벽한 예식은 오해와 무관하며 성공 또는 실패의 양자택일성을 넘어서서 진행된다.46) 이러한 관점에서 제의는 크게 종교적 제의와 축제적 제의로 구분할 수 있다. 종교적 제의는 제사장 혹은 제관들만이 참여하여 신을 섬기기 때문에 주로 밤에 이루어지며 그 형태는 다분히 유교적이라 할 수 있고, 축제적 제의는 인간들이 활동하는 낮시간을 이용하여 이루어지며 억압되고 긴장된 감정을 발산함으로써 정서를 순화시킬 수 있는 난장(亂場)의 형태를 취한다. 그러나 이러한 차이점의 전개는 대단히 객관성을 가지고 있지만 본 연구에서 언급하고 있는 제의와 축제의 관계는 동일성이라는 관점이 아니라 축제가 갖는 포괄성을 의미하는 것이다. 즉 축제는 제의뿐만 아니라 그 이상의 더 많은 차원을 포괄하고 있는 것이므로, 제의라는 것은 축제의 한 부분을 구성하거나 축제의 다른 형태

---

44) 김의숙, 한국민속제의와 음양오행, 1993, pp.14~15

45) 민속학분야에서는 이러한 분류연구가 체계화되어 있으나 본 연구는 분류에 대한 연구가 아니므로 포괄적으로 이해하고자 함

46) Martin, G.M., Fest und Alltag, 김문환 역, 축제와 일상, 한국신학연구소, 1985, pp.120~123

라는 이해를 바탕에 깔고 있다.

우리의 전통제례에는 사시제(四時祭), 녜제(禰祭), 기제(忌祭), 묘제(墓祭), 사당제(祠堂祭), 그리고 관행으로 내려오는 제사로 차례, 기제, 시제 등이 있으며, 민속제의에는 동신(洞神), 가신(家神), 무신(巫神), 자연물(自然物), 사귀(邪鬼), 영웅(英雄) 등의 수호신에 대한 제의와 풍수, 점복(占卜), 예조(豫兆), 금기, 주술, 민간의료와 같이 생활을 통해 내려오는 자연적인 종교현상에 따르는 신앙의례가 있다. 이중 마을을 수호하는 동신(洞神)에 대한 제의는 널리 알려진 것으로 서낭제, 산신제, 용신제, 기우제, 거리제로 행사(行祀)되는 장승제, 솟대제, 돌탑제 등이 있으며 이외에도 천제(天祭), 정제(井祭), 노제(路祭), 벌제(沴祭), 지신제(地神祭), 무후사제(無後嗣祭) 등으로 그 양상은 매우 다양하게 나타나고 있다.

보통의 민속제의는 종교성이 강한 유교식과 축제성 혹은 놀이성이 강한 무속(무교)식 혹은 양자를 절충한 방식 등으로 행사(行祀)하는데, 공동체적 질서회복이라는 측면이 매우 강한 무교식의 제의는 굿으로 대표될 수 있다. 굿이란 종교성을 핵(核)으로 하면서 놀이성을 아울러 지니고 있는 민속제의의 한 양식이다.47) 이러한 굿의 종류에는 개인이나 가정을 대상으로 하는 재수굿, 안택굿, 치병굿, 넋굿 등이 있고 마을 공동체를 위한 마을굿에는 도당굿, 당산굿, 별신굿 등이 있으며 공동생산분배조직, 공동연희조직, 공동전투조직인 공동체 두레에서 연희되는 두레굿 등이 있다. 이러한 분류에서 개인이나 가정 혹은 마을의 안녕을 비는 굿은 종교적인 성격이 두드러진 제의적 의례인 반면 두레굿은 사회·경제적인 목적에 기반을 둠으로써 놀이적 성격이 강하게 나타난다.

---

47) 김의숙, 한국민속제의와 음양오행, 1993, p.22

2. 놀이와 축제

우리는 대개 어린이들의 놀이를 유희라고 부르며 그런 까닭에 유희는 유치하다고 생각하기 쉽지만 원래 유희는 오히려 성인층의 제의나 축제형식에서 발전했다고 보는 것이 타당하다. 이러한 측면에서 후이징가(Huizinga)는 놀이의 원천을 '진지한 유희'에서 찾고 있는데, 이는 단순한 오락적 차원이 아니라 특별한 목적을 위한 행위였다는 의미를 내포하고 있다. 즉 '신성유희'라는 개념은 원초적 신성성의 회복을 목적으로 하는 제의와 관련을 가진다. 또한 라흐너(Rahner)는 놀이를 한다는 것에 대하여 자신을 신비의 세계에 맡겨 미래를 얻고 혼란한 세계의 허상을 벗겨내는 것이라고 한다. 그리고 놀이중에는 이전까지 허용되지 않던 모든 것들에 대한 수용태세가 이루어지고, 모든 억압으로부터 자유로워질 수 있는 초월의 상태에 이른다[48]고 말하고 있다. 브롬(J.M. Brohm)은 스포츠가 사람들에게 허위의 도피감을 마련해 줌으로써 소외된 존재에 대해 보상기제로 기능한다고 주장한다.[49] 그는 후이징가와 노박(Michael Novak)이 스포츠를 '신성한 시간의 계기들'로 특징지워지는 인간 노력의 영역이라고 한 주장을 부정하면서 현대의 스포츠는 생산력과 생산관계라는 구체적 세계라고 강조한다. 이런 이유 때문에 브롬은 현대 스포츠 및 게임을 규제하는 규칙들이 자유를 허용하기보다는 자본주의와 스탈린주의에 내재한 억압적 구속의 재생산을 허용할 뿐이라고 주장한다.[50] 이들의 주장은 놀이 혹은 운동에 대한 근본적 기능 자체에 차이를 두고 있는 것은 아니다. 놀이나 운동이 시대적인 상황에 따라 그 의미나 기능 혹은 이에 대한 해석의 차이가 발생했던 결과로 보인다.

이스라엘의 왕이 된 다윗은 제사의 대상물인 법궤가 예루살렘 안으로 옮겨질 때 그의 야훼앞에서 자신을 표현하기 위해 춤을 춘다. 이에 대해 마르틴

---

48) Rahner, H., Man at Play, Herder and Herder, 1967

49) Brohm, J.M., *Sports : A Prison of Measured Time*, London : Zink Links, 1978

50) 박홍규·정홍익·임현진 共編, 스포츠사회학, 나남, 1992, pp.84~85

(Gerhard M. Martin)은 종교적인 황홀에 충만하여 춤을 추는 것으로 설명하고 있으며, 기쁨과 자발성에 의한 축제적 표현이라고 한다. 또한 이는 하느님 앞에서의 '놀이'이며, 인간이 '논다'는 것은 하느님이 '논다'는 것이고, 세계는 하느님과 인간의 '놀이터'라고 주장51)하고 있다. 케륩스는 제의와 놀이의 유사성에 대하여 언급하고 있는데, 양자 모두가 '특정한 법칙들을 따르고, 반복될 수 있으며, 계획된 사람들간의 사건'으로 해석하기 때문이다.52)

이러한 해석은 놀이와 제의가 목표를 같이하는 두 개의 개념으로 놀이 자체가 신성성의 회복을 위한 또다른 제의의 형태였거나 제의가 발전된 양상이었다는 추론을 할 수 있다. 그러나 놀이가 제의와는 또다른 영역에서 펼쳐지던 행위로 보는 것보다 제의의 과정 속에 포함된 연속적 행위로 보는 것이 타당하다. 즉 본제의의 엄숙함이 갖는 코스모스적 조화가 갈등을 분출시키는 유희적 제의를 통하여 카오스적 조화로 변화되는 과정으로 볼 수 있는 것이다. 이것이 시간의 흐름에 따라 변화하여 신성성이 감소하고 유희성이 강조되는 과정을 거쳐 하나의 놀이로 그 성격을 갖춘 것이다. 고대에는 제의가 생활이었고 그 제의형식이 놀이로 변모하였으므로 생활자체가 놀이가 되었던 셈이다. 예를 들어 편싸움과 불놀이 등은 풍년을 기대하던 원초적 형태의 놀이로서 카오스의 재연을 모방했던 주술적 심성을 표현한 것이었다.

민속놀이를 명절놀이와 일상적 놀이로 크게 나누고, 명절놀이를 목적에 따라서 풍농기원, 풍어기원, 벽사진경, 제액초복, 오락을 위한 놀이 등으로 분류(김선풍, 한국민속놀이론, 중앙민속학, 중앙대 한국민속학연구소, 1989)하는 것에서 볼 수 있듯이 민속에서의 축제적 형태의 놀이는 단순히 시간을 보내기 위한 놀이(pastime)와 즐기기 위한 놀이(amusement)의 차원을 넘어 우리의 풍속과 관련을 갖는 종교적 의례에 그 근원을 두고 있다. 이것은 앞에서

---

51) Martin, G.M., Fest und Alltag, 김문환 역, 축제와 일상, 한국신학연구소, 1985, pp.55~59

52) Martin, G.M., Fest und Alltag, pp.24~47, 김문환 역, 축제와 일상, 한국신학연구소, 1985, p.115에서 재인용

살펴본 바와 같이 놀이 자체가 굿과 밀접한 관련을 맺고 있음에서 명확히 확인할 수 있는 것이다. 즉 종교적 제의의 요소가 약화되거나 퇴화하고 상대적으로 축제적인 요소가 강하게 나타나게 될 때 '놀이'가 되는 것[53]이다.

놀이는 몇몇 분류에서 볼 수 있듯이 그 형태는 종교적 제의에서 출발하였으나 종교적 신성성이 약화되어 대동놀이로 변화했으며, 이러한 놀이적 측면이 다시 체계를 갖추어 세시풍속이라는 하나의 전통으로 된 것이다. 그러나 이러한 변화의 과정을 통해 신성성은 다소 약화되었거나 사라졌다고 볼 수 있으나 정형화된 제의행사 속에서 집단무의식을 통해 그 종교성은 유지하고 있다. 특히 제의의 한 과정에 포함되어 행하여 지는 神판 뒤의 놀이판은 종교성을 그대로 유지한 聖的 공간의 俗化, 혹은 俗的 공간의 聖化라는 동일성 회복의 절차인 것이다.

Ⅲ. 축제의 기능

모든 제의는 질서와 조화의 세계를 구현하고자 하는 것이므로 각종 의례에서 신들의 행위가 재연되는 것은 그 최초를 신성함으로 보았기 때문이다. 그러나 이러한 신성함의 확인이란 인간 자신들의 원활한 공동체 생활의 보장수단이다. 중세유럽 후기의 바보제(Feast of Fools)는 성탄절과 주현제(主顯祭) 사이에 교회의 매너리즘에 대항하여 발생된 풍자적 축제이다. 종교개혁의 과정에서 소멸된 이 종교축제는 7세기부터 16세기에 이르기까지 수많은 금지령이 공포될 정도로 로마 카톨릭의 권위에 심각한 타격을 주었다. 철저한 금지령 속에서도 이 축제가 계속 유지되어 온 것은 '포도주통의 포도주를 폭발시키지 않으려면 가끔 통풍을 시켜야 하듯 인간광

---

53) 줄다리기나 고싸움 같은 경기놀이는 원래 생산과 풍요를 기원하는 주술적 의례의 성격을 지니고 있었으나 시대의 변천으로 그 종교성은 축소되고 축제적 놀이형태로만 남아있다.

기의 포도주 역시 돌파구를 만들어야 좋은 포도주가 된다. 우리는 며칠 바보짓을 하고 그 이후에는 보다 더 큰 열성을 가지고 예배로 되돌아갈 수 있다.54)'라는 믿음에 근거하고 있다.

1. 조화의 회복

축제로 표현한 각종 제의는 원초적 시간과 공간의 조화로움으로 돌아가고자 하는 행위이다. 죽음에 대한 제의도 산 사람이 현실생활에 대한 건전한 복귀를 위한 제의이고, 놀이 역시 사회적 질서에로의 안착을 위한 행위였다. 이러한 복귀방법에는 제의의 금기를 통해 질서(cosmos)를 창조하는 방법과 제의의 해방을 통해 혼돈(chaos)을 일으키는 두 가지의 경로가 있다. 물론 이 두 가지의 경로는 절차상에서 선후의 관계를 가지고 나타나는 경우가 많으므로 양자를 떼어서 파악하는 것은 쉬운 것이 아니며 어떤 측면에서는 그러한 분리가 불가능하게 되는데, 이는 원초적 시간과 공간을 카오스로 볼 것인가 코스모스로 볼 것인가에 대한 시각적 차이에서 기인한 것이다. 엘리아데와 김용옥의 경우는 코스모스로 보는 견해55)이고 김태곤의 견해56)는 카오스 상태로 보고 있다. 따라서 전자는 카오스를 통한 코스모스로의 聖化를, 후자는 코스모스를 통한 카오스에로의 聖化를 주장하고 있다.57) 그러나 제의적 행위가 갖는 양상과 결과를 어떤 것으로 볼 것인가

54) Flögel, C.F., Geschichte des Groteskekomischen : Ein Beitrag zur Geschichte der Menscheit, Liegnitz und Leipzig, 1788, 김문환 역, 축제와 일상, 한국신학연구소, 1985, p.67에서 재인용

55) 엘리아데는 코스모스를 만유의 질서로 표현하여 비균질성을 가진 聖의 공간으로 설명하고 있으며, 김용옥 또한 카오스적 행위를 담는 곳을 聖의 공간으로 보고 있다.

56) 민간신앙은 빈곤을 풍요로, 질병을 건강으로, 불행을 행복으로 바꾸어 순환시키려는 목적이 있는데, 그와 같은 목적의 순환은 신성쪽인 카오스 쪽에서 이루어지므로 제의의 공간과 시간은 카오스로 환원된 상황이다. (김태곤, 한국민간신앙연구, 집문당, 1983, pp.298~328)

57) 우주의 실체에 대한 연구중 코스모스와 카오스의 전후관계를 하나 -uni, universe

에 대해서는 차이가 있으나 행위자체가 갖는 특성으로 인한 공간의 聖化라는 측면에서는 두 견해가 일치점을 보이고 있다. 즉 공간의 聖化를 통하여 조화로운 질서가 회복되는 것이다.

(1) 카오스(chaos)에서 코스모스(cosmos)로

인간이 행하는 모든 제의는 최초(ab initio)에 대한 회복이라는 의미에서 재생을 위한 행위라는 것을 보았다. 최초는 신화적 시대와 그 공간을 의미하는 것이고, 이러한 행위는 신화적 시대의 중심창조와 관련된 개념으로 모든 중심의 창조에는 혼돈(chaos)이라는 것의 정리가 선행[58]되는 것이다. 이렇게 혼돈의 정리를 통하여 신성성은 회복되는 것이고, 신성성의 회복은 코스모스의 세계를 구현하는 것이다.

> 코스모스는 태어나고 자라나다가 한 해의 마지막 날에 사망하여 새해 첫 날 다시 재생하는 살아있는 단위로 간주된다. 우리는 이러한 재생이 하나의 탄생이라는 것, 즉 코스모스가 해마다 다시 태어나는 것은 모든 새해마다 시간이 그 최초(ab initio)에서 시작하는 때문이라는 것을 알게 된다. 고대 문화의 종교적 인간들에게 있어서 세계는 해마다 갱신되는 것이었다. 달리 말하면 새로운 해가 올 때마다 그것은 그것의 원초적인 신성성, 그것이 창조주의 손에서 빚어질 때 가졌던 신성성을 회복하는

-에 국한시키지 않고 모두 포함 -han, hanverse-하고 있음을 주장하는 견해(김상일, 카오스와 문명 -문명의 위기와 카오스 여신의 부활-, 동아출판사, 1994)도 있는데, 이를 코케이오스co-chaos라 한다.

58) 우주의 창조 혹은 어떤 세계의 창조를 위해서는 혼돈을 상징하는 원초적인 대상을 파괴거나 차지하여야 한다는 개념으로 서양에서는 龍이나 바다괴물 등을 토막내어 살해하는 설화-용을 죽이는 코난의 설화 등-가 있다.
한 해의 마지막 며칠과 다음 해의 첫 며칠간에 걸쳐서 이루어지는 아키투의 제전과정을 통하여 바빌론에서는 창조의 시인 「에누마 엘리쉬」가 엄숙하게 낭송된다. 이런 제의에 있어서의 낭송은 마루두크와 바다의 괴물 티아마트 사이에 벌어진 투쟁을 재연하는 것인데, 그 투쟁은 태초에 일어난 것이며 신의 최종적 승리에 의하여 카오스에 종말을 가져온 것이었다. (Eliade, M., 이동하 역, 聖과 俗-종교의 본질, 학민사, 1983, pp.60~61)

것이었다. 〈Eliade, M., 이동하 역, 聖과 俗-종교의 본질, 학민사, 1983, pp. 57~58〉

고대 메소포타미아와 바빌로니아에서는 아키투(Akitu)라는 신년축제를 행하였는데 여기서는 참가자들에게 창조자에 대한 존재를 상기시키기 위하여 서사시를 낭독한다. 이 서사시는 땅의 神인 마르두크(Marduk)와 심연의 여신인 티아마트(Tiamat) 사이의 갈등으로 인하여 질서(cosmos)가 혼돈(chaos)으로부터 생겨났다는 내용이다.

의례는 염소라는 희생물을 통해 공동체로부터 혼돈의 세력을 제거하는 것을 상징한다. 이러한 질서에로의 복귀를 잘 보여주는 예로는 로마의 농경축제인 'Saturnalia'를 들 수 있다. 폭발적 혼돈의 기간으로 정하여진 축제시간에는 노예와 주인이 함께 연희를 베풀면서 노예는 주인을 모욕하는 등 주인의 지위를 위협하거나 또한 이 기간을 위한 혼돈의 왕으로 선출된다. 그러나 축제의 끝은 혼돈의 왕이 자리를 물려주고 질서로 되돌아감으로써 조화를

<사진 1-7> 용과 싸우는 성 미가엘

회복한다. 즉 코스모스의 구현이란 순수성의 회복이라는 정화의 개념을 나타내는 것으로 여기에는 개인 및 공동체 전체의 죄와 과오가 순화되는 것을 포함한다. 이러한 죄와 과오의 순화는 새로운 세계 혹은 새로운 시간에로의 진입을 허용하게 되며 공동체의 건전성을 획득하게 된다. 중국에도 이와 유사한 혼돈의 정리신화가 전해진다.

혼돈은 그 모양이 달걀인데, 반고는 그 속에서 태어났다. [59] 〈이승휴, 『제왕운기』「상고편」〉

---

59) 混沌形狀如雞子, 盤古生於混沌夷.

반고가 그 속에서 태어나 1만8천만 년을 살았다. 양은 맑아 하늘이 되고, 음은 탁하여 땅이 되었다. 〈통감외기〉

<사진 1-8> 하늘과 땅을 도끼로 자르는 반고

반고는 혼돈 속이 너무 답답하여 화가 나서 도끼로 혼돈인 큰 달걀을 깨 버렸는데, 그 속에 있던 가볍고 맑은 기운은 위로 올라가 하늘이 되고 무겁고 탁한 기운은 가라앉아 땅이 되었다고 한다. 혼돈인 카오스가 반고의 힘에 의하여 정리되는 순간을 신화화한 것으로 음양의 탄생도 이에 속한다고 볼 수 있다.

대부분의 성전입구에는 손을 닦는 장소를 마련하고 있는데 이는 죄와 과오에 대한 씻어냄을 상징적으로 표현토록 한 것으로 우리의 전통혼례장에서도 관세(盥洗)라는 형태로 보여지고 있다. 이전의 혼란스러웠던 마당에서 성스러운 의례장으로의 전환과 세속적이던 사람들의 聖化를 위한 세례의식인 것으로 이러한 절차가 이루어진 후에 혼례의 의식이 진행되는 것이다. 특히 우리의 공동제의에는 이러한 모습이 더욱 명확히 보이고 있는데 서낭굿이나 산신제, 당굿 등의 제의는 일주일여 전부터 시작되어 동리의 어귀나 당우(堂宇)에 금색 혹은 금줄이 쳐지는 등 온 마을이 의례공간으로 변한다. 이렇게 의례 전에 설정되는 神聖주간은 코스모스 세계의 구현을 보여주는 것으로 대부분의 경우 금기(禁忌)라는 제한이 따른다.

(2) 코스모스에서 카오스로

인간의 자유는 규제의 결실이다. 〈Durkheim, E., Moral Education, New York : The Free Press, 1969, p.54〉

고대 그리이스인들의 신화에는 '가장 먼저 생긴 것이 카오스(Chaos)이고, 다음에 가슴이 넓은 가이아(Gaia;대지)가 생겼으며, 가이아는 에로스(Eros)

를 낳았다.'라고 한다. 고대 이집트인들은 태초의 모습으로 누트(Nut)라는 무정형의 모호한 혼돈의 존재가 있었으며, 누트가 라(Ra)라는 태양을 낳아 세상이 밝고 명확해졌다고 믿었다. 바빌로니아의 창조설화에는 혼돈이 티아마트(Tiamat)라는 여신으로 불리웠는데, 이 혼돈의 여신 티아마트는 혼돈에서 어떤 존재가 빠져나와 무형의 혼돈을 파괴시키며 우주의 유형적 틀을 짜는 것을 발견하고 대노하게 된다. 그는 이 유형의 틀을 짜는 질서를 소멸시키기 위해서 혼돈의 괴물들을 풀어 세상을 공포에 떨게 만든다. 그러나 끝내 마르두크(Marduk)라는 땅의 남신이 혼돈을 정복하자 세상은 혼돈의 어둠에서 빠져나와 밝고 환해졌다.[60]

에드워드 노오벡(Edward Norbeck)[61]은 정상적 행위규칙을 상징적이건 실제적이건 위반하는 제도화된 의례란 적당한 방법으로 억압자[62]를 상대할 수 없기 때문에 다른 방법을 취하는 것이라고 말한다. 단순한 사회에 있는 의례에는 지배자나 권위있는 사람을 공격하고 욕하는 의례가 있고, 남자와 여자가 반대되는 性을 각기 조롱하는 의례가 있고, 음담패설이 공공연히 허가되는 때가 있으며, 성적 해방의 날이 있고, 정상시에 소중히 여기던 관습이 사회적 시인(是認) 아래 위반해도 괜찮은 경우가 있다. 이러한 의례나 행위를 사회제도가 갖는 긴장의 내용으로 보고 이 긴장을 무해하게 제거하는 사회적 방법이라고 해석한다.[63] 조화라는 질서의 회복에는 코스모스적인 상

---

60) 존 브리그스 · 데이비드 피트, 혼돈의 과학, 김광태 · 조혁 역, 범양사, 1991, p.20

61) 라이스대학 인류학 교수. 일본과 하와이를 대상지역으로 하여 경제사회의 변화를 연구

62) 또한 이러한 억압관계에 대하여 노오벡은 다음과 같이 설명하고 있다. 주술의 신앙과 실현을 대적감정의 발로를 위한 탈출구이며, 특히 다른 탈출구가 없든가 극히 좁은 때 억압된 인간관계를 노출시키는 것이다. 주술자나 주술에 걸린 사람은 다 같이 억압된 관계 속에 있는 사람들이다.

63) Tax, S., 이광규 역, 문화인류학입문, 을유문화사, 1973, p.263~264
탈춤의 신명이 적대적 양반세력과의 경쾌한 갈등구조를 보여주었다면 이는 탈꾼의 계급의식을 반영한 것이고, 두레굿의 두레장원에서 두레풍물패가 비생산계급에 대항하는 강력한 의지를 펼치면서 두레를 놀았음은 곧 생산계급이 지닌 계급

태의 창출뿐만 아니라 카오스의 상태로 돌아가는 방법도 있음을 뜻하는 것으로 신성주간의 금기에 대한 폭발현상을 대표적인 예로 볼 수 있다. 신성성은 금기에서 발생되는 것이지만 이러한 신성성의 인식 혹은 금기에 대한 인식은 위반의 순간에 이루어지는 것이고, 위반이란 금기를 부정하는 것이 아니라 금기를 초월하고 완성시키는 것64)이다. 물론 위반 역시 금기와 같은 일정한 규칙을 지니고 있으며 안정으로의 복귀가 마련되어 있을 때 훌륭한 성취를 거둔다. 로제 까이유와의 「인간과 신성」에 의하면 미개인들에게서의 시간은 세속적 시간과 신성의 시간으로 갈라져 있는데, 세속적 시간이란 일상의 시간으로 노동의 시간이자 금기를 준수하는 시간이었고, 반면 신성의 시간이란 축제의 시간으로 금기를 위반하는 시간이었다고 한다. 따라서 이러한 축제의 시간은 성적 방종의 시간이며 종교적으로는 제물헌납의 시간으로 살해금기를 위반하는 시간이었으며, 그 형태는 '난장트기'였다. 축제는 허락된 또는 나아가 필수적인 난장트기요, 격식을 갖춘 금기의 파괴이다. 축제적 감정은 규례로서 금지된 것을 행할 수 있는 자유에 의해서 산출되며 그러기에 난장트기는 축제의 본질이다.65) 기독교의 '바보제', '당나귀제', '부활절의 우스갯소리' 등은 이러한 난장트기라는 금기파괴의 대표적인 사례들이

적 신명의 반영인 것이다. ……. 봉건제하에서는 양반층의 억압과 회유책, 숨통을 터주기 위한 방략이란 측면에서의 신명의 공간과 민중측의 공격, 해방력, 힘의 고양된 폭발력이란 측면에서의 신명의 공간이 유기적인 길항관계를 이루고 있음을 알 수 있다. ……. 이와 관련하여 단골이나 무당이 신분적으로 최하층계급이었으면서도 공동체의 사제 역할을 담당했다는 사실은 '가장 밑바닥 인간이 가장 최고의 기능을 수행한다'는 역설을 통하여 계급적 하층의 신명이 공동체 구원의 신명으로 전화되고 있음을 보여준다. (주강현, 굿의 사회사, 웅진출판, 1992, p.84)

64) 조르쥬 바따이유(Georges Bataille)는 이에 대해 나방이 번데기 상태를 깨면서 파열을 의식한다는 것으로 설명하고 있으며, 인간은 위반을 즐기기 위해 금기를 지속시킨다고 한다. 특히 위반의 완성된 형태를 종교적인 충일감과 동일한 것이라고 보고 있다(Bataille, G., L'EROTISME, 조한경 역, 에로티즘, 민음사, 1989). 그러나 여기서 그가 말하는 금기는 특별히 터부(taboo)를 지칭하므로 다소의 차이는 있는 것으로 보인다.

65) Freud, S., Totem and Taboo : Resemblances Between the Psychic Lives of Savages and Neurotics, New York, 1946, p.140

라 할 수 있고, 리스만(David Riesman)은 「고독한 군중」에서 이러한 '규칙
적인 방종'을 '통풍관습(Ventilsitte)'이라고 지칭[66]하고 있다. 이러한 축제
적 방종에 의한 전도의 현상은 대부분의 문화에서 공통적으로 나타나는 현
상으로 고대 희랍시대의 디오니소스 축제나 로마시대의 사터날리아라는 농
신제(農神祭) 등에서 찾아볼 수 있다. 고대 페르시아의 '사카에아'는 새해를
맞이하여 벌이는 축제로 보통 불구자나 사형을 선고받은 죄인을 축제의 왕
으로 추대하였다. 그는 실제의 왕이 누리던 특권과 권한 그리고 왕비와 후궁
까지 모두 가질 수 있었고, 노예는 자유인이 되고 오히려 상전들이 노예를
섬겨야 했다. 모든 것이 거꾸로 된 세상이 되는 것으로 축제의 마지막 날에
이 왕이 처형됨으로써 다시 질서를 찾게 된다. 이러한 사례는 최근까지도 이
루어지고 있음을 볼 수 있는데, 영국에서는 크리스마스 날이면 평소와는 달
리 장교들이 사병들의 시중을 드는 풍습과 대학에서의 상급생과 하급생 사
이의 전도현상이 그것이다. 이 뿐만 아니라 북유럽의 여러 나라에서는 축제
기간 동안에는 어린이들이 어른들과 역할을 서로 바꾸는 풍습도 전해져 내
려오고 있다.

금기와 이에 대한 파괴로서의 축제의 구조는 브라질의 '카니발'에서도
쉽사리 확인되는데, 집안에서 가족이나 이웃이 중심이 된 잔치에 근원을
두고 후에 거리에서 이루어지게 된 이 축제에서는 금기와 위반의 구조를
공간의 구분에 의해 반영하고 있다. 즉 예측할 수 없는 사건과 행동이 있
는 곳으로서의 '거리'와 모든 것이 제자리에 놓여있는 통제된 우주로서 또
는 조화와 따뜻함 그리고 조용함이 있는 곳으로서의 '집'이라는 상대적 개
념이 설정되어 있는 것이다. 따라서 거리에서 일어나는 축제는 집이라는
코스모스의 세계에서 탈출함으로써 가능하게 되는 것이다.

서양의 바알축제에서 보았던 대지신들의 신성결혼(hierosgamos, sacred
marriage)은 신들의 단순한 상징적 행위로 끝나는 것이 아니라 인간들의

---

66) Riesman, D., The Lonely Crowd : A Study of the Changing American
    Character, *Garden City*, New York, 1953, p.329

일상적 규범으로부터의 해방, 즉 '술과 성'이라는 난음의 축제·제의적 광란(orgy)으로 표현되고 있다. 이것은 농경문화의 전형적인 의례로 우리의 제천의식에서도 그와 유사한 모습을 찾아볼 수 있는데 「동이전」에는 다음과 같이 적고 있다.

> 나라 사람들이 모두 크게 모여 연일 술마시고 밥먹고 노래부르고 춤춘다.[67]
>
> 언제나 오월(수릿달)에 파종을 하는 과정이 끝나게 되면 땅(鬼)과 하늘(神)을 예배드리는 제식이 있게 된다. 사람들이 무리를 지어 모여 노래를 부르고 춤을 추고 술마시는 것이 밤과 낮으로 쉬지 않고 계속된다. 그때 추는 춤은 수십명이 같이 일어나서 서로를 따라가는 식으로 펼쳐지는데, 땅을 갈아 확 내디어 밟고 머리를 내렸다가 다시 확 제껴 올리는 동작을 한다. 이때 사람들의 손과 발의 동작이 서로 주고 받는 형태로 응답한다. 그리고 마디마디를 끊어 연주하는 음악이 뒤따르는데 그 전체적인 모습이 중국의 민간 잡희(雜戲)인 탁무(鐸舞)와 유사하다. 시월(상달)에 농사짓는 것이 다 끝나고 나면 또 똑같은 제식이 이루어진다.[68]
> 〈『삼국지』「위지동이전」 마한조〉

자연이 갖는 주기적 리듬은 인간에게 질서라는 사고를 형성시켰는데, 그러한 질서는 항상 '해방'이라는 이탈현상을 내포하고 있는 것이다. 농경문화에 있어서 이러한 이탈의 촉매로 작용한 것은 '술'이었고, 희랍의 바카스 축제와 우리나라 사람들이 五月과 十月에 행하는 제천행사의 음주가무는 같은 맥락으로 보아야 할 것이다. 술의 기원이 어디에서 유래하였으며 언제부터 시작되었는지는 분명하지 않지만 인간에게 있어서의 술이란 어느 문화권이건간에 매우 중요한 요소임을 알 수 있다. 이집트의 신화에는 오시리스가 인간들에게 보리로 맥주를 만드는 법을 가르쳤다고 하고, 로마에

---

67) 國中大會, 連日飲食歌舞.

68) 常以五月下種訖, 祭鬼神, 群聚歌舞, 飲酒晝夜無休. 其舞, 數十人俱起相隨, 踏地低昻, 手足相應, 節奏有似鐸舞. 十月農功畢, 亦復如之.

40

서는 바카스신이 처음으로 술을 빚었다고 하며, 인도신화에서는 소마신(蘇
痲神)이 감로주를 처음 빚었다고 한다.[69] 이렇듯 술은 대부분 神과의 관계
설정에 주요한 매개체로 작용하고 있다.

　인간에게 있어서의 술은 스스로가 터득한 것이 아니라 신으로부터 전수
받은 것이라는 신화의 한 대목인데, 실제로 술의 제조법은 특히 이집트를
중심으로 하는 지중해 연안에서 일찍부터 발달하였고 맥주는 기원전 5천년
경 고대 수메르인들이 처음 만들어 점차 이집트를 중심으로 확대되어 발전
한 것으로 알려져 있다.[70] 일본 교토(京都)에는 술의 신을 모신 송미신사
(松尾神祀)가 있는데 이 신사의 신주(神主)는 대대로 진씨(秦氏)가 맡아오
고 있다. 이 진씨는 신라에서 귀화한 사람의 후손이라 한다. 이와 같이 백제
인이나 신라인에 의하여 일본에 술빚는 법이 전해졌고 일본에서는 이들을
술의 신으로 숭배하게 된 것이다.[71] 또한 일본의 「고사기」에 보면 그는 술
을 빚어 당시 일본천왕이었던 옹신에게 바쳤다고 한다. 그 술이 얼마나 기
가 막히고 맛있었는지 옹신은 술에 취해 다음과 같이 부르며 흥겨워 했다.

　　수수코리가 빚은 술에
　　나는 완전히 취했네
　　재앙을 물리치는 술
　　웃음을 자아내는 술에
　　나는 완전히 취했다네[72]

　이렇듯 술은 신과 사람을 융합시키는 접점으로 신과 인간이 함께 취하
는데 있다고 보는 견해[73]는 동서양을 막론하고 공통성을 갖고 있다. 인간

---

69) 유태종, 술의 내력, 『한국인의 주도』, 자유문고, 1993
70) 노성환, 술의 비교문화학(1), 「얼과 문화」제83호, 우리문화연구원, 1995, pp.46~47
71) 유수안, 술(1), 「얼과 문화」제83호, 우리문화연구원, 1995, p.29
72) 노성환 역주, 고사기(중), 1990, p.214
73) 이규태, 한국인의 생활구조, 1984, pp.63~64 / 柳田國男, 定木 柳田國男集(24), 1970

의 소원성취는 신인합일(神人合一)에 의해서 가능해지고, 제의는 음주가무를 교제법(交際法)으로 하여 神人이 만나는 의례[74]인 것이다. 즉 술의 나눔은 신과 인간이 만나는 행위이고 조상과 후손이 만나는 자리이며, 산 자와 죽은 자가 만나는 현장인 것이다. 이러한 만남을 통해 하나라는 일체감을 확인하는 것으로 우리의 제사에서 흔히 볼 수 있다. 제사후의 음복(飮福)은 윗사람부터 아랫사람까지 조상에게 올렸던 술을 함께 나누어 마시는 것으로, 이러한 절차를 통해서 선조와 모든 사람이 하나가 되는 것이다. 이러한 모습은 일본의 '마쯔리' 축제에서도 볼 수 있는데, 이때는 종교적인 의식과 함께 으레 온통 뒤범벅이 되어 떠들고 노는 유희적 요소가 동시에 존재한다. 제사가 끝난 다음 참가자들이 신에게 바쳐진 술과 음식을 서로 나누어 먹는 것을 일본에서는 '나오라이(直會)'라고 한다.[75] 이와 같이 술을 통해 신과 인간이 하나가 되려는 점은 단지 우리나라와 일본뿐만의 현상은 아닌 것으로 기독교에서 그리스도의 피를 상징하는 붉은 포도주를 마시는 것도 그리스도와의 만남과 그로 인한 일체감을 느끼려는 의식행위인 것이다. 이렇게 술을 통해 하나가 되는 것은 제사적 의례에서만 나타나는 현상은 아니다. 관례(冠禮)에서의 입사식후 마시는 술은 하나의 또다른 공동체와 일체가 되었음을 보여주는 것이고, 혼례에서의 교배례와 합근례는 신랑과 신부가 일심동체가 되었음을 알리는 의례이다. 이처럼 우리에게 있어서의 술잔을 돌리거나 술을 돌리는 수작행위(酬酢行爲)는 하나가 되는 의식행위였으며 성스러운 행위였다. 특히 산신제에는 땅에 술을 뿌리는 절차가 지금도 이어지고 있는데 이는 앞에서 보았듯이 땅귀신(따님신)을 불러 일으키는 제의이며 '흥(興)'인 것이다. 이 '흥(興)'은 '신명'으로 이해할 수 있는 것으로 우리의 굿판에서 그 모습을 명확히 볼 수 있다. 물론 '신명난다, 신난다'에서의 '신'을 '神'으로 단정할 수는 없다. 그러나 대개의 굿적 제의에서 벌어지는 신내림은 의식주재자(사제, 무당)에게 신명을 불어넣는

---

74) 류동식, 한국무교의 역사와 구조, 연세대출판부, 1981, pp.65~67

75) 노성환, 술의 비교문화학(2), 「얼과 문화」제84호, 우리문화연구원, 1995, p.46

원천이 되고 있으며 공간내의 모든 요소에 전파되는 신바람의 특징을 보이고 있다. 따라서 두 개의 개념은 같은 구조를 가지고 있다고 볼 수 있으며, 어느 측면에서는 동일한 것으로 해석할 수도 있다. 굿, 특히 대동굿에서 만개하는 민중의 비나리는 특정 현장에서 벌어지는 제축적 반란이라는 카오스적 연회(演戱)인 것이다. 따라서 신명은 '신난다'고 표현되는 해방의 구체적 발현이다. 신이 남으로써 자연과 인간 간의 일체감을 불러일으키는 영적인 상태에 빠지기도 하고, 원한의 맺힘을 풀고 닫힌 것을 열게 되는 것이다. 굿은 곧 풀이인 바, 굿을 통하여 재앙이나 질병 따위의 맺힘의 상태를 풀어짐(解)의 상태로 만드는 과정이 곧 신명의 과정인 것이다.[76] 대동굿판은 사회적 모순에 대한 갈등, 생리적·심리적 옹이 등이 발산되어 풀어지는 신명의 마당이고 코스모스적 금기에 들어갔던 공동체에 풀어짐의 분위기를 만들어 주는 카오스적 화해의 마당이다. 즉 신명이란 카오스적 조화의 매개체인 것이다.

조선조 후기에는 상층계급에 대한 하층계급의 도발적 행위를 허용함으로써 정치적 목적을 달성[77]했던 사례도 볼 수 있는데, 갈등구조의 제축적

---

76) 주강현, 굿의 사회사, 웅진출판, 1992, p.82

77) 우인(광대)들이 놀이를 빙자하여 여염집들의 누추하고 자질구레한 일이며 관리들의 더러운 몰골 그리고 언행을 풍자하여 연출하여도 왕은 즐거이 이를 받아들였다. (『조선왕조실록』「世祖」卷7, 十年 十二月 丁未條)
조선후기 이후 향리가 주재하는 읍치제의에 있어서 현저한 유희화 경향은 향리 등의 주도 및 후원과 밀접한 관련을 맺고 있다. 읍치는 관속들이 집중거주하는 곳으로 이들이 국가와 농민 사이에 중재역할을 수행하였는데 관속들 중에서 향리는 읍권을 장악한 집단으로 이러한 제의적 탈춤 등을 이용하였다고 함.
(이훈상, 조선후기 邑治사회의 구조와 제의-향리집단의 정체성 혼란과 邑治祭儀의 유희화, 문화인류학회 월례발표회, 1995. 9 /
_____, 「조선후기의 鄕吏集團과 탈춤의 演行 -조선후기 邑權의 운영원리와 읍의 祭儀」, 『역사속의 민중과 민속』, 이론과 실천, 1990, pp.198∼230 /
_____, 조선 후기의 향리, 일조각, 1990, p.150)
하회에서의 탈춤놀이가 발달했던 것도 이러한 불만의 표출과 발산을 허용함으로써 폭동과 같은 반발을 사전에 방지하고자 했던 것이다. 이러한 신명의 구조를 잘 보여주는 외국의 사례로는 리오의 축제일 것이다. 이 축제는 사순절(부활절)에

폭발은 굿의 제의적 신명이 탈춤의 놀이적 신명으로 그리고 이러한 신명은 구경꾼들의 신명으로 전파되는 과정에서 이루어지는 것으로 카오스적 상태를 통한 질서의 회복을 목표로 하고 있는 것이다.

2. 경제적 성취

멜라네시아와 뉴기니아의 원시적 종족들은 빈번한 축제를 열어 높은 그들의 지위를 확인한다. 특히 콰키우틀족은 이러한 지위의 확인을 위한 방편으로 그들의 경제력을 과시하고, 경제력의 확보방안을 축제를 통하여 이룬다. 즉 축제를 열기 전에 축제에 필요한 재산축적에 모든 노력을 집중하게 된다. 이들이 자급자족적 생산수단을 지니고 있는 자연조건 아래서 경쟁적으로 축제를 개최하는 것은 전쟁이나 흉년 등의 위기시에 노동생산성이 최하수준 이하로 하락하는 것을 막는 실질적 역할을 하고 있는 것이다.78) 이러한 경쟁적 축제의 개최는 자신들의 경제적 기반의 확립뿐만 아니라 포트래취를 통해 형편이 어려운 부락으로 식량과 귀중품들을 분배시켜주는 역할도 하고 있다.

제의에서의 풍농(豊農), 풍어(豊漁), 다산(多産) 등의 기원은 직접적인 경제적 성취를 위한 목적행위이고 혼례나 상례는 일시적 공동체 형성에 의한 상호부조의 행위로 파악된다. 또한 관례에서 행하여지는 통과의례적 행위는 개인이 가지고 있는 노동력 수준의 평가를 부차적인 목적으로 하고 있음으로 이 또한 풍농이라는 경제적 성취도를 높이고자 하는 의도로 볼 수 있다. 농경사회에서는 한 개인의 능력보다는 많은 사람의 지혜와 노동력이 필수적인 요건이었으며, 그러한 다수의 힘은 협동의 구조를 이루어야

행사되는 것으로 그들은 이 축제를 위해 1년에 걸쳐 준비를 하다. 매년마다 4일간 주야로 삼바의 대합창과 북, 피리소리에 맞추어 광란의 난장을 벌여 살인이 일어나기도 하지만 정부에서는 국가적인 행사로 이를 허용하고 있다.

78) Harris, M., Cows·Pigs·Wars and Witches:The Riddles of Culture, 박종렬 역, 문화의 수수께끼, 한길사, 1982, pp.114~119

만 효과를 발휘할 수 있는 것이다. 따라서 농경사회에서의 공동체적 행위
는 생산물의 효율적 파종과 수확을 위한 것이었으며 노동의 수고를 덜 수
있는 방편이었다.

<사진 1-9> 두레굿   <사진 1-10> 공동노동

조선 후기에 보급된 이앙법은 벼농사에 있어서 매우 두드러진 기술적 혁신이
었다. 이전까지의 직파법에 비해 제초작업 등의 노동력 절약을 가져왔고, 단위
노동당 생산성을 높여 주었다. 그러나 이앙법 농사에는 몇가지 기술상의 노동력
집중화가 요구되었다. 우선 제초작업 등에서의 횟수가 줄어든 대신 작업이 필요
한 경우에는 노동력이 집중적으로 투입되어야 했고, 대부분이 천수답(天水畓)
이었으므로 물을 댈 수 있는 시기에 맞추어 모를 내야하는 까닭에 노동력 집중
이 요구되었다. 이와 같은 이앙법의 확산은 자연스럽게 공동노동을 위한 조직결
성을 유도하게 되었고, 그 결과로 만들어진 것이 농사(農社), 농기(農旗), 농청
(農廳), 목청(牧廳), 거사(醵社), 농계(農契) 등으로 불리는 조직들이었다.79)

---

79) 주강현, 「조선 후기 민중의 생활풍습」, 『한국사』10, 한길사, 1994, pp.224~226
   국립민속박물관, 「한국의 두레」, 『국립민속박물관 학술총서13』, 1994, pp.34~
   37, p.51

수도작농업을 하는 지역에서 발생한 두레란 마을 단위로 공동의 이앙이나 제초 작업을 하는 것으로 두레공동체라는 생산주체를 만들게 하였다. 높은 생산력에 대한 희구와 공동체 집단의 자위본능은 마을의 안녕과 태평을 비는 마을굿으로 표출되고 있는데[80], 이러한 측면에서 두레굿은 마을의 경제사적 기반에 관련된 생산력과 매우 밀접한 관련을 맺고 있는 것이다. 두레에서의 대동제의인 대동굿은 농경사회 특유의 농한기라는 시기에 행하여지는 것으로 생산의례, 농경의례, 통과의례, 세시풍속, 마을신앙 등의 의미를 지니고 있으며, 휴한기를 이용하여 연중행사로 되풀이함으로써 단조롭고 지루한 일상생활에 활력을 불어넣어 공동체적 활동을 통한 사회적 결합을 재확인하였다. 하나의 신앙으로서 의미를 갖는 두레굿은 오곡지신(五穀之神), 농신(農神), 이직지신(里稷之神), 전횡신(田橫神) 등의 신체(神體)와 조왕단지를 통한 유감주술 그리고 연중으로 이루어지는 주기성 등에서 전형적인 종교성이 확인되며, 공동체가 갖는 노동이라는 갈등에 대해 호미모둠, 호미걸이, 호미씻이 등이라는 제축적 반란을 통한 집단적 극복이라는 구조는 농경사회만의 축제현상이었다. 물론 이러한 과정에서 노동조직의 역할분담은 곧 노동행위의 엄격한 내부적 규율과 조직화를 의미한다. 그러나 이러한 엄격성을 금기라는 용어로 대치한다면 이 두레굿은 더욱 더 축제적 양상, 즉 축제적 해방력을 잘 보여주는 것이라고 할 수 있다.

노동력과 연계된 경제력 확보수단으로서의 두레굿과는 달리 별신굿과 같은 동제에도 이와 같은 모습이 확인된다. 조선조 남효온의 「추강냉화(秋江冷話)」에는 '영동 민속에 매년 3·4·5월 중에 날을 받아 무당을 맞이함으로써 산신을 제사지내니, 부자는 말바리에 싣고, 빈자는 등에 지고 가서 젯상에 진설하고, 악기들을 울리면서 연3일을 취하고 배불리 먹고 한 연후에 집으로 내려와서야 비로소 사람들과 더불어 매매를 한다.'라는 기록이 있고, 1920년대 조선총독부의 기록에 의하면 경주, 충주, 김천 기타 각 지방에서 지내던 별신굿은 시장관계자들이 시장 번영책으로 3년·5년 또는 10년 만에 한 번씩 3일 내지는 7일간을 벌이던 최대의 향토축제였다.

---

80) 주강현, 굿의 사회사, 웅진출판, 1992, pp.164~165

3. 공동체성의 회복

축제는 충동을 전제하며 자아에로의 웅크림을 거부[81]하는 특징을 가지고 있기 때문에 개체성이 아닌 공동체성을 기본구조로 한다.

공동제전에서는 집단의 문제가 논의되는 사례가 많다. 『후한서』 남흉노전(南匈奴傳)에서 흉노는 매년 세 차례 용사(龍祠)를 개최하는데 이때 제부(諸部)가 모여 국사를 의논했다고 하며, 특히 한국의 동제에서는 이를 전후하여 동회(洞會)가 열리는 경우가 많으며, 이때 동제에 관한 사항뿐만 아니라 마을문제 전반을 협의·결정했다. 따라서 이러한 행위는 종교적 의례에만 그치는 것이 아니라, 정치적·사회적 의미를 함께 지닌 의례였다고 할 수 있는데, 이러한 의례를 통하여 읍락구성원들로 하여금 공동의 가치관과 유대감을 재확인하여 사회내부의 결속과 규범을 유지하는 계기가 되었다. 즉 두레굿이나 마을굿은 주술을 통해 하늘과 땅을 경험하는 신비적인 의례로만 그치는 것이 아니라 소란스럽게 떠들며 기분을 풀 수 있는 집단놀이로 승화시켜 공동체로부터의 이탈을 막는 역할을 하였다. 마을굿의 대동제의는 주로 낡은 것과 새 것이 교차되는 분기점에서 이루어지며, 신성주간의 설정과 난장으로 연장되는 대동놀이에 이르기까지 일관되게 마을공동체 성원 전체의 정신적 연대감을 획득하는데서 대단히 중요한 계기를 이룬다.[82] 이러한 연대감의 형성은 위에서 언급되었던 '신명'의 구조로부터 발생되는 것으로, 굿을 한다는 것은 제의주재자가 노동담당자들에게 신명을 불어넣는 과정으로 이해할 수 있다. 호미와 쟁기를 들면 노동의 신명이 되고 그 노동은 모두의 노동이 되었던 것이다. 즉 신명의 전달은 새로운 결단을 불어넣는 의식이고 사회적 집단의 의식을 표출한 것이다.

호미걸이는 두레 최대의 축제로 1년 농사의 실제적 마무리인 7월 보름날을 전후해서 두레의 농민들이 공동체의식을 폭발시키는 두레굿 의례의

---

81) Bataille, G., L'EROTISME, 조한경 역, 에로티즘, 민음사, 1989. p.234
82) 주강현, 굿의 사회사, 웅진출판, 1992, p.168

절정이고[83]), 호미씻이는 노동회의로서 공동노동의 단결성을 확보하기 위한 조직회의였다. 이렇듯 공동의 노동과 밀접한 관련을 맺고 있는 두레굿은 농민층의 단결을 보여주는 것이고, 본제의를 진행하면서 굿놀이의 개방된 해방감을 만끽하는 것은 공동체성의 회복과 확인의 과정이다. 공동의 노동 뿐만 아니라 제의 후에 이루어지는 공동의 음복은 서로 나눔으로써 하나가 되는 것이며, 마을 앞의 장승이나 서낭당 등은 외부로부터의 방어를 목적으로 하는 방어공동체적 표현의 하나이다.

놀이적 제의에서 보여지는 행위 역시 이러한 공동체성의 강화를 위한 것으로 농기를 앞세우고 가가호호를 방문하는 형태에서 쉽게 확인할 수 있다. 또한 신역에서 벌어지는 굿판과 놀이판의 원형구조 역시 외부에 대한 닫힘과 내부로 향한 열림의 상징이라고 할 수 있다. 이러한 원형구조는 행위자에 대한 친근감과 집중력을 높이고, 이렇게 높아진 집중력에 의해 행위자의 접신(接神)이 관객의 접신으로 원활한 전이를 이루게 한다.

제2절 축제의 전승

Ⅰ. 사회성의 형성

1. 의존적 경제단계

진화론적 측면에서 보면 인류 최초의 역사는 말할 것도 없이 개인의 사냥술에 의한 비생산적·기생적 경제단계에서 식량을 구하여 그 생명을 유지하여 왔다. 모든 행위가 생존을 위한 노력을 중심으로 진행되었고 그러한

---

83) 주강현, 굿의 사회사, 웅진출판, 1992, p.189

48

개인의 사냥술은 개인의 생리적 욕구에 의한 반사적 행위의 집적84)에 의해 이루어지는 것이었으나 인간 주변의 환경은 항상 그들보다 훨씬 강하고 거칠었다. 따라서 그들의 생리적 욕구충족을 위한 개인의 사냥술은 많은 한계 상황을 낳았으며 생리적 욕구조차 충족시키지 못하였다. 그들에게는 강하지 못한 인간으로서 생명유지를 위한 다른 사냥술이 필요하게 되었고, 개인의 힘보다는 많은 수의 힘이 더욱 강함을 인식하게 되었다. 구석기시대 인류활동의 모습을 보여주고 있는 알타미라 동굴이나 라스코 동굴의 벽화, 그리고 시대적으로는 다소 차이가 있지만 울주 반구대의 수렵·어로활동을 묘사한 암각화는 그러한 그들의 행위와 염원85)을 그대로 표현하고 있는 것으로, 이러한 행동이 아직은 마술 내지 주술의 수단이었으며 신이나 내세(來世)에 대한 신앙은 아니었다. 즉 신앙을 문화의 다른 모습중의 하나라고 이해한다면 이 단계의 행위는 문화성이 결여된 것으로 볼 수 있다.

---

84) 진화주의자들은 인간문화는 누적적으로 발전한다는 개념과 이 발전은 어떤 가치의 극대화를 향하여 움직인다는 개념을 …. (Tax, S., 이광규 역, 문화인류학 입문, 을유문화사, 1973, p.115)

85) 당시의 벽에 그려진 그림은 대상의 재현이자 대상 그 자체이며 소망의 표현임과 동시에 소망의 달성이었다. 구석기시대의 사냥꾼 예술가는 그 그림을 통해 실물 자체를 소유한다고 믿었고 그림을 그림으로써 그려진 사물을 지배하는 힘을 얻는다고 믿었던 것이다. 그들은 그림 속의 짐승을 죽이면 실제의 짐승도 죽게 마련이라고 믿었다. 그들의 생각으로는 그림을 그리는 행위는 그들이 원하는 결과를 미리 예기하는 것이었고 이러한 마술적 시범에 뒤이어 실제의 사건이 일어날 수밖에 없다고 보았다. 아니, 마술적 시범행위와 실제행위 사이에 가로놓인 것은-그들의 사고방식에 의하면- 아무런 실질이 없는 매개물인 시간과 공간일 뿐인 만큼 소기의 사건은 이미 일어난 것이라고 보았다. …… 구석기시대인이 바위에다 짐승을 한 마리 그렸을 경우 그는 진짜 짐승을 한 마리 만들어낸 것이라 믿었다(Hauser, A., 백낙청 역, 문학과 예술의 사회사-고대·중세편, 창비신서, 1976, p.13). 조르쥬 바따이유는 이러한 그림에 대해 살해에 대한 속죄의 행사를 표현한 것(Bataille, G., 「라스꼬와 예술의 탄생」, 스키라사, 1955, pp.139~140)이라고 해석하기도 한다.

<사진 1-11> 알타미라동굴벽화   <사진 1-12> 라스코동굴벽화

 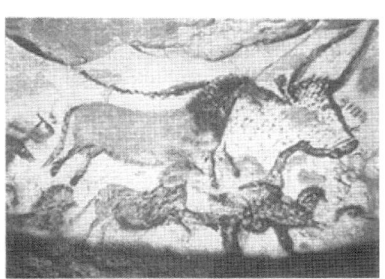

문화의 태동기에 나타나고 있는 공동의 작업행위는 신앙이라고 할 수 있는 체계적·상징적 가치관이 아닌 생명유지와 관련된 필연성에 의해 나타나는 현상으로 보아야 할 것이다. 다시 말해서 상징화된 절대적 존재에 대한 고차원적 의존이 아닌 현실생활에서 나타나는 동물적 본능의 표현이었던 것이다.

2. 생산적 경제단계

인간의 삶이 문화라는 집단무의식적 결집체를 형성하게 된 동기는 정착생활을 통하여 이루어질 수 있었던 것으로 이러한 정착은 농경생활의 시작에서 찾을 수 있다. 식량의 채집과 수렵의 단계에서 목축과 농경의 단계로 넘어감에 따라 생활의 내용만이 아니라 삶 전체의 리듬에도 변화가 일어난다. 여기저기를 떠돌아다니던 무리들은 일정한 장소에 정착하여 부락을 이루고, 뚜렷한 중심이나 조직이 없는 집단들 대신에 정착생활을 통해 상호 융합되고 조직화된 사회가 형성된다.[86] 채집·수렵단계에서의 불안정한 생활로부터 주기적인 식량생산이 가능한 농경의 시작과 저장술의 개발에 따른 안정된 식량공급은 생활양식을 안정되게 만들기에 충분하였기 때문이다. 이렇게 됨에 따라 식

---

86) Hauser, A., 백낙청 역, 문학과 예술의 사회사-고대·중세편, 창비신서, 1976, pp.18~19

량의 생산과 분배 등에 필요한 공동체적 질서가 요구되었고 이러한 필요성은 사회라는 조직체를 만들게 되었다. 켄 윌버(Ken Welber)는 이때를 '소속감의 시기(membership period)'라고 하고[87], 이러한 소속감에 대한 욕구의 생성은 물질적 추구로부터 정신적인 여유를 느끼기 시작하였다는 의미이다.[88]

Ⅱ. 종교적 체계화

농경생활의 정착은 인간에게 시간의 관념을 가져다 주었다. 이것은 이전의 무시간적 상태에서 살았던 인간들이 주기적 수확을 가능케하는 농경을 생활화함에 따라 시간이 과거-현재-미래의 직선상에 연장되는 것으로 의식하게 되었다[89]는 의미를 갖는다. 다시 말해 농경생활의 시작은 인간들에게 현재뿐만 아니라 미래라는 대상을 만들어 시간의 개념을 연장시키는 역할을 하였다. 시간개념의 연장은 인간의 미래, 즉 죽음이라는 개념을 의식하도록 하였고, 이러한 의식은 공포를 만들어 내었다.

이와 더불어 이즈음에 나타난 조직체라는 형태는 규칙을 필수요건으로 하며 종교적인 체계화는 이러한 규칙이 생김으로써 가능해지는 것이다. 식량생산이 어려워지는 공급부족의 시기에는 금식이라는 금기가 만들어지고, 생산이 용이하여 풍부한 식량이 확보되는 시기에는 금식이라는 금기의 위반이 허용되었다. 조르쥬 바따이유는 저서인 「에로티즘」에서 인간의 시간, 특히 미개인이라고 표현한 과거의 인간에게 있어서의 시간은 금기를 특징으로 하는 노동의 시간과 금기를 무너뜨리는 위반의 시간으로 구성된다[90]

---

87) Wilber, K., Up From Eden, New York, Anchor Press, 1981, p.230

88) Maslow, A., Toward a Psychology of Being, New York, Van Nostrand Reinhold, 1968

89) 김상일, 카오스와 문명 -문명의 위기와 카오스 여신의 부활-, 동아출판사, 1994, pp.155~156

고 말하고 있다.

계절적 부활, 죽음에 대한 공포 그리고 조직체의 규칙과 관련된 식량의 생산은 이러한 금기와 위반의 순환·반복적 축제행위를 만들어낸 근원요소였으며, 또한 다량생산과 외력으로부터의 보호를 염원하는 종교적 성격을 띠게 되었다.

1. 의식대상의 생성

(1) 하늘신 : 하느님

식량의 생산과 목축은 인간에게 삶의 안정을 가져다 주었지만 천둥, 번개, 우박, 홍수, 한파 등의 기후변화와 전염병 등은 또다시 인간을 무력한 존재로 만들었다. 이러한 상황에서의 인간은 눈에 보이지 않는 섭리와 힘을 인식함으로써 '초월적 존재와 나'라는 이분화된 구조의 세계관을 형성하게 되었고, '나'라는 존재는 항상 그러한 힘에 대하여 의존할 수 밖에 없음을 알게 되었다. 채집과 수렵의 단계에서는 자신의 방어를 목적으로 자연력에 관심을 두었으나 생산과 목축의 단계에서는 초월적 존재에 의한 저주의 회피, 앞날에 대한 예측과 기원, 더 나아가 축복이 필요하게 된 것이다. 즉 더 많은 양의 식량생산을 통해 보다 안정된 삶을 추구하고자 하였고, 이에 따라서 토지의 비옥, 가축의 다산, 더 많은 노동인구의 조달[91] 등이 필요하였다.

---

90) Bataille, G., *L'EROTISME*, 조한경 역, 에로티즘, 민음사, 1989

91) 차일드(Gorden Childe)는 농업은 단지 식량의 여유에서 뿐 아니라, 조기(早期) 생산에 대한 인력의 소용으로 어린이들이 새로운 경제적 중요성을 띠게 되어 인구증가를 자극하였을 것이라고 한다.

<사진 1-13> 자연력 ▶
<사진 1-14> 제천의식 (태백산 천제단) ▼
자료 : 황헌만, 조선땅 마을지킴이, 1993

  그러나 이러한 것들은 개인적 능력의 차원을 넘어선 것으로 이에 대한 성취는 초월적 존재의 힘을 빌려야 했으므로 이로부터 신령이나 정령의 개념이 만들어졌다. 이러한 개념은 신비로운 힘을 가진 초월적 존재라는 대상을 뜻하는 것으로 아직은 종교화 혹은 신앙화한 것이 아니지만, 이것이 일정한 체계를 형성함으로써 애니미즘과 정령숭배, 영혼신앙, 사자예배(死者禮拜) 등의 모습을 갖게 되는 것이다.

  의식행위에서 그 대상의 위치가 갖는 상징성은 매우 중요한 것으로 대부분의 종교에서는 하늘을 향하는 것을 공통점으로 하고 있다. 하늘은 태양을 갖고 있으며 비를 뿌려줌으로써 모든 생명의 원천이 되는 것이다. 따라서 제의의 대상은 하늘에 있는 존재 혹은 하늘 그 자체인 것이다. 고대 이집트인들은 나일강의 주기적 범람을 시리우스(Sirius)성좌와 태양 등의 천체와 관련시켜 이해하였으며, 이에 따라 365일이라는 태양력을 만들게 되었고 매년 마지막 5일간을 축제일로 만들어 소멸로부터 새로운 해의 재생이라는 의미를 부여하였다.

  농경민족인 우리에게 있어서 천신과의 관련은 단군부터 나타나는데, 환인의 아들인 환웅이 풍백(風伯), 우사(雨師), 운사(雲師)를 거느리고 신단수 아래로 내려왔다. 이러한 사실은 농경생활을 하였던 것과 밀접한 관련을 맺고 있는 사실로 삼한에서는 파종을 마친 후와 추수가 끝난 후에는 제천의례를 행하였다. 특히 부여에서는 농사의 작황에 따라 국왕의 생사·진 퇴여부가 결정된 적이 있으며, 고고학상의 발굴결과 농기구가 절대다수를 차지[92]하고 있음으로 보아 풍농을 위한 제천의례는 매우 중요한 것이었음을 알 수 있다. 또한 고조선·부여·고구려 등과 기저문화를 같이하는 예맥계 집단인 동예 역시 10월에 하늘에 대한 의례를 지냈음[93]이 「동이전 예전」에 보이고 있으며, 또한 삼한의 의례에서도 이러한 모습이 발견된다.

> 귀신을 섬기는데 국읍에서 각기 한 사람을 세워 천신에게 제사지내는 것을 주관하게 하는데 그를 천군이라 한다. [94] 〈『삼국지』 「한전 마한전」〉

그런데 이러한 천신신앙은 삼국시대에서도 나타나고 있는데, 고구려는 자신들을 천제의 자손으로 기록 - 동국이상국집 동명왕편, 광개토왕비 등 - 하고 있으며 10월에는 동맹이라는 하늘에 대한 의례를 행하였다. 동맹은 건국자인 동명과 관련이 있는 것으로 제천의식과 더불어 국조신에 대한 의례라는 양면성을 지니고 있다.

> 10월에 사람이 크게 모여 하늘에 제사를 지내는데 이름을 동맹이라 한다. ……[95] 〈『삼국지』 「위지동이전」 고구려조〉
> 고기에 …… 고구려에는 항상 3월 3일에 낙랑의 언덕에서 모여 돼지와 사슴을 잡고 하늘과 산천에 제사하였다. [96] 〈『삼국사기』 권32 잡지1 제사〉

---

92) 박경철, 「부여사의 전개와 지배구조」, 『한국사』2, 한길사, 1994, p.127

93) 常用十月節祭天, 晝夜飮酒歌舞, 名之爲舞天. (『삼국지』 권30 「위지동이전 예전」)

94) 信鬼神, 國邑各立一人, 主祭天神, 名之天君.

95) 以十月祭天, 國中大會, 名曰東盟. …….

96) 古記云, ……. 高句麗常以三月三日, 會獵樂浪之丘, 獲猪鹿祭天及山川. 농경민족으로서 돼지와 사슴을 잡아 희생의례로써 제천의식을 치루는 것은 중국문화의 영향으로 볼 수 있으며 이러한 의식의 원천은 중국의 문화가 유목생활했던 결과라기 보다는 농경문화의 종교예식에 있어서 과거 수렵과 관계된 의식이 퇴화된 형태로 반영된 것으로 본다.

　　이러한　제천의식은　백제에서도　성행하였으며　이러한　의례는　하늘뿐만
아니라　왕의　즉위의례와　함께　이루어졌던　것으로　보인다.

　　　책부원귀에　가로되　백제에서는　네　계절의　가운데　달에　왕이　하늘(天)과
　　　五帝의　신에게　제사를　지내고,　그　시조　구태의　묘를　국성에　세워　해마다
　　　네　번　지냈다.[97] 〈『삼국사기』권32 잡지1 제사〉
　　　고기에　가로되　온조왕　20년　춘2월에　단을　설치하여　천지신에게　제사하였
　　　다.　동왕　38년　동10월,　……,　모대왕　11년에도　이와　같이　하였다.[98] 〈『
　　　삼국사기』권32 잡지1 제사〉

　　삼국사기의　신라본기에는　이러한　제천의식에　대한　기록이　보이지　않는데,
이는　김부식의　사대적　관념의　투영에　의해　삭제된　것으로　보는　견해[99]도　있
다.　그러나　혁거세묘의　설치와　제사,　신궁의　설립에　따른　제사　등의　기록　등이
보이지만　이것이　하늘에　대한　의식이었다는　증거는　찾기가　어렵다.

　(2) 땅신 : 따님
　　농경을　중심으로　하는　민족에게는　하늘의　중요성만큼이나　땅에　대한　신
성성도　강한　것으로　대지의　신화,　지모신앙(地母信仰)[100]　등이　고대의　유
물을　통하여　확인되고　있다.

---

97) 冊府元龜云, 百濟每以四仲之月, 王祭天及五帝之神. 立始祖仇台廟於國城, 歲四祠之.

98) 古記云, 溫祖王二十年春二月, 設壇祠天地. 三十八年冬十月, 多婁王二年春二月, ……,
　　牟大王十一年冬十月.

99) 김태영, 조선초기사전의　성립에　대하여-국가의식의　변천을　중심으로,『한국사논문
　　선집』조선전기편, 1976

100) 인간이　대지에서　태어난다는　것은　보편적으로　유포되어　있는　신앙이다(A.
　　Dieterich, Mutter Erde, 3rd ed., Leipzig-Berlin, 1925; B. Nyberg, Kind und
　　Erde, Helsinki, 1931; Eliade, Patterns, pp.239 ff.). ……. 현대의　유럽인들까지도
　　고향의　대지와의　신비로운　결합에　관하여　막연한　감정을　보존하고　있다.　그것은
　　토착성(土着性)의　종교적　경험이다.　그　감정은　어떤　장소에　소속해　있다는　감정
　　이며,　가족적　결합이나　조상에　대한　유대를　훨씬　넘어서는,　우주적　구조를　가진
　　감정이다. (Eliade, M., 이동하 역, 성과 속-종교의 본질, 학민사, 1983, p.108)

대지는 자연의 어머니이며 그 묘지이다. (서양 속담)
대지는 그 자신이 당초에 인생을 위하여 찬란한 수확과 유족한 포도를
생산하였다. 대지는 그 자신이 감미로운 과실과 기름진 목초를 제공하였
다. (루크레티우스;Lucretius)
토지는 어머니이다. 누구든지 그것을 가질 권리가 있다. (밀턴;Milton)

　이러한 글들은 땅을 어머니, 풍요 등으로 상징하고 있는 것으로 그리스 신
화에 등장하는 대지의 여신 가이아(Gaia) 이래로 대지는 곧 어머니라는 관념
이 계승되고 보편화된 것이며, 크리스트교에서 땅은 교회를 나타내는 은유로
도 쓰인다.[101] 서양에서 나타나는 이러한 관념의 전개는 많은 유방을 가진 것
으로 조각되는 풍요의 곡물신 아르테미스(Artemis)는 데메테르(Demeter),
아테네(Athene)와 더불어 가이아로 연결되며, 이집트에서는 이시스(Isis)이
고 이 같은 대지모신(大地母神) 숭배는 카톨릭의 성모 마리아까지 이어진다.

<사진 1-15> 빌렌도르프의 비너스 ◀
<사진 1-16> 대지 ▼

　아메리카 인디언들은 지금도 인간과 동물이 처음 태어난 곳은 대지의 여
음인 구멍이라고 생각한다. 「설문해자(說文解字)」에도 토지는 만물을 생기
게 한다고 하였고, 장자에서는 '천지는 만물의 부모이다.'라고 하였으며, '土'

101) 한국문화상징사전편찬위원회, 한국문화상징사전, 동아출판사, 1992, pp.246~247

字는 여근의 상형문자라는 설도 있는 것으로 보아 중국에서의 땅(大地) 역시 여성적 생산력과 여성성을 상징하고 있음을 알 수 있다. 우리의 경우도 마찬가지로 제주의 삼성혈 신화 역시 대지가 인간 탄생의 모태임을 보이고 있는 것이다. 이러한 땅의 생산성이나 땅 밑의 다른 세계에 대한 관념은 이 외에도 많은 기록102)에서 보여주고 있는데, 이와 같은 땅의 여성 상징은 일 차적으로 땅이 지닌 생산성에 기인하는 것으로 터주로 일컬어지는 토지신의 신체가 곡식을 담는 오쟁이나 항아리에 의해 표현되는 데서도 땅이 풍요와 여성을 상징하고 있음을 알 수 있다.

특히 우리의 경우에 있어서 이러한 쌍방향적 관계의 관념은 더욱 분명 하게 나타나는데 사직단을 통한 제천의식, 솟터의 솟대에 대한 제사, 서낭 당에서의 기원 등에서 확인할 수 있다. 사직단, 솟터, 서낭당 등에 대한 어 원적 분석을 보면, 사직(社稷)이란 토지의 주신과 오곡의 신을 뜻하는 말 로 '社'字는 땅귀신을 의미103)하고 있는데 - '社'字는 갑골문에서도 나타나는 古語임 - 파자를 통해 보아도 알 수 있다.

· 社 = 示+土 = 땅의 顯現
· 示 : ① 보게 함, 나타남
      ② 땅귀신기, 祇와 同字 (太宗伯掌天神人鬼地祇之禮「周禮」)
· 祇 : ① 땅귀신기, 국토의 신, 후토(后土) (以祭地祇「周禮」)
      = 땅의 귀신

역사적으로 땅에 대하여 이루어졌던 의례는 다음과 같이 나타난다. 동예에 서의 땅에 대한 의례로 호신(虎神)에 대한 의례104)를 들 수 있다. 물론 이러한

102) 사복(蛇福)이 말을 마치고 풀 뿌리를 뽑으니, 그 아래에 명랑하고 청허(淸虛)한 세계가 전개되었다. 칠보난간에 누각이 장엄하여 인간세상이 아니었다. 사복이 어 머니의 시신을 업고 들어가니, 땅은 금방 닫혀졌다. 「삼국유사」권4 의해 사복불신 (蛇福不信) 금돼지가 여성을 땅 밑 세계로 납치해 가서 뛰어난 아들을 낳게 한다. 「최고운전」 (한국문화상징사전편찬위원회, 한국문화상징사전, 동아출판사, 1992, p.246)

103) 민중서관편집국, 한한대자전, 민중서림, 1966, p.895

행위는 무속에서 벽사의 의미로 도입되거나 산신의 부속적 역할 - 무신도나 사찰의 탱화 등에서 확인 가능 - 을 하는 대상으로 나타나기도 하지만, 호랑이에 대한 제사로 보기보다는 산을 신성시하는 포괄적 의미에서의 땅에 대한 의례의 한 형태로 볼 수 있다.

<사진 1-17> 사직단

삼한시대의 의례중 명확히 어떠한 신을 대상으로 하고 있는지는 분명치 않으나 - 귀신이라는 표현을 보아 하늘과 땅을 모두 포함하고 있는 것으로 추정 - 진한의 민간신앙을 엿볼 수 있는 기사가 『삼국지』 「위지동이전 진한전」에 다음과 같이 나타나고 있다.

> 변진은 진한사람들과 뒤섞여 살며 성곽도 있다. 의복과 주택은 진한과 같다. 언어와 법속이 서로 비슷하지만 귀신에게 제사지내는 방법은 달라서 문의 서쪽에 모두들 竈神을 모신다.105) 〈『삼국지』 「위지동이전」 변진전〉

고구려에서 행했던 10월의 제천의례는 나라 동쪽의 큰 굴에서 지신을 맞이하여 나라 동쪽에 모셔다가 나무로 만들어 신좌에 모셨다는 기록에서 하늘뿐만 아니라 땅에 대해서도 의례를 행했던 것을 볼 수 있으며, 또한 부여의 금와왕과 관련된 설화는 지신에 대한 의례를 직접적으로 보여주고 있다.

> 시조 동명성왕의 성은 고요, 휘는 주몽이다. 이에 앞서 부여왕 해부루가 자식이 없어 산천에 제사를 지내 후사를 구하고, 말이 가는 대로 곤연에 이르자 ……. …… 거두어 기르니 이름을 금와라 하고 장성하여서는 태자가 되었다.106) 〈『삼국사기』권13 고구려본기1 시조동명성왕〉

---

104) 祭虎以爲神. (『삼국지』 권30 「위지동이전 예전」)

105) 弁辰與辰韓雜居, 亦有城郭. 衣服居處與辰韓同, 言語法俗相似, 祠祭鬼神有異, 施竈皆在戶西.

또한 토지신(地神, 땅의 귀신)은 국가의 운명과 함께 하는 것으로, '247년(동천왕 21년)에 환도성이 난리를 만나 다시 회복하기가 어렵게 되자 평양성을 쌓고 백성과 묘사를 옮겼다.', '고국양왕 때도 종묘와 국사를 함께 수리하였다.', '391년(고국양왕 9년) 3월에 왕이 불교를 공인해 국사를 세우고 종묘를 수리하였다.' 등의 기록이 그 중요성을 명백히 보여주고 있다.

백제 시조 온조왕 20년(A.D. 2) 왕이 큰 단을 설치하여 제사를 지낼 때 하늘과 땅을 그 대상으로 하였다는 기록과 고이왕 5년, 10년, 14년 정월에 큰 단을 설치하여 제사를 지냈다는 기록으로 보아 백제의 땅에 대한 신앙은 하늘에 대한 신앙과 함께 이루어지고 있었음을 볼 수 있다.[107] 이러한 제사는 가뭄이나 홍수가 들었을 때뿐만 아니라 풍년이 들었을 때도 단을 설치하고 땅에 대하여 제사를 지냈으며(동성왕 11년, 489), 무령왕(501~523년)의 사후 장례를 치를 때 토지신에 대한 의례가 있었던 것으로 추정되고 있다.[108]

신라에서는 일성이사금 5년 10월에 그리고 기림이사금 3년 3월에 친히 태백산에 제사(망제:멀리서 산을 바라보며 지내는 제사)를 지냈다는 기록으로 보아 토지신, 특히 산악에 대한 깊은 신앙이 있었던 것으로 보인다. 신라에서도 마찬가지로 땅에 대한 제사는 하늘에 대한 제사와 함께 이루어졌는데, 지증왕대에 창립한 신궁이 바로 천지신에게 제사를 지내던 곳이다. 신라의 경우에는 시조묘가 오묘로 변화하고 신궁이 사직단으로 변화하는 과정을 보이고 있고, 사직과 명산대천의 땅에만 제사를 지내는 것을 제후의 예로 하고 있다.

---

106) 始祖東明聖王, 姓高氏諱朱蒙. 先是夫餘王解夫婁老無子, 祭山川求嗣, 其所於馬至鯤淵, 見大石相對流淚. 王怪之, 使人轉其石, 有小兒金色蛙形. 王喜曰, 此乃天賚我令胤乎. 乃收而養之, 名曰金蛙. 及其長立爲太子.

107) 백제뿐만 아니라 우리의 민속신앙은 하늘과 땅의 쌍방향적 관계 설정에 기초를 두고 있는데, 고구려나 신라 등의 儀式에 대한 기록을 분리하여 파악하였기 때문에 천신과 지신이 분리된 것처럼 설명되었음.

108) 신종원, 「토착신앙과 제사의례」, 『한국사』4, 한길사, 1994, pp.254~255

제2대 남해왕 3년 봄에 처음으로 시조 혁거세묘를 세우고 사시로 제사를 지
내게 하였는데, ……, 제22대 지증왕대에 시조의 탄강지인 나을에 신궁을
창립하고 제사를 지내게 하였다. 제36대 혜공왕대에 이르러 오묘를 세웠는
데, ……. 제37대 선덕왕대에 이르러 사직단을 세웠는데 사전에 보이는 것
은 모두 경내산천뿐이고 천지에는 미치지 못하였다. 이것은 대개 왕제에 이
르기를 천자는 칠묘이며, 제후는 오묘로 이소와 이목과 태조의 묘와 더불어
다섯이며, 천자는 천지와 천하 명산대천에 제사하고 제후는 사직과 명산대
천의 그 땅에만 제사지내는 고로 감히 예를 벗어나지 않고 실행한 것이
다.[109] 〈『삼국사기』권32 잡지1 제사〉

 삼국시대의 땅에 대한 의식을 대체적으로 살펴보면, 고구려와 백제의 경
우는 땅과 산천에 대한 신앙으로 나타나며 신라는 특히 산악신앙이 주류를
이루고 있다.
 하늘과 땅을 대상으로 하는 것 이외에도 자연물이나 영웅 등의 특정개
체를 그 대상으로 삼는 것도 부분적으로 나타나고 있으나 여기에 담겨진
의미는 그 대상 자체를 위한 숭배나 예배가 아니라 그것이 상징하는 신성
성에 대한 숭배이며 예배이기 때문에 이러한 신성성은 궁극적으로는 하늘
이나 땅으로의 귀착점에 도달하고 있으므로 이들 역시 그 대상에 있어서는
하늘 혹은 땅이라는 공통점을 가지고 있다고 볼 수 있다.

2. 의식행위

 어떤 문화권의 민족이건간에 의식을 위해서는 음식을 바치는 것을 공통적
인 현상으로 가지고 있는데, 수확물의 공희(供犧) 혹은 가축의 공희에서 연

---

109) 第二代南海王三年春, 始立始祖赫居世廟四時祭之, 以親妹阿老主祭. 第二十二代智證
　　王, 於始祖誕降之地奈乙, 創立神宮以享之. 至第三十六代惠恭王始定五廟, 以味鄒王
　　爲金姓始祖, 以太宗大王文武大王平百濟高句麗有大功德並爲, 世世不毁之宗, 兼親廟
　　二爲五廟. 至第三十七代宣德王立社稷壇, 又見於祀典, 皆境內山川, 而不及天地者.
　　蓋以王, 制曰, 天子七廟, 諸侯五廟, 二昭二穆與太祖之廟而五. 又曰, 天子祭天地, 天
　　下名山大川, 諸侯祭社稷, 名山大川之在其地者, 是故, 不敢越禮而行之者歟.

유한 것이다. 최초의 인간이 행한 의식은 어떠한 형태로든 간에 그들에게 여분으로 남겨진 식량을 바침으로써 이루어졌을 것[110]이다. 이러한 의식은 경건성을 수반하였을 것이며, 이러한 경건성으로 인하여 그 의식의 공간은 주변과는 다른 공간으로 인식되었을 것이다. 고대의 인간들은 대부분이 종교적 인간(homo religiosus)이었으므로 그들에게 있어서의 이러한 공간은 외부와 단절되었던 비균질적 공간[111]이었다. 이러한 비균질성이 의식이라는 절차에 의하여 만들어짐으로써 이제 그들에게는 일상의 공간과는 다른 차원의 공간이 형성되게 되었다. 이곳에서 이루어지는 그들의 의식은 절대적인 힘을 소유한 존재와 함께 있거나 동일한 존재가 되기 위한 절차인 것이다.

(1) 하늘에 대한 의식

우주를 구성하고 있는 모든 것은 순환의 원리에 의해 생성과 소멸을 반복하고 있다. 고대인들이 이러한 원리를 발견하게 된 것은 매우 중요한 사실로 의식의 형태형성에 결정적인 역할을 하였다. 농경의 생활은 그 순환의 법칙을 확인하는데 가장 적절한 대상이었고, 여기서의 생산물을 하늘에 바치는 것은 당연한 것이라는 믿음을 가졌던 것이다. 희랍의 바카스축제(Bacchic

---

110) 禁忌는 인간과 동물을 구분짓는 중요한 요소로 최초의 인간은 금기를 지키지 않는 동물을 신성하게 보았으며, 따라서 동물을 제물로 바침으로써 신성모독이라는 의미를 통해 제의적 기능을 수행한다고 보는 견해도 있음.

111) 종교적 인간에게 있어서 공간적 비균질성(非均質性)은 거룩한 공간-유일하게 현실적이며 현실적으로 존재하는 공간-과 다른 모든 공간, 즉 거룩한 공간을 둘러싸고 있는 형태없는 넓은 공간 사이의 대립이라는 경험 속에서 표현을 얻는 것이다. (Eliade, M., 이동하 역, 성과 속-종교의 본질, 1983, p.17)
비균질적 공간이 되기 위해서는 거룩한 공간으로의 계시를 받아야 하는데 여기에는 3가지의 유형이 있다고 한다. 첫째는 성현(聖顯)에 의한 주위환경과의 분리, 둘째는 신의 현현이나 성현이 수반되지 않고 이 세상에서는 볼 수 없던 몇몇의 징표가 나타남에 따른 비균질적 공간의 형성, 셋째는 징표가 스스로 나타나지 않을 경우 다른 도구-예를 들어 동물-를 통한 계시 등의 형태이다. 그러나 본 연구는 신의 현현이나 거룩한 공간의 형성 또는 그러한 공간의 특징을 찾고자 하는 것이 아니고 제의 속에서 나타나는 축제적 양상을 찾고자 하는 것이므로 이러한 분류나 신성한 공간의 계시방법 등에 대한 사항은 제외한다.

cult)와 고대 우리민족에게 나타나는 각종의 의식 - 부여의 영고, 고구려의 동맹, 동예의 무천 등 - [112] 모두가 그들이 1년간의 노력을 통해 만들어낸 생산물을 하늘에 바치는 행위로서 매년 반복적으로 행하여졌다. 시간적 반복이란 시간의 순환성 혹은 영원성을 의미하는 것으로 가역적 시간을 만들어냄으로써 최초(ab initio)에 대한 재연을 시도하는 것이다. 계절제나 신년제는 그러한 우주창조의 '최초'를 재연하는 것으로 모든 카오스(chaos)로부터 코스모스(cosmos)를 만들어내는 의례인 것이다.

모든 제의적 축제는 시간과 공간의 회복이라는 특징을 가지고 있는데, 여기서 말하는 공간의 회복 또는 회귀는 시간의 회복과 같은 의미로 이해할 수 있으므로 신이 거처하고 있는 그때, 그곳으로의 회복을 뜻하는 것이다. 엘리아데는 하늘에 대한 모든 의식이 개인의 능력이나 노력을 통하여 공간을 성화시킬 수 있는 것이 아니라, 그러한 의식이 神들의 작업을 재현한다는 관점에서 비로소 유효한 것이라고 말하고 있다. 즉 의식이란 신으로서의 창조적 반복행위인 것[113]이다. 바빌론의 왕이었던 구데아는 니다바 여신으로부터 하나의 도면을 받는 꿈을 꾸게 되었는데, 이 도면에는 하늘의 별과 사원설계에 대한 계시가 적혀있었고 이를 따라 구데아는 이 여신이 행한 행위의 반복으로써 니네베를 건설하였다는 이야기가 전해지고 있다.

---

112) 우리의 풍속을 담은 최초의 자료인 『삼국지』「위지동이전」에는 부여, 고구려를 비롯하여 삼한 모두가 제천행사를 한다고 적고있다.

113) 김종우와 김승찬은 동제를 신화 발생의 모태로 보았는데, 그것은 대부분의 동제가 시조신화를 동반하고 있다는 것에서 추정한 것이다. (김종우·김승찬, 김해지방의 부락제, 釜大 김해지구종합학술조사보고서, 1973 / _____, 부산지방의 당제고, 민속문화, 1978)

<사진 1-18> 구데아상   <사진 1-19> 석판도면

　　이러한 건설이 갖는 의미는 神을 통하여 가능해질 수 있었음보다는 神의 행동을 모방하였다는 측면이 더욱 두드러진다. 神이 천상에서 만든 건축이나 도시를 지상에 재현함으로써 인간이 신의 세계로 올라갔거나 신과 같은 위치에 서게 되었음을 의미하는 것이다. 이러한 사실은 왕이나 제사장 혹은 어떠한 형태로든 의식을 주관하는 자에 의한 건축에서만 적용되는 원리가 아니라 어떠한 인간의 주거지에서도 나타나는 것인데 이는 모든 인간은 자신을 중심으로 생각하고 있으며, 특히 종교적 인간에게 있어서는 자신이 신과의 교섭에 가장 가까운 곳에 있다고 믿기 때문이다. 중국에서의 황제가 있는 수도 또는 그가 거처하는 궁은 세계의 중심에 위치하고 있다고 믿고 있으며, 이러한 믿음은 예루살렘의 사원에서도 나타나고 있고 우리의 소도(蘇塗)에서도 나타나고 있다. 이렇듯 중심이라는 사고는 하늘과 직접 맞닿을 수 있는 위치라는 관념에 의하여 발생한 것이기 때문에 항상 신성성을 유지하게 된다.

<사진 1-20> 돌탑 (溟州郡 旺山面 都麻2里) ◀
자료 : 황헌만, 조선땅 마을지킴이, 1993
<사진 1-21> 바벨탑 ▼

세계의 축, 우주의 축(axis mundi), 우주목, 우주의 기둥(universalis colu-mna), 우주산 등의 개념은 이러한 중심과 천상의 관계에서 발생한 것이고, 이러한 축을 통하여 신이 거처하는 천상과 맞닿을 수 있게 됨으로써 종교적 인간은 하늘과의 교섭통로를 마련한 것이다. 인간의 기원, 하늘의 예지와 축복은 축을 통하여 주고 받을 수 있게 되었으며, 그러한 축이 닿고 있는 곳이 바로 천상인 것이다.

바빌로니아의 직구라트(ziggurat), 이집트의 피라밋, 잉카유적에서 발견되는 피라밋, 성서에서 보이는 바벨탑, 교회의 첨탑 – 고딕시기가 가장 뚜렷 – 등이 이러한 우주와의 연결매체였음은 많은 기록을 통한 연구에서 밝혀진 바이며, 현대 미국을 상징하는 마천루의 건축물들 – 무역센터 쌍둥이 건물: 두 개의 수직적 건물 사이의 공간은 외계로의 경쟁을 의미 – 에서도 이러한 상징을 찾아볼 수 있다.

<사진 1-22> 무역센터 쌍둥이빌딩 ➡
<사진 1-23> 돌당산 (扶安郡 扶安邑 內蔘里) ⬇
자료 : 황헌만, 조선땅 마을지킴이, 1993

고구려의 제천의례인 동맹에서도 이러한 하늘과의 교섭을 통한 수직적
지배구조를 보여주고 있다.

> 10월에 사람이 ……. 나라의 동쪽에 큰 굴이 있어 수혈이라 하는데 10월 대
> 회 때 수신을 모셔다가 나라 동쪽의 위에서 제사를 지내며 나무로 만든 수
> 신을 신좌에 모신다. 114) 〈『삼국지』 「위지동이전」 고구려조〉

소도에 세워진 솟대, 마을의 장승, 마을 입구에서 서낭당의 역할을 해왔던
느티나무 정자목 등의 형태가 바로 하늘과의 교섭을 가능하게 하여준 우리의
우주축이었다. 우주축이 세워져 있는 소도 안에서는 어떠한 죄인도 처벌하지 못
하는 등의 금기가 매우 중요한 요소로 신성성을 유지하는 역할을 하였다. 이러
한 신성성의 표현은 셈족의 성소(聖所)인 히마(hima)에서도 유사하게 나타난
다. 그 성소에서는 성행위를 하는 것, 사냥, 나무를 자르는 것, 풀을 베는 것이
금지되어 있다. 법의 집행도 할 수 없어 이 성소 안에 숨어 있는 죄인은 처벌을
할 수 없으며 그 장소의 성스러움에 의해 그 역시 성스럽게 된다.115) 하늘과 맞
닿아 있는 소도나 히마는 그 자체가 하늘로서 성스러운 공간이 되었던 것이다.

---

114) 以十月祭天, ……. 其國東有大穴, 名隧穴. 十月國中大會迎隧神, 還于國東上祭之,
置木隧于神坐.

115) Caillois, R., L'homme et le sacré, 권은미 역, 인간과 聖, 문학동네, 1996, p.49

(2) 땅에 대한 의식

대지모신앙(大地母信仰)에 대한 관념은 전세계인에게서 찾아볼 수 있는 매우 공통적인 사항으로, 특히 농경문화를 기반으로 하고 있는 민족에서 두드러지게 나타나고 있음을 확인하였다. 모든 인간은 죽은 후에는 땅 속에 묻히게 된다. 이는 죽음의 의례에서 본 바와 같이 영혼은 육체와 분리되어 천상으로 올라가지만 육체는 대지로 돌아가 그 氣의 생명력을 후손들에게 전달한다는 순환론적 사고가 내재해 있는 것이다. 농경문화에서의 이러한 자연적 순환의 사고는 항상 생산을 지향하고 있기 때문에 의식은 생식의 과정으로 인식하고 있다. 곡물의 바침과 관련한 의식행위는 바빌로니아의 이스타르(Ishtar)와 탐무즈(Tammuz)[116], 이집트의 오시리스(Osiris)와 이시스(Isis)[117], 그리이스의 아프로디테(Aphrodite)와 아도니스(Adonis)[118], 그리고 우리에게 있어서의 견우와 직녀의 신화에서 찾아볼 수 있는데, 그 공통적 특징은 순환의 법칙을 행하는 대지의 재생력을 상징하고 있는 것이다. 고대 서구의 바알예배[119]는 대지의 男神인 바알림(Baalim=Lords)과 대지의 女神인 바알롯

---

116) 생식과 풍요를 관장하는 女神 이스타르는 젊고 아름다운 농업과 목동의 神인 탐무즈를 사랑했는데, 어느날 탐무즈가 양떼를 몰다가 넘어져 죽자 이스타르는 그를 찾아서 저승으로 갔다. 그러나 이스타르마저도 저승의 여신 알라투(Allatu)에게 잡히게 되자 땅에는 온갖 식물이 말라 죽고, 동물이 번성하지 않으며, 아기도 태어나지 않았다. 그래서 神들이 회의를 열어 저승의 神에게 이스타르와 탐무즈를 다시 돌려보내도록 명령하니 지상에는 다시 번성과 사랑이 소생하게 되었다.

117) 오시리스는 식물 혹은 대지의 神으로 자신의 남근을 쥐고 서 있는 형상을 하고 있는데, 이는 이듬해 풍년을 약속하는 상징이다.

118) 미의 여신 아프로디테의 사랑을 받은 청년 아도니스가 질투에 눈이 먼 남신의 저주로 멧돼지에 받혀 죽는다. 그가 흘린 피는 대지에 흡수되고 그 자리에는 아네모네꽃이 피어난다.

119) 「구약성서」에는 바알은 보통 복수로 나타나며 남성으로는 바알림(Baalim=Lords)이 되고, 그의 생산의 성교대상인 여성들은 바알롯(Baalot=Ladies), 혹은 단수로 아쉐르(Asherah)라고도 부른다. 그리고 복수 고유명사인 아쉬토렛(Ashtoret)으로 더 잘 알려져 있다(金容沃, 여자란 무엇인가, 통나무, 1986, p.266). 대기와 비를 다스리는 바알과 물을 지배하는 용인 얌과의 대결을 그린 신화로 바알이 승리함에 따라 대지에는 생명이 다시 소생한다는 내용을

(Baalot＝Ladies)이 행하는 '신성한 결혼(hierosgamos)'으로 생식의 과정을 상징하고 있는데, 이러한 의식의 형태는 우리나라 관북지방의 남자들이 알몸으로 밭을 갈았던 나경(裸耕)120)의 민속에서도 찾을 수 있다. 이렇듯 순환론적 사고체계를 가진 농경문화에서는 대지는 재생의 능력을 가지고 있고 이러한 재생의 능력은 여성과 동일한 특징이며, 따라서 여성은 풍요의 상징121)이 되었던 것이다.

역사적으로 살펴보면, 우리민족의 형성기부터 삼한을 거쳐 삼국시대, 그리고 통일신라시대에 이르기까지의 민속신앙은 공통의 가치관 속에서 살아 숨쉬던 우리 고유의 문화 그 자체였다. 흔히 원시신앙으로 일컬어지는 이러한 민속신앙은 고대국가 성립 이후 국가의식의 고양과 관련하여 국가적인 차원에서 공식화되기도 하였으며, 고려시대에 들어서는 전쟁이나 천재지변과 관련하여 산천과 성황에 대한 제사와 무당에 의한 신당(神堂)도 국가적으로 용인되었다. 고려 초기에는 국가체계의 미숙으로 개별적인 신앙에 대한 일원적인 체계와 통제가 결여되었으며, 고려 후기에는 국가의 체계가 붕괴됨으로써 잡다한 신앙들로 방치되었다. 특히 이러한 방치로 인하여 종교적 양상이 다양성을 가지게 된 것은 마을의 형성과 깊은 관련을 맺는다. 즉 전기까지의 대규모 촌락이 후기로 들어오면서 사회의 붕괴와 함께 소규모의 공동체적 집단으로 변화했고, 이에 따라 자연촌락 단위의 성황이나 神堂을 중심으로 마을수호신에 대한 신앙행위가 이루어졌다. 이 시기부터는 도교나 불교와의 융화 및 습합현상이 나타나기 시작하였는데, 고려 전기에 대규모적인 불교신앙 단체

담고 있다.(Gaster, T.H., The Oldest Stories in the World, 이용찬 역, 세상에서 가장 오래된 이야기, 대원사, 1990, pp.210~236)

120) 여성의 일차적 상징이 생산을 뜻하는 것과 관련된 풍습으로 이 특수한 봄의 행사는 인간의 남성과 대지라는 여성 사이에서의 유사 성행위를 암시하는 것이다. (한국문화상징사전편찬위원회, 한국문화상징사전, 동아출판사, 1992, pp.244~245)

121) 그리이스 신화의 디아나(Diana)는 풍요와 多産의 여신으로 이름의 어원에 생산과 출산의 뜻을 내포하고 있다고 하며, 神像은 생산력의 상징으로 터질듯이 풍만한 유방을 갖고 있음. 풍요의 곡물신 아르테미스(Artemis)는 많은 유방을 가진 것으로 조각됨

로서의 성격을 지녔던 향도도 고려 말에는 자연촌락을 단위로 개별적인 신을 모시는 공동체로 변화했다.[122] 그러나 이러한 종교성은 불교와 도교가 주요 사상의 기반을 이루는 고려시대를 거치면서 점차로 그 세력이 약화되기 시작한다.

Ⅲ. 유교사회의 형성과 행사계층의 분화

1. 유교적 지배와 행사(行祠)의 제한

계급분화의 진행은 토지의 소유라는 사실로 인하여 계층분리의 형태를 더욱 분명하게 하였다. 우리에게 있어서 이러한 양상은 불교를 신봉했던 고려시대에 잘 보여지는데, 상층의 하층에 대한 착취를 그 특징으로 한다. 따라서 권력층은 그들의 기반을 가능케 해주는 하부구조와 어떠한 형태로든 차이를 가져야만 했고, 그 차이점을 신앙이라는 수단을 이용하였다. 즉 불교라는 종교—현대적 의미의 종교로 위에서 언급된 종교와는 성격이 다름—를 권력유지의 방편으로 이용하였으며, 이전까지는 공통의 신앙대상이었던 민속신앙을 음사(淫祀)라 하여 금기시하였다. 물론 이 시기까지는 지배층 종교였던 불교와 민간의 신앙은 여러가지 측면에서 공존하고 있었으나 조선의 개국과 더불어 그 기반은 완전히 흔들리게 된다.

성리학을 내세워 유교정치의 기틀을 마련하고자 했던 조선의 지배층은 불교와 도교, 그리고 민간신앙을 모두 배제하려 했으므로 이때부터 민속신앙은 완전히 농민 중심의 하층종교로 전개되었다. 그러나 조선조 유학자들의 불교나 도교 그리고 민속신앙에 대한 배척에도 불구하고 그것들이 가진 오랜 전통과 인간의 종교적 욕구로 인하여 여전히 민간을 중심으로 전승되었다. 특히 도교와 관련된 기관과 의식은 혁파하였지만 자연으로부터 내려진 재앙을 바

---

122) 이태진, 조선성리학의 역사적 기능, 「창작과비평」33, 창작과비평사, 1974

라보는 유교의 합리주의는 한계성을 노출하였으므로 이러한 재앙에 대한 의
식은 거부할 수 없었다. 그리하여 도교적 의례를 주관하는 소격서는 조선 전
기까지 계속 명맥을 유지하였으며 도교의 의식 중에서 초제(醮祭)는 계속 시
행되었다.[123] 유교의 의례만으로는 천재지변에 대한 심리적 보상을 충족시킬
수가 없었던 것이다. 따라서 민속신앙에 대한 기능을 성리학의 사회였던 조선
시대, 특히 적어도 조선시대 초기까지는 어느 정도 인정을 하여야만 했다. 그
러나 이렇게 분열된 종교적 양상－집권층이 느끼는 양상－은 중앙집권화를
강화해야만 했던 당시의 상황과 매우 상반된 입장이었으므로 정치적 정돈이
필요하였다. 따라서 성리학적 이념을 중심으로 국가적 안정을 기하는 한편,
민간에서의 자연숭배와 민간신앙에 적절한 통제를 가하게 되었다.

  유교를 기반으로 중앙집권체제를 강화하려던 당시의 집권층은 「주자가
례」에 의한 가묘제의 실시로 가부장적 질서를 형성하고자 하였다. 이러한
목적을 달성하기 위하여 그 동안 불교나 무속을 따랐던 상례를 유교식으로
대체하려는 시도가 태조 때부터 세종 때까지 활발히 추진되었으나 일반 사
대부들조차 적극적으로 동참하지는 않았다.[124] 세종대를 거치며 왕실에서
부분적으로 시행되면서 보급되어 갔으나[125] 15세기 후반에 이르기까지도
민간에서는 불교 또는 무속적인 상제의 유풍이 그대로 지속되고 있었다.
유교적 지배질서 속에 민간신앙이 습합된 사례로 이사제라는 것이 있는데,
이는 향리마다 마을사당을 세워 마을사람들이 매년 정기적으로 모여서 제
사를 지내고, 제사가 끝난 뒤에는 마을의 친목을 도모하고 경제적인 상호
협력을 꾀하며 악한 행위를 한 자를 징계하는 제도였다.

---

123) 김항수, 「조선 전기의 성리학」, 『한국사』8, 한길사, 1994, pp.241~242
124) 김항수, 「조선 전기의 성리학」, 『한국사』8, 한길사, 1994, p.244
125) 지두환, 조선초기 주자가례의 이해과정, 「한국사론」8, 서울대 국사학과, 1982

<사진 1-24> 유교제례 ➡
    자료 : 서울문화재대관, 1987
<사진 1-25> 堂山祭(谷城郡 三岐面 蘆洞里) ⬇
    자료 : 황헌만, 조선땅 마을지킴이, 1993

이 제도는 마을구성원들 자체적으로 행해지던 신앙습속을 향리를 통치하는 수령이 주관함에 따라 유교적 지배질서 속에서 한결 용이한 통치를 할 수 있도록 만들어 놓은 장치였다. 그러나 이 제도는 국가적으로 강력히 실시하려 하였던 조선왕조의 의지에도 불구하고 대부분 제대로 시행되지는 않았다. 토속신앙으로 내려오던 단군에 대한 제의도 국가적 차원으로 승화시키기도 하였는데, 이는 신왕조의 정통성과 국가의식을 정립하려는 뜻이었다. 조선시대의 이러한 성리학적 유교사회로의 전환은 민간에 전해 내려오던 신앙대상의 근본을 뿌리째 흔들어 놓았는데, 그것이 하늘에 대한 의례의 금지였다. 유교의 의례에 天子는 천지와 명산대천에 제사하고 大夫는 五祀에 제사하도록 규정되어 있었기 때문에 민간에서 행하던 산천과 성황에 대한 제사는 국가적 차원에서 행하는 것으로 단일화되었다.

2. 행사(行祠)의 비밀화(秘密化)

유교적 질서속에서 산천과 성황에 대한 제사가 국가로 단일화되면서 민간의 의례는 점차 축소 혹은 비밀화하거나 소멸되었으며, 성격에 따라서는 풍속이라는 형태로 그 모습을 달리하였다. 그러나 이렇게 국가적 차원에서 단

일화된 것은 다분히 정치적 목적에 의한 것이었으므로 이에 대한 반발은 계
속 이루어지고 있었으며 조선조 후기에 접어들면서 점차 심화되었다. 유교적
사유체계에 대한 커다란 반발은 당시의 국문소설이나 시조, 판소리, 가면극,
민화 등에 잘 나타나고 있으며, 유교의 명분론을 근본적으로 부정하는 천주
교의 전래와 함께 각종 예언이나 도참의 형식을 취한 미래구원적인 정감록
사상과 동학이 성행하면서 기층민들은 자신들의 결집력을 더욱 요구하게 되
었다. 이러한 사상들은 기층민의 전통적 사상으로 보기에는 다소 무리가 따
르며, 체계적인 논리구조를 가지고 뿌리내린 것은 아니지만 시대상황에 따른
그들의 실천적인 기원을 그대로 보여주고 있는 것이다. 즉 현실의 모순구조
속에서 새로운 사회를 갈망하던 농민들의 사회사상이 표출된 양상이었다. 특
히, 19세기 농민항쟁의 도화선이 되었던 평안도 농민전쟁(1811~1812, 홍경
래의 난)을 계기로 농민들은 관(양반)주도의 향회가 더이상 자신들의 의사
를 대변하지 못한다는 사실을 깨닫고 민회(民會), 이회(里會), 도회(都會)라
불렸던 자신들 주도의 향회를 개최하게 된다.126) 중앙정부로부터의 이러한
이탈은 정치적인 의미뿐만 아니라 마을 결집력의 수단으로 이용되었던 각종
공동체 제의와 관련된 생활에도 커다란 변화를 가져오게 되었다. 음사로 규
정되었던 민속제의는 개인굿을 중심으로 이루어졌으며, 대동굿이나 두레굿은
제의적 특징보다는 공동노동을 통한 공동체의 결속이라는 부분에 그 의미를
치중하게 되었다. 따라서 집단주체의 대동굿보다는 개인주체의 무당굿만이
종교적 의미를 가지고 행하여 졌으며, 조선시대의 유일한 지배 이데올로기였
던 유교와의 배타적 관계에 의하여 비밀리에 이루어져야만 했다.

　일제 시기에 들어오면서 이들은 식민지배의 한 수단으로 무당까지도 적
절히 통제하였으며, 이러한 통제는 새마을 운동의 전개로 더욱 비밀화하게
되었다. 대동굿이나 두레굿이 공동체의 결속을 통하여 집단적인 축제를 벌
일 수 있었던 것이라면, 마을공동체의 해체는 놀이패와 마을사람들의 유대
를 끊어 놓은 것이고 공동체의 힘을 약화시킨 것이다. 따라서 강제적 힘에

---

126) 오영교, 「1862년 전국농민항쟁」, 『한국사』10, 한길사, 1994, pp.126~132

의해 분해된 우리의 마을공동체는 공동체적 힘의 원천이 사라졌거나 변질
되었으며, 개인을 중심으로 한 비밀행위의 형태를 갖게 되었다.

3. 전문연희집단의 등장

완전한 전문성을 지니지는 못했으나 유랑예인집단으로서의 자취는 조선
전기부터 나타나기 시작한다. 이러한 사실은 사장배(거사배)들의 폐해를
비판하는 당시의 상소문에서 확인할 수 있다.

> 중도 아니고 속인도 아니면서 생업을 버리고 차역(差役)을 회피합니다.
> 지방에서는 천 명씩 만 명씩 떼를 지어 절에 올라가서 소향(燒香)합니
> 다. 서울에서는 여염집에서 밤낮으로 남녀가 한 곳에 뒤섞이어 징과 북
> 을 울리며 안하는 짓이 없습니다. [127] - 工曹判書 梁誠之 〈『조선왕조실록
> 』「예종」 권6, 元年 六月〉
> 사장이 무리로 모여 대중을 미혹시키니 불가불 없애야겠습니다. 그들은
> 모두 시정의 무식한 무리들입니다. …… 社를 대도(大都) 여염(閭閻) 속
> 에 짓고서 염불소(念佛所)라 칭하며, 그들의 생업을 버리고 어지러이 모
> 여들어서 검은 옷을 입고 검은 관을 쓴 남녀들이 여기저기 보입니다.
> …… 기괴한 형상으로 많이 모여서 두루 돌면서 징을 울리고 북을 치며
> 춤추어 뛰니 거리의 아이들과 부녀들이 둘러서 보며 흠모합니다. [128] - 사
> 헌부 한치형 〈『조선왕조실록』「성종」 권10, 二年 六月 己酉條〉

이들 무리는 임진왜란을 겪으면서 궁핍한 생활, 전제(田制)의 문란, 수
취체제의 모순과 부패 등으로 인하여 더욱 수가 불어나게 된다. 이들 유랑

---

127) 非僧非俗, 廢其生業, 窺避差役. 外方則千萬爲輩, 上寺燒香. 京中則閭閻晝夜, 男
女混處, 錚鼓轟轟, 無所不至.

128) 社長之輩聚惑衆, 不可不除也. 類皆市井無識之徒. …… 乃創社於大都閭閻之中稱,
爲念佛所. 棄其業次, 紛然輩聚, 緇衣緇冠, 男東女西, 視其形. …… 奇形, 怪狀,
雜畓周旋, 鳴錚擊鼓, 婆娑踊躍, 而街童巷婦, 環視欣慕.

인들은 처음부터 예인이 된 것은 아니지만 마을의 행사 등에 불려다니면서 유랑예인집단으로 굳어지게 되었다. 특히 봉산탈춤, 북청사자놀음 등의 연행종목을 갖추면서 거사배에서 사당패로 바뀌어졌다.

15세기 말부터는 토지에 대한 소유권을 매개로 토지집적이 가속화되면서 지주전호제가 본격화되었으며, 이에 따라 향촌사회의 지주층들은 사회적(지주전호제)인 안정을 위하여 농민들의 경제적인 안정에 많은 관심을 보였다. 지주층들에 의한 향촌사회의 구성으로 전호농민들은 향촌공동체의 체제 속에 포함되었고, 마을은 지주들이 소유한 농지의 경작을 위한 단위로 구성되었다. 중앙집권화정책이 시행되고 절대적 권한을 지닌 수령과 지주들 사이에는 그들의 사적인 이익을 추구하기 위하여 매우 밀착된 관계를 맺게 되었으며, 관료층의 사익추구는 장시(場市)의 등장으로 더욱 부추겨졌다. 장시는 15세기 말에 등장하여 16세기 초에는 이미 전국적인 규모가 되었고 외국과의 교역량도 대폭 증가하였다.

적정한 가격의 설정과 이에 따라 거래가 이루어지는 곳으로서의 시장은 고정된 장소로서의 측면에서는 커다란 의미를 갖지 못하지만 사람과 사람의 만남, 정보의 전달 등의 측면에서는 개개의 촌락들을 서로 연결시켜 전체사회와 만나게 하는 역할을 하였다. 산이 많은 자연환경조건 때문에 우리의 마을공동체가 분산되어 거주할 수밖에 없다는 특성상 이러한 접촉의 기회는 대단한 의미를 지니고 있었으며, 모래알같이 결속력을 가질 수 없었던 민중들에게는 매우 자연스러운 집회의 장소가 되었다. 이곳에서는 지주들로부터 풀려나는 해방감을 맛볼 수 있으며 그러한 해방감은 시장이 갖는 소음에 의해 한층 더 북돋우어진다. 조선말기 한 외국인의 눈에 비친 시장의 모습은 이러한 해방공간으로서의 단면을 보여주고 있다.

> 장날이 되면, 언제나 권태롭고 단조로운 모습을 보이던 한국의 마을들은 온통 활기와 윤기를 띠게 되고 사람들의 떠드는 소리로 야단스럽다. 이른 새벽부터 당국이 정기시장이 서도록 지정한 지점으로 가는 小路는 농민들로 메워진다. -이사벨 비숍129)

場이 새로 형성되거나 장소를 옮길 경우에는 며칠 동안 '난장판'을 벌이는데 이는 사람들에게 장이 선다는 것을 알리기 위함이었다. 市場과 함께 다른 한편에서는 씨름, 윷놀이, 남사당패놀이 등 우리가 민속행사라고 하는 행위들이 펼쳐진다. 이러한 난장은 대부분 場에 기반을 두고 있는 거상들이 추렴하여 매년 대소 명절과 장날에 씨름판을 열고 광대 줄타기, 산대놀음판 등을 벌였다. 송파진을 거점으로 형성된 송파장은 서울 외곽에서 가장 큰 난전을 이루었는데, 송파산대놀이는 조선 후기에 이곳을 배경으로 형성된 것으로 일주일에서 열흘씩 놀이판을 벌였다. 이때는 놀이판을 크게 벌이기 위해서 각 지방의 명연주자들을 초청하여 놀았는데, 이러한 난장의 풍습에 의해 전문 놀이꾼들이 생기게 되었던 것이다. 그러나 1925년의 을축년 대홍수로 송파진이 물에 잠긴 이후로 옛 모습은 자취를 감추게 되었다.

<사진 1-26> 남사당패 (줄타기) ▶
　　　자료 : 한국의 전통예절, 1994
<사진 1-27> 1920년대의 시장 ▼
　　　자료 : 한국민속대관, 1980

조선후기에 들어오면서 이러한 난장판에는 남사당패가 흥을 주도하는데, 일종의 남성가극단이었던 이들은 1920년대 이후 독립적인 존속이 어려워지게 되면서 중매구[130] 및 걸립패[131]와의 습합과정을 거치게 되고 사당패,

---

129) 정승모, 시장의 사회사, 웅진출판, 1992, p.26

130) 절의 건립을 위하여 중들이 풍물을 치면서 헌금을 걷는 것. 이들은 승려가 직

솟대장이패와의 교류도 갖게 되면서 오늘의 형태로 변모된 것이다.[132]

시장을 중심으로 형성된 이러한 집단과는 달리 농청(農廳)을 기반으로 하는 풍물패는 농경에 직접적으로 관련되어 형성된 집단으로서 집중적 노동력이 요구되기 시작한 조선시대 후기에 그 모습을 나타낸다. 이들 두레패는 정월에 지내는 마을제(洞祭, 村祭)에서 이전에 악기를 다루던 악사를 대체함으로써 축제의 주체가 되었다. 즉 두레풍물이 강화된 이래로 더욱 체계적이고 전문적인 풍물패의 형태로 정착된 것이다.

Ⅳ. 현대적 전승과 종교성의 상실

근대이후 축제의 형태는 대부분 종교적 성격은 어느 정도 유지하고는 있지만 사회적·문화적 상황에 따라 그 모습을 달리하고 있다. 신년에 스코틀랜드에서 행하여지는 검무축제, 노동절 축제, 근대 올림픽, 추수감사절, 성패트릭일(St. Patrick's Day, 3월 17일), 그리고 우리의 백중제, 단오제, 한가위 등은 종교적 기반은 분명하게 나타나지만 내용적인 측면에서는 최초(ab initio)의 모습을 거의 상실하고 있다.

접 주동이 된 패거리로 풍물, 독경, 짤막하나마 오광대와 유사한 탈놀이를 하는데, 외부 연회자들을 초빙하는 경우가 많았다. (한국민속사전편찬위원회, 한국민속대사전 2, 민족문화사, 1991, p.1302)

131) 절이나 지역사회에서 갑자기 큰 돈이 필요할 때 결성하여 마을과 집을 돌며 마당밟기를 통해 쌀과 돈 등을 거두던 패거리. … 또 전문적인 농악수들로 조직된 걸립패들은 밤에 마을 사람에게 그들의 기예를 보여 주기 위하여 판굿을 친다.(한국민속사전편찬위원회, 한국민속대사전 1, 민족문화사, 1991, p.86)

132) 심우성, 한국의 민속극, 창작과 비평, 1975

1. 종교적 변질

서학과 천주교의 전래는 축제적 제의의 현대적 전승과정에서 가장 큰 영향을 미친 요소이다. 이전까지 민중계층의 제의는 땅에 대하여, 그리고 땅과 하늘의 교섭이라는 측면에서 행하여졌으나 서양문물의 도입과 함께 침투된 천주교는 하늘이라는 수직적·일방향적 관계를 강요하였다. 붕괴되어가는 조선의 봉건사회에서 주자학이 아무런 도움을 주지 못하는 상황을 맞게 되자 서학의 선진성을 강조하며 들어서기 시작한 실학은 이러한 조류에 편승하여 등장하게 된 사상이었다. 성호 이익은 「성호사설」에서, 박제가는 「북학의」에서 서학의 유용성을 주장하였고, 정약용은 1797년(정조 21년)의 상소문에서 서학에 관심을 갖게 된 동기를 천문(天文), 역상(曆象), 농정(農政), 수리(水利) 등 서양의 새로운 학문에 대한 관심에서 출발하였음133)을 말하고 있다. 학문적 대상이었던 서학에 대한 관심과 함께 천주교 역시 얼마 안되어 관심의 대상이 되었고 점차 그 심도가 깊어지게 되었다. 만민평등이라는 사상을 갖춘 천주교는 민중들에게 중세적 신분계층을 부정할 수 있는 근거를 만들어 주게 되었고, 진보적 학자들에게는 기존의 주자학적 봉건체제를 대체할 수 있는 근대적 사유체계로 인식되었다. 그러나 서양인들은 중상주의 정책의 확장을 위해 원료공급지로서의 식민지확보를 추진하는 과정에서 천주교와 기독교의 포교를 이용하였고, 그 댓가로 서학을 제공하였다. 근대로 접어드는 조선사회는 서학의 습득이라는 미명하에 서구열강의 침투를 허용하였고 천주교와 기독교를 믿게 되었으며, 그 결과 점차 민간신앙은 위축되는 현상이 벌어지게 되었다.

서양인의 눈에 비친 우리의 종교적 제의는 미개한 종족이 가진 주술적 행위였고, 그들의 교리에 어긋나는 우상에 대한 숭배였다. 따라서 그들은 자신들의 문화가 우월함을 내세워 기독교와 천주교를 강요했고, 애써 우리의 전통민간신앙을 배척해야만 했다. 우리가 가지고 있던 신앙에 대하여

---

133) 『조선왕조실록』「정조」권47, 正祖 二十一年 六月

기독교적 세계를 오염시키고 있는 샤머니즘적 차원 정도로 몰아 세움으로써 수천 년에 걸쳐 내려오던 우리의 전통민간신앙은 서구의 것으로 그 대상을 바꾸게 되었고, 이에 따라 우리들은 더 이상 종교인(homo religiosus)으로서의 역할을 수행할 수 없게 되었다.

2. 예술적 변모

민속제의에 나타난 제축적 행위의 전승은 유교나 불교에서 이루어지던 과정과는 다소 차이가 있다. 근본적인 목적은 모두 종교성의 표현이라고 할 수 있으나, 그 담당층의 측면에서 지배층과 피지배층이라는 차이에 의해 변화양상은 달리 나타나게 된다. 피지배층인 민중들이 소유한 민속제의의 제축의례는 일상의 생활 속에서 혼합되어 이루어졌으며 가장 최근까지도 그들 생활의 일부분이었다. 즉 지배층의 제축행위는 축제의 場과 축제의 장식요소로 구분되어 있었으나 민중들의 제의에 나타나는 행위는 그 자체가 축제였으며 생활의 또다른 모습이었다. 그러나 민속행사에 대한 무관심, 그리고 필요성에 의한 국가적인 보호시책이 추진되면서 이러한 행위들은 문화재라는 이름으로 다시 태어나게 됨으로써 이전에 지배층이 보여주던 구조를 그대로 답습하게 되었다. 1960년대 이후 지금까지 시행되고 있는 「전국민속예술경연대회」의 각 종목들은 변모된 과거의 민중제의적 축제양상이 그 자체로서의 제축적 구조를 상실하고 의도된 축제의 장식요소로 탈바꿈하게 된 하나의 예로 볼 수 있다. 모든 것을 예로 들 필요는 없으나 또 하나의 사례를 들면, 과거의 백중놀이는 호미씻이와 관련되어 행하여지던 공동집단의 제의로 그 자체가 축제적 구조를 가지고 있었으나 현대적 변모의 과정을 거치면서 종교성이 모두 제거된 후 '~대회' 혹은 '~날' 등의 짜여진 축제의 구성요소로 변질되었다. 이렇게 장식화 혹은 부속화된 축제적 제의는 '무대'라는 박제화된 공간과 융합됨으로써 민속예술 혹은 전통예술이라는 이름으로 예술의 한 형태가 되었고, 제의 주재자는 예술인으로 자리를 옮기게 되었다. 이러한 자리옮김에 가장 큰 역할을 한 것은 1964년 12월 양주별산대놀이를 시작으로 한 마당놀이의 무형문화재 지정과 다소 경직되기는 했으나 대학가의 놀이수용을 들 수 있다.

제3절 축제의 분화유형

과거의 두레축제는 구한말의 정치적 격동기와 일제 식민지하에서는 개인의 기복을 위한 형태보다는 민중저항적 힘의 원천으로 역할을 하였고, 현대의 정치적 혼란기에는 변혁운동의 기폭제로서 역할을 수행하였다. 오늘날 이러한 움직임의 근거지가 되었던 대학가에서는 다수의 힘을 모으고자 우리에게 전통적으로 내려오던 대동굿 혹은 두레굿의 축제양상을 도입하기도 하였다. 사회모순의 타파, 제축적 반란, 사회적 질서의 회복 등이 과거와 현재의 시간적 간격속에서 하나의 공통점을 가지고 나타나는 현상으로 이해할 수 있다. 大同祭는 대동굿의 다른 형태로, 민중열사진혼(民衆烈士鎭魂)의 거리제는 거리굿으로 과거의 굿 유산과 선이 닿아 있는 것[134]으로 시대적 흐름에 따라 그 양상을 달리하고 있음을 볼 수 있다. 이뿐만 아니라 현대의 사회는 축제의 홍수 속에 있다고 할 만큼 다양한 모습으로 우리의 생활 속에 스며들어 있다. 물론 과거와는 전혀 다른 모습을 취하고는 있지만 축제의 구조라는 측면에서 매우 유사한 특징을 보이고 있으며, 적어도 과거의 축제가 달성하려 했던 목적의 측면만은 동일하다고 할 수 있다.

1987년 한국문화예술진흥원이 펴낸 「한국의 축제」에 의하면 전국에서 행하여지고 있는 향토문화제의 수는 361개(일정한 기준없이 민속행사가 포함된 모든 향토축제를 포괄한 수치), 개최횟수와 전통민속적 요소 등의 기

---

134) 주강현, 굿의 사회사, 웅진출판, 1992, p.29

준을 설정하여 조사를 실시한 한국문화정책개발원의 「향토축제 활성화를 위한 모형개발 연구」에는 134개[135)]에 달하는 향토축제가 보고되고 있다. 특히 이러한 향토축제를 구성하는 민속놀이, 전통의례 및 제례 등의 사례는 그 수치를 헤아릴 수 없을 정도이다. 또한 향토축제라는 명칭으로 이루어지는 대부분의 축제는 과거로부터 이어져 내려온 것이 아니라 현대에 접어들면서 지역의 특성화라는 목적에 따라 만들어진 것이며, 이러한 축제의 구성요소로 이들을 포함시킨 것이다. 대부분의 향토문화제는 전통이라는 뿌리를 갖춘 축제가 아니라 현재의 시점에서 '이벤트로서 사람을 모이게 할 수 있는 모든 것'을 백화점식으로 나열한 상태에 지나지 않는다. 따라서 이렇게 지역축제의 한 부분을 차지하고 있는 관련행사는 이 축제의 필수요소라기 보다 단위행사 자체에 더 큰 의의가 있다고 볼 수 있다.

　현재까지 이어져 내려오거나 최근까지 보고된(현재 시행되지 않는 축제도 포함됨) 축제의 형태는 〈표 1-1〉과 같이 250여개로 나타나는데, 이를 통하여 전통축제로부터 현대축제로 이어지는 흐름을 이해할 수 있겠다. 전통축제와 현대축제의 구분은 의례대상(혹은 신앙대상)의 유무에 의해, 경우에 따라서는 축제를 대표하는 상징물의 존재여부에 의해 나타나는데, 의례대상의 존재여부가 더욱 큰 역할을 한다. 다음의 표를 기준으로 보면 현대축제가 전체의 54.4%, 전승축제가 36.0%, 복원축제가 9.6%를 차지하고 있다.

---

135) 이 수치는 방일영문화재단이 주최한 「향토축제의 가능성과 미래」라는 주제의 학술심포지움에서 신찬균이 최초로 제시함.

<표 1-1> 한국의 축제

명 칭	행사형태	발생시기/유형	진행형태	의례대상	상징물	개최지
가락문화제	향토축제,경연대회	1962/전승	제의→행사			경남김해
가산오광대-天龍祭	풍요기원	300여년전/전승	놀이	상·하신장	오방신장기	경남사천
갈천별신굿	당굿	1970년대/현대	제의→놀이	단종	?	충북단양
강릉단오제	마을굿	고려초/전승	제의	김유신,범일국사, 여국사서낭신	神竿木	강원강릉
강정리당산제	당굿	임진왜란경/전승	제의	산신령,오방신장	오방신장기	전북진안
개나리호수제	향토축제	?/현대	개별행사	-	봉화	춘천
개천예술제	향토축제	1949/현대	예술행사,놀이	-	-	경남진주
개천절국중대회	祭天儀式	?,1984재현/전승	제의→놀이	하늘	?	충북보은
개항제	향토축제	1963/현대	개별행사	-	-	전북군산
견훤산신제	산신제	?/전승	제의	견훤	?	경북상주
경산문화제	향토축제	?/현대	예술행사,놀이	-	-	경북경산
고림동별신제	동제	?,1900년이전/전승	제의→놀이	삼신할미	神竿	경북예천
고싸움축제	민속놀이	1983/복원	놀이		農旗	전남광산
공주장승제	동제	400여년전/전승	제의→놀이	장승	洞旗	충남공주
관악제	향토축제,경연대회	1987/현대	개별행사,놀이	-	-	경기과천
괴산문화제	예술제,경연대회	1985/현대	개별행사,놀이	-	-	충북괴산
구산당산제	당산제	200여년전/전승	제의	山神	堂山木(팽나무)	충남청양
군도제	향토축제	1973/현대	개별예술행사	-	-	강원원주
군항제	향토축제	1963/현대	제의,개별행사	이순신장군	-	경남진해
금산인삼제	향토축제	1981/현대	개별행사	-	-	충남금산
금오문화제	향토축제	1985/현대	개별행사	-	-	경남구미
금천문화제	향토축제	1987현대	개별행사	-	-	경기시흥
금파문화제	향토축제,예술제	1984/현대	개별행사	-	-	경기김포
김천문화제	향토축제	1957/현대	개별예술행사	-	-	경북김천
김화성황제	동제	조선(?)/전승	제의→놀이	?	?	경기철원
난계예술제	향토축제	?/현대	제의,예술행사	-	-	충북영동
남도당제	당제	?/전승	제의	당산할아버지	당산목,장승,선돌	전라남도
남도문화제	향토축제	1974/현대	개별행사	-	-	전라남도
남망예술제	향토축제	1986/현대	개별예술행사	-	-	경남충무
남명제	추모제	1977/현대	제의	조식	-	경남산청
남이장군대제	당굿	?/전승	제의→놀이	남이장군	龍旗	서울용문동
노량문화제	추모제,예술제	1980복원	개별행사	이순신장군	-	경남남해
노성제	향토축제	1979/현대	개별행사	-	-	강원평창
놀뫼축제	예술제	1986/현대	개별예술행사	-	-	충남논산
농소리탑제	서낭제	400여년전/전승	제의→놀이	-	당산목,탑	충남청양
다산문화제	향토축제,추모제	1983/현대	제의,개별행사	정약용	-	경기남양주
다향제	향토축제	1985/현대	제의,개별행사			전남보성
단군어천제	제례	?/전승	제의	단군	?	충남서산
단종문화제	예술제,추모제	1968/복원	제의→행사	단종	?	강원영월
달구벌축제	향토축제	1982/현대	개별행사	-	-	경북대구

80

명 칭	행사형태	발생시기/유형	진행형태	의례대상	상징물	개최지
당진상록제	향토축제	1978/복원	개별행사	-	-	충남당진
당촌당제	당제	600여년전/전승	제의→놀이	사직신	당산목	전남보성
대가야문화예술제	향토축제,추모제	1974/현대	개별행사	우륵	-	경북고령
대모성제	향토축제	?/현대	개별행사	-	-	전북순창
대야문화제	향토축제	1982/현대	개별행사	-	-	경북합천
대진동제	동제	?/전승	제의→놀이	千將軍,海佛神	石碑,장승	경북영덕
대포갯제	당제	400여년전/전승	제의	당할머니,갯귀신	堂旗(횃불)	전남보성
덕병리장승제	동제	550여년전/전승	제의	당산할매	장승,令旗	전남진도
동구문화제	향토축제	1983/현대	제의,개별행사	-	-	경기남양주
동막도당굿	동제	?/전승	제의	도당할머니	堂木	인천남구
동해무릉제	향토축제	1985/현대	제의,개별행사	-	-	강원동해
동해문화제	향토축제	?/현대	개별행사	-	-	경북포항
동해안별신굿	마을굿	?/전승	제의→놀이	세존,부락수호신	令旗	동해안지방
동화제	동제	250여년전/전승	제의→놀이	天神,地神	동화대	충남청양
마산농청놀이	동제,민속놀이	1700년대/전승	(제의)→놀이	상투바위	농청기	경남마산
마산시민의 날	향토축제	1978/현대	개별행사	-	-	경남마산
마한민속제	향토축제	1971/현대	개별행사	-	-	전북익산
매헌문화제	추모제,향토축제	1974/현대	제의→놀이	윤봉길	-	충남예산
매홀문화제	향토축제	1986/현대	개별행사	-	-	경기화성
모양성제	향토축제	1975/현대	개별행사	-	-	전북고창
모촌당산제	당제	400여년전/전승	제의	당산신	용줄	전남무안
牧溪별신제	동제	조선시대/전승	제의→놀이	성황신	神木	충북중원
목포예술제	예술제	1959/현대	개별예술행사	-	-	전남목포
문경문화제	향토축제	1975/현대	개별행사	-	-	경북문경
文昌祭놀이	민속놀이,추모제	1630년대/전승	제의→놀이	黃是憲	?	경남창원
문항축전	향토축제	1981/현대	개별행사	-	-	전남장성
문호장굿	민속제의	300여년전/전승	제의→놀이	文戶長	서낭대	경남창녕
밀양백중놀이	민속놀이,農神祭	?/전승	놀이	農神	농신대(農神竿)	경남밀양
밀양아랑제	향토축제,추모제	1950/복원	제의→놀이	아랑	성화	경남밀양
방림성황굿	동제	?/전승	제의	성황신	?	강원평창
백석별신굿	동제	?/전승	제의→(탈)놀이	城隍之神,土地之神	?	경북영덕
백양제	향토축제	1978/현대	개별행사	-	-	전남장성
백운문화제-봉명제	향토축제	1983/복원	제의→놀이	白雲峯山神	?	경기양평
백운약수제	향토축제	?/현대	제의,개별행사	-	-	전남광양
백월산제	동제	?/전승	제의	?	?	충남홍성
백제문화제	향토축제	1955/복원	제의→놀이	-	-	충남공주부여
백제충령제	향토축제	1983/현대	개별행사	-	-	충남연기
백중성황제	민속제의	?/전승	제의→놀이	영산지신 등 4신	?	강원인제
벌교읍당산제	동제	350여년전/전승	제의→놀이	조상신	?	전남보성
벽골문화제	향토축제	1961/현대	개별행사	-	-	전북김제
별망성예술제	향토축제	1987/현대	개별행사	-	-	경기안산
보납문화제	향토축제	?/현대	개별행사	-	-	경기가평

명 칭	행사형태	발생시기/유형	진행형태	의례대상	상징물	개최지
보림문화제	향토축제	1970/현대	개별행사	-	-	전남장흥
복사골종합예술제	향토축제	?/현대	개별행사	-	-	경기부천
복사꽃큰잔치	향토축제	1984/현대	개별행사	-	-	경북영덕
복성포곶창굿	동제,풍어제	?/전승	제의→놀이	임경업	임장군기,뱃기	경기인천
봉기풍어놀이	동제,풍어제	?/전승	제의→놀이	용왕신	뱃기	충남서산
사천문화제	향토축제	1958/현대	개별행사	-	-	경남사천
사천진별신굿	동제,풍어제	?/전승	제의	?	?	강원명주
삼일문화제	향토축제	1960/현대	개별행사	-	-	경남창영
삼진민속문화제	향토축제	?/현대	개별행사	-	-	경남의창
삼랑문화제	향토축제,추모제	1986/현대	개별행사	朴堤上	-	경남양산
상록문화제	향토축제,추모제	1986/현대	제의→놀이	심훈	-	충남당진
상산제	天神祭	?/전승	제의	단군	?	함경도
상산축전	향토축제	1979/현대	개별행사	-	-	충북진천
상주문화제	향토축제	1981/현대	개별행사	-	-	경북상주
생촌당산제	당제	?/전승	제의→놀이	天龍神,外堂神	선돌,?	전남장성
서산문화제	향토축제	1987/현대	개별행사	-	-	충남서산
서해안배연신굿	동제,풍어제	?/전승	제의	임경업	神木,將軍旗,뱃기	서해안
선산풍년제	향토축제	1972/현대	개별행사	-	-	경북선산
설봉문화제	향토축제	1987/현대	개별행사	-	-	경기이천
설성문화제	향토축제	1982/현대	개별행사	-	-	충북음성
성남시종합예술제	향토축제	1986/현대	개별예술행사	-	-	경기성남
성류제	향토축제	1977/현대	개별행사	-	-	경북울진
소가야문화제	향토축제	1977/현대	개별행사	-	-	경남고성
소당산산신제	동제	?/전승	제의	?	?	경기이천
소래풍어제	동제,풍어제	?/전승	제의→회의	?	뱃기	경기인천
소백문화제	향토축제	1986/현대	개별행사	-	-	경북영주
소백산철쭉제	향토축제	1983/현대	제의,개별행사	-	-	충북단양
소사벌문화제	향토축제	1987/현대	개별행사	-	-	경기평택
소사벌백중놀이	민속놀이	1985/현대	개별행사	-	-	경기평택
소양제	향토축제	1983/현대	개별행사	-	-	강원춘천
소요문화제	향토축제	1985/현대	개별행사	-	-	경기동두천
속리연송제	향토축제	?/현대	개별행사	-	-	속리산
속리축전	향토축제	1988/현대	제의,개별행사	-	-	충북보은
송당리마을제	동제	?/전승	제의	금백주(금백중)	堂旗	북제주구좌읍
송학동화제	동제	500여년전/전승	제의	?	동화대(가시나무)	충남청양
수동별신굿	당제	고려후기/전승	제의	魯國公主	司令旗	경북안동
수리산산신제	동제	?/전승	제의→놀이	수리산산신	?	경기시흥
수성문화제	향토축제	1983/현대	개별행사	-	-	경남고성
수안보온천제	향토축제	1985/현대	개별행사	-	-	충북중원
수풍당산제	당제	?/전승	제의	?	?	전남보성
순천팔마문화제	향토축제	1982/현대	개별행사	-	-	전남순천
시흥도당굿	동제	?/전승	제의	마을수호신	왕당대	경기시흥

명 칭	행사형태	발생시기/유형	진행형태	의례대상	상징물	개최지
신금리마신제	동제	?/전승	제의→놀이	驪儺神	神木(소나무)	전남고흥
신남해성황제	동제,풍어제	?/전승	제의	海城隍	男根木	강원삼척
신라문화제	향토축제	1962/복원	제의→행사	(序祭)護國龍	(序祭)神木,堂旗	경북경주
신방목신굿	동제,마당놀이	?/전승	제의→놀이	木神	神木(엄나무)	경남의창
십이장신제	동제	임진왜란후/전승	제의	관운장 등 12장군	?	충북영동
아라문화제	향토축제	?/현대	개별행사	-	-	경남함안
아림제	향토축제	1969/현대	개별행사	-	-	경남거창
안동민속제전	향토축제	1970/현대	놀이	-	-	경북안동
안양문화제	향토축제	1986/현대	개별행사	-	-	경기안양
양구강신제	동제	?/전승	제의→놀이	마을수호신	堂木(자작나무)	강원양구
양록제	향토축제	?/현대	개별행사	-	-	강원양구
여수영당풍어제	동제,풍어제	고려말/전승	제의	최영,이순신 등	?	전남여수
여수예술제	향토축제	1976/현대	개별예술행사	-	-	전남여수
연기향토제	향토축제	1985/현대	개별행사	-	-	충남연기
漣川호미시세	두레축제	?/전승	놀이	-	농기	경기연천
연평도풍어제	동제,풍어제	?/전승	제의	임경업	뱃기(가시나무)	황해연평도
영덕향토문화제	향토축제	1971/현대	개별행사	-	-	경북영덕
영동종합예술제	향토축제	1971/현대	개별예술행사	-	-	강원강릉명주
영동해랑제	동제,풍어제	?/전승	제의→놀이	해랑	남근	강원강릉
영등제	동제,풍어제	?/전승	제의	영등할망	?	제주
영변성황대제	동제	?/전승	제의→놀이	?	서낭대	평북영변
영천문화제	향토축제	?/전승	제의→행사	(수호제)骨火女神	?	경북영천
예천문화제	향토축제	1977/현대	개별행사	-	-	경북예천
오티별신제	동제	100여년전/전승	제의	?	?	충북제원
옥당문화제	향토축제	1973/현대	개별행사	-	-	전남영광
옥주문화제	향토축제	1966/현대	개별행사	-	-	전남진도
옥천문화제	향토축제	1963/현대	개별행사	-	-	전북순창
옥포대첩기념제	향토축제	?/현대	개별행사	-	-	경남거제
온양문화제	향토축제	1962/현대	개별행사	-	-	충남아산
완도장좌리당제	당제	?/전승	제의→놀이	송대장군	堂木	전남완도
룡신맞이풍어굿	동제,풍어제	?/전승	제의→놀이	五海용왕신	뱃기	전남여수
룡화축전	향토축제	1984/현대	개별행사	(용화산신제)산신	?	강원화천
우륵문화제	향토축제	1971/현대	제의,개별행사	-	-	충북충주중원
우산예술제	향토축제	1982/현대	개별행사	-	-	경북울릉
운산장승제	거리제	70여년전/전승	제의	청제장군,흑제장군	장승	충남서산
운주당산제	당제	?/전승	제의→놀이	마을수호신	서낭목	전남장흥
울산공업제	향토축제	?/현대	제의→행사	-	-	경남울산
울산예술제	향토축제	1983/현대	개별예술행사	-	-	경남울산
위도띠뱃놀이	당제,풍어제	?/전승	제의	용왕	뱃기	전북부안
율소리산신제	동제	?/전승	제의→놀이	마을수호신	堂山木	전북완주
율포리풍어제	당제,풍어제	400여년전/전승	제의→놀이	영해지신	만선기	전남보성
은산별신제	동제,추모제	1000여년전/전승	제의	복신장군,토진대사	진대,영기,장승	충남부여

명 칭	행사형태	발생시기/유형	진행형태	의례대상	상징물	개최지
의림문화제	향토축제	1985/현대	개별행사	-	-	충북제천
의병제	향토축제,추모제	1972/복원	제의→놀이	곽재우,휘하장령	의병탑	경남의령
의성문화제	향토축제	1983/현대	개별예술행사	-	-	경북의성
의암주논개제전	향토축제,추모제	?/복원	제의,개별행사	논개	기념탑	전북장수
인삼제	향토축제	1982/복원	제의→행사	人蔘神靈	?	충남금산
인천시민의 날	향토축제	1965/현대	개별행사	-	-	인천
일월문화제	향토축제	1983/현대	개별행사	-	-	경북영일
장말도당굿	동제	임진왜란후/전승	제의→놀이	도당할아버지	돌팽구지	경기부천
장보고당제	당제	?/전승	제의→놀이	張保皐,宋微將軍	令旗	전남완도
장좌리별신제	당제	700여년전/전승	제의	오리	-	전남보성
잿머리성황제	동제	고려성종조/전승	제의	성황	성황대	경기안산
전라예술제	향토축제	1962/현대	개별예술행사	-	-	전라북도
전라좌수영진남제	향토축제,추모제	1968/복원	제의→놀이	이순신	?	전남여수
전치곡리거리제	동제	?/전승	제의	솟대장승	장승,당목	강원춘성
정산면동화제	동제	250여년전/전승	제의→놀이	마을수호신	동화대	충남청양
정선아리랑제	향토축제,추모제	1976/복원	제의→행사	全敏俊公	?	강원정선
제물포예술제	향토축제	1983/현대	개별행사	-	-	인천
조령문화제	향토축제	1982/현대	개별행사	-	-	충북괴산
주문진성황제	동제,풍어제	?/전승	제의	龍王神,鄭經世,進	?	강원명주
죽서문화제	향토축제	1973/현대	개별행사	-	-	강원삼척
중봉충렬제	추모제,향토축제	1976/복원	제의→행사	趙憲	?	충북옥천
지리산평화제	향토축제	1974/복원	제의→행사	지리산산신	?	경남산청
지신밟기	풍농제의,민속놀이	?/전승	놀이	토속신,地神	農旗	부산동래
진도영등제	향토축제	1976/복원	제의→놀이			전남진도
진목마을당산제	당제	?/전승	제의→놀이	마을수호신	堂神木	전남무안
진좌제	동제	?/전승	제의→놀이	地鎭神	홍백황녹 깃발	경기연천
진포예술제	향토축제,추모제	1981/현대	제의,개별행사	崔茂宣	?	전북군산
진해문화예술제	향토축제	?/현대	개별행사	-	-	경남진해
창리영신제	동제,풍어제	?/전승	제의	임경업	오색봉기	충남서산
창원문창민속제	향토축제	1985/현대	놀이,제의	의병	-	경남창원
처용제	향토축제	1985/복원	제의→행사	처용신	?	경남울산
천령문화제	향토축제	1963/복원	제의→행사	천령봉산신	성화대(성화)	경남함양
천신제	동제	?/전승	제의	단군	-	충남보령
천안삼거리문화제	향토축제	1984/현대	개별행사	-	-	충남천안
천안립석제	동제	150여년전/전승	제의	마을수호신	立石	충남천안
청량문화제	향토축제	1981/현대	개별행사	-	-	경북봉화
청마리탑신제	동제	?/전승	제의	마을수호신	솟대,장승,탑	충북옥천
청송문화제	향토축제	1981/현대	제의,행사	-	-	경북청송
청양동화제	동제	?/전승	제의→놀이	?	장대	충남청양
청원농자축제	향토축제	1987/현대	개별행사	-	-	충북청원
청학제	향토축제,기원제	1981/현대	제의,개별행사	산신	-	강원명주
청해제	향토축제	1972/복원	놀이	장보고	-	전남완도

명 칭	행사형태	발생시기/유형	진행형태	의례대상	상징물	개최지
춘향제	향토축제	1931/현대	개별행사	-	-	전북남원
충무시민의 날	향토축제	1984/현대	개별행사	-	-	경남충무
충북농악제	향토축제	1975/현대	(농악)놀이	-	-	충북청주
충북예술제	향토축제	1959/현대	개별예술행사	-	성화	충청북도
충북향토축제	향토축제	1983/현대	개별행사	-	-	충청청주
충효제	향토축제	1985/현대	개별행사	-	-	경북달성
치악문화제	향토축제	1982/현대	개별예술행사	-	-	강원원주
칠갑문화제	향토축제,산신제	1986/복원	제의→행사	칠갑산신	-	충남청양
칠곡문화제	향토축제	1985/복원	제의→행사	단군,호국신	-	경북칠곡
탄현문화제	향토축제	1982/현대	개별행사	-	-	경기송탄
탐라민속제	향토축제	1972/현대	개별예술경연	-	-	제주
태백제	향토축제,산제	1982/복원	제의→행사	단군,태백산신	-	강원태백
태봉문화제	향토축제	?/현대	개별행사	-	-	강원철원
태풍문화제	향토축제	1982/현대	개별행사	-	-	강원횡성
통명동마당굿	당제	?/전승	제의→놀이	天神,地神	?	경북예천
파주율곡제	향토축제,추모제	1987/현대	개별행사	율곡	-	경기파주
팔봉산당굿	당제	?/전승	제의	토성칠군,후토신령	?	강원홍천
平山소놀이굿	동제	?/전승	제의	단군,수호신	?	황해평산
포항별신제	동제,풍어제	?/전승	제의	洞神,龍王 등	?	경북포항
풍기인삼제	향토축제	1984/현대	개별행사	-	-	경북영풍
풍남제	향토축제	1960/현대	개별행사	-	-	전북전주
풍암제	동제	?/전승	제의	풍암신	?	전북무주
풍향제	향토축제	1979/복원	제의→놀이	-	-	전남영암
하남위례문화제	향토축제	1982/현대	개별행사	-	-	경기광주
하동문화제	향토축제	1984/현대	개별행사	-	-	경남하동
하회별신굿	동제	?/전승	제의→놀이	무진생서낭님	서낭대(소나무)	경북안동
한라문화제	향토축제	1962/현대	개별행사	-	-	제주
한려문화제	향토축제	1976/현대	개별행사	-	-	경남삼천포
한밭제	향토축제	1983/현대	개별행사	-	-	충남대전
한산대첩기념제전	향토축제	1962/복원	제의→놀이	이순신장군	?	경남충무
한서제	향토축제	1977/현대	개별행사	-	-	강원홍천
해남문화제	향토축제	?/현대	개별행사	이순신장군	-	전남해남
행장군제	당제	350여년전/전승	제의	행장군	은행+느티	충남예산
현산문화제	향토축제	1979/현대	개별행사	-	-	강원양양
형산문화제	향토축제	1978/현대	제의,개별행사	용왕(별신굿)	-	경북포항
홍주문화제	향토축제	1985/현대	개별행사	-	-	강원홍성
홍천문화예술제	향토축제	1986/현대	개별예술행사	-	-	강원홍천
화홍문화제	향토축제	1964/현대	제의,개별행사	사도세자	-	경기수원
황도당제	당제	?/전승	제의→회의	진대서낭(뱀)	뱃기	충남서산
황산거리제	동제	?/전승	제의→놀이	洞神	令旗	전남해남
회룡문화제	향토축제	1986/현대	개별행사	-	-	경기의정부
흥양문화제	향토축제,위령제	1985/현대	제의,개별행사	임란공신195위	-	전남고흥

자료 : 한국의 축제, 한국민속대사전

절반이상을 차지하고 있는 현대축제는 지방의 문화적 독자성을 갖기 위한 노력으로 보이기는 하지만 축제가 갖는 기능과 의미의 측면에서 보면 축제라기보다는 행사로서의 양상이 더욱 두드러지고 있다. 반면 전승축제는 90여 개로 비교적 많은 수의 사례가 보고되고 있으나 전승축제의 기반이 里 단위임을 감안한다면, 이는 극히 적은 수치임을 알 수 있다. 물론 모든 마을이 축제를 가지고 있던 것은 아니지만 위의 표에 기록된 축제중 많은 부분이 현재에는 시행되고 있지 않음을 볼 때, 전승축제의 많은 부분이 소실되었음을 추측할 수 있다.

그러나 여기서 관심을 끄는 것은 전통에 기반을 두고 시행되는 복원축제로 비록 수치는 적지만 축제의 진정한 의미를 살려나가는 것들이라고 하겠다. 현대의 시점에서 이루어지고 있는 복원축제와 현대축제를 명확히 구분짓는 것은 매우 어렵지만 복원축제의 일반적인 형태는 구성 및 구조적인 측면에서 전승축제에 기반을 두고 있다고 보겠다. 즉 전승축제는 제의를 시작으로 놀이로 이어지는 형태를 취하는데, 복원축제의 일반적인 기준을 여기에 두고자 한다.

Ⅰ. 전통축제

1. 전승축제

전승축제의 형태에는 과거에 존재하였다가 없어졌거나 과거로부터 계속적으로 이어져오고 있는 모든 축제가 포함되는데, 특히 공동체의 결속을 목적으로 하는 당제, 당굿, 동제, 마을굿 등이 대표적인 형태라고 할 수 있다. 이러한 형태는 과거에서부터 현재에 이르기까지 끊임없이 이어져 내려오거나, 일시적으로 끊겼지만 다시 본래의 모습을 찾은 경우가 이에 해당된다고 할 수 있다. 이러한 전승축제의 공통적인 양상은 이들 모두가 특정한 의례의 대상(신격화된 존재)과 축제를 대표하는 신앙적 상징물(신격이 머물거나 신격을 대신하는 물리적 요소)이 항상 등장하고 있다. 강릉단오제(강원강릉), 강정리당산제(전북진안), 고림동별신제(경북예천), 공주장승제(충남공주), 당촌당제(전남보성), 대진동제(경북영덕), 동막도당굿(인천남구), 서해안배연신굿(서해안지방), 은산별신제(충남부여), 청양동화제(충남청양), 황산거리제(전남해남), 하회별신굿(경북안동), 장말도당굿(경기부천), 신방목신굿(경남의창), 송당리마을제(제주) 등이 여기에 포함된다고 할 수 있다.

이들의 공통적인 특징은 제의, 놀이, 혹은 제의로부터 놀이로 이어지는 형태를 갖는다. 물론 제의와 놀이의 구분이 명확치 않은 경우가 대부분이지만 일반적으로 제의의 과정에 포함된 놀이는 제의의 한 요소로 보고, 제의의 과정을 모두 마친 후 뒷전으로 이어지는 굿놀이나 탈놀이는 별도의 놀이과정으로 본다.

2. 복원축제

일제강점기 종식 이후에 발생된 축제가 이러한 형태에 해당되는데, 과거의 특정의례대상을 정신적 중심으로 하고 신앙적 상징물을 수반하는 등의 전통적 기반을 가지고 있는 축제를 말한다. 특히 정신적 중심이 되는 특정인물이나 자연물 혹은 기타의 물리적이거나 추상적인 대상은 공동체사회를 하나로 묶어주는 필수적인 요소이므로 이것이 복원된 축제의 핵심이라고 하겠다. 또한 〈표 1-1〉에서 나타나듯이 과거로부터 내려오는 전승축제의 제의 후에 이어지는 놀이가 현대축제에서는 개별적인 단위행사의 산발적 개최형태로 바뀌었는데, 이는 현대라는 시간에 적응하여 변모된 결과로 볼 수 있다.

실질적으로 과거의 전승축제가 보여주던 형태의 축제는 많이 나타나고 있지는 않으나 특정인물을 추모하는 의미에서 출발한 경우의 사례들에서는 유사한 모습을 찾을 수 있다. 현대에는 잊혀졌던 과거의 인물이나 현대에 새롭게 등장한 인물의 추모가 축제의 주요줄거리를 구성하는 경우가 이에 해당한다. 물론 현재 이루어지고 있는 복원축제의 대부분은 향토의 행사와 뒤얽혀 명확한 선을 긋기는 어려운 실정이지만 축제의 형태는 전승축제의 모습을 일부분 닮고 있다. 그러나 호국룡(護國龍)을 의례대상으로 하고 신목(神木)과 당기(堂旗)를 신앙적 상징물로 하여 서제(序祭)를 행함으로써 향토축제 전체의 시작을 알리는 신라문화제(경북경주,1962)와 이순신장군을 의례대상으로 하는 한산대첩기념제전(경남충무,1962)은 전승축제의 요건을 상당부분 갖추고 현대에 복원된 전통축제라고 볼 수 있다.

Ⅱ. 현대축제

뚜렷한 과거의 흔적을 찾을 수 없이 새롭게 만들어진 형태의 축제로 대부분의 향토축제가 이에 해당된다. 비록 거의 대부분의 향토축제에는 전승축제라고 할 수 있는 전통축제가 포함되어 있으나, 이러한 사례들은 전통축제가 지향하는 바에 의해 축제가 성격지어지는 것이 아니라 전체의 축제를 장식하는 단위행사 혹은 하나의 프로그램으로 적용되고 있는 것들이다. 즉 제의와 놀이적 특성이 뚜렷하게 나타나기는 하지만 이들이 전체축제의 커다란 절차 속에서 이루어지는 것이 아니라 개별행사의 수준에서 절차적 과정과는 상관없이 이루어지고 있다. 따라서 이러한 종류의 축제에서 이루어지는 전통축제의 행위나 내용은 과거의 전승축제에서 보여주던 특정목적의 성취를 위한 것이 아니기 때문에 전통축제의 양상은 아니라고 하겠다. 이와 함께 현대의 시간이 만들어낸 양상의 축제도 여기에 포함되는데, 많은 경우의 이러한 축제들은 전통축제가 가지고 있던 의례대상과 신앙적 상징물이 소실되었거나 쉽사리 확인할 수 없을 정도로 변형시켰다. 이러한 축제의 형태에는 경제적 성취를 가장 큰 목적으로 하는 상업가로축제가 대표적이라 할 수 있다. 이밖에도 축제의 목적과 성격이 다양해짐에 따라 다음과 같은 양상으로 나타나기도 한다.

1. 이벤트로서의 축제

사회·경제적인 안정과 더불어 문화와 공간에 대한 관심의 증가는 독자성 (identity)을 갖는 문화공간의 창출이라는 형태로 나타나기 시작했는데, 이러한 시대적 조류 속에서 과거와 가장 많은 연속성을 유지하고 있는 것으로 대학의 축제를 들 수 있다. 시대적 상황에 따라 그 형태는 많은 변모를 보여왔으나 종교성을 제외하면 과거의 제의적 구조, 특히 대동제와 매우 유사한 점을 보이고 있다. 1980년대에 들어와서는 그 명칭조차 대동제를 그대로 사용하고 있으며 과거의 대동제가 갖는 특징을 그대로 재연하기도 한다. 대학가에서의 대학축제가 대동놀이적 상황을 효과적으로 수용할 수 있었던 원인으로는 1970년대와 1980년 초반의 극심한 정치적 불안상황과 무관하지 않다. 대동놀이의 현장은 억압을 분출시키는데에 가장 훌륭한 마당이 되었으며, 이러한 행위자체가 대학축제를 상징하는 요소가 되기도 했다.

1980년대에 들어오면서 위와 같이 구성원과 場이 설정된 상태에서 이념을 도입하는 방법과 함께 보다 적극적인 방법으로 축제공간의 조성이 시도되었다. 외부공간이 관심의 대상이 되면서 환경설계가들은 주제를 갖는 공간, 사람이 모이는 공간에 대해 눈길을 돌리기 시작한 것이다. 이러한 움직임은 이벤트적 상황의 연출을 목적으로 하는 공간을 만들게 되었고, 이러한 공간 속에는 또하나의 축제를 담게 되었다. 1985년도에 젊은이들의 문화예술거리로 조성된 대학로는 마로니에 공원을 중심으로 각종 공연공간과 문화행사의 광장을 만들게 됨으로써 상설화된 축제공간이 되었다.

2. 정치·사회적 도구로서의 축제

축제는 사상적인 위험성이 없는 대신 축제 본연의 카오스성 때문에 반체제적으로 받아들여져, 정치감각이 둔화되기를 강요당하는 사회에서는 축제를 통해 억압의 발산을 요구하는 세력과 그것 자체를 위험시하는 세력 사이의 쟁점이 된다. 이와 관련하여 축제를 통한 현실적 불만의 발산때문에 지배집단에 의해 교묘히 이용되는 축제적 기능의 조작이 거론되기도 하고[136], 알튀세르(Louis Althusser)와 같은 인물은 우리가 일정한 의식이나 관습을 통해 부와 지위와 권력 등의 불평등한 요소들로 결정되는 사회질서에 얽매이게 된다[137]고 주장하기도 한다. 이렇게 축제란 정치·사회적인 측면에서 지배층에게는 필수적인 도구로, 피지배층에게는 필연적인 상황으로 연출되는 것이다. 의식 혹은 축제를 정치적인 도구로 가장 잘 이용하고 있는 현장은 지역대표나 국가의 대표를 선출하는 선거유세장에서 나타난다.

1980년대 초에 시행된 「국풍81」이라는 국가주도의 행사는 젊은이들의 관심과 열기를 정치외적인 쪽으로 돌리고자 계획된 축제였다. 과거 조선시대의 국왕(世祖)은 사회의 안정을 위하여 하층계급에 의한 상층계급으로의 도발을 일시적으로 허용한 것에 반해, 당시의 행사는 지배계급으로부터 특정 목적을 위해 제공된 축제였다. 1967년과 1968년 서울대에서 학림제 축제의 한 프로그램으로 남사당패를 초청한 공연이 열렸는데, 이것은 관 주도의 전통민속부흥 움직임이 대학으로 흡수되는 모태가 되었다. 이후 1970년대에 들어서 이 열기가 확산되어 탈춤부흥운동이 전국대학에 퍼지게 되었으며, 1980대 이후부터는 사회참여의 상징으로 변모하는 상황까지 이르게 되었다.

이렇게 뚜렷한 목적의식에 의해 벌어지는 양상들은 축제행위 혹은 그의 재현이라는 측면보다는 축제구조의 특징을 이용하여 문제화된 사건을 덮거나 축소시키려는 의도로, 그리고 대상에 대한 집중을 유도할 경우에 사용되는 것이다.

---

136) 이상일, 한국인의 굿과 놀이, 문음사, 1981, p.122

137) Storey, J., An Introductory Guide to Culture Theory and Popular Culture, 박모 역, 현실문화연구, 1994, p.17

3. 경제적 도구로서의 축제

과거의 축제 혹은 제의는 걸립이나 두레라고 하는 공동체적 힘을 활용하기 위한 방편으로 활용되었으나 현대의 사회, 특히 자본주의의 사회에서는 군중 동원을 통한 경제적 성취를 목적으로 이루어진다. 조선시대에 등장한 시장과 이를 예고하는 난장의 구조를 이용하고 있는 것이다.

고대의 올림픽은 그 자체가 祭典(祭奠)이었으나 오늘날에는 경제적 성취를 목적으로 한다. 특히 최근 들어 외국의 영향으로 등장하기 시작한 주제공원은 축제를 상품화하여 상시적으로 이용을 가능하게 함으로써 이용자에게 축제감을 유도하는 공간인 것이다. 이러한 상설축제장의 대표격으로 디즈니랜드를 들 수 있는데, 이것은 디즈니가 미국인의 소망과 감정을 정확하게 파악하여 막강한 자금력으로 이루어낸 결과였다. 디즈니가 상품화에 성공한 축제는 그 자신의 발명이나 발상이 아니라 차용된 신화나 민간전승문화를 재료로 하여 재구성한 것에 지나지 않는다. 그러나 이에 대해 '어느 한 개인의 꿈이 국가레벨의 악몽으로 변했다.'라는 전문가들의 경고가 디즈니랜드현상에 대한 주의를 환기시키고 있다. 즉 기업가의 상업적 가치가 문화엘리트로서의 시민적 가치를 이긴 것이다.[138] 이렇듯 경제성을 앞세운 오락산업적 축제양상들은 엔터테이너들을 전면으로 부각시켜 인공적인 난장의 시간을 만들어냄으로써 민중은 단순한 관중으로 몰락해버린다.

4. 문화적 매체로서의 축제

종교성이 완전히 배제된 상태의 박제화된 축제를 재연함으로써 문화라는 이름으로 전달되는 것을 말한다. 즉 전문화된 집단에 의해 직업적으로 연희

---

138) 이두현, 「한국축제의 향방 -역사민속적 고찰」, 『놀이문화와 축제』, 성균관대학
    교출판부, 1988, p.170

됨으로써 그 명맥을 유지하는 형태로, 현재까지 전달되는 대부분의 민속행사나 놀이, 제의 등이 이에 해당된다. 현대라는 시간 속에서 전통의 모습으로 이루어지는 축제의 양상은 거의 대부분이 향토축제라는 규모로 확대된 속에서 하나의 부속적 요소로서 혹은 향토축제를 형성시키는 모티브로서 역할을 하고 있다. 지역경제의 활성화를 목적으로 하고 있는 향토축제는 그 목적의 달성에도 의미가 있지만 향토문화의 전승적 차원에서도 충분한 가치가 인정된다. 과거에는 축제행위가 생활의 하나였으므로 의도적인 전승이 필요치 않았으나 산업화된 사회구조에서는 문화전수자로서의 전문가가 요구되기 때문이다. 1980년대에 국립극장놀이마당(1982. 5.15), 서울놀이마당이 조성된 것은 전통문화의 계승 및 전달이라는 측면에서 이해될 수 있다.

위와 같이 현대화하여 분류된 몇가지의 축제양상에서 주목할 것은 과거에는 축제의 행위가 제의의 핵심 혹은 제의의 매개체로서 필수적인 요소였으나, 현대에 들어오면서 이러한 역할은 상실되고 특정한 목적을 성취하기 위해 이루어지는 모임구조에 대한 장식요소로 변질되었거나 제의적 행위자체가 상품화되어 존속되고 있다는 점이다.

제2장 축제의 공간구조와 행태

제1절 전통축제의 공간구조와 행태

Ⅰ. 구성요소

활동 혹은 문화활동의 한 측면인 축제는 크게 행위제공자와 행위수혜자, 그리고 행위를 위한 도구로 구분할 수 있다. 즉 주체로서의 제공자와 객체로서의 수혜자, 양자의 매개체가 되는 물리적 요소로서의 공간과 도구들은 축제를 구조적으로 연구하는데 기준점을 제공해준다. 축제를 중심으로 구성되는 구성원간의 구조는 조직을 정점으로 한다. 제의를 주관하는 제관 및 임원 등은 조직으로부터의 직접적인 지원을 받고 있으며, 각 절차에 맞추어 제의를 진행할 무(巫)를 선정한다. 무와 놀이꾼은 행위를 통하여 마을민과 마을을 대상으로 복을 기원하고 액을 퇴치하는 기능을 함으로써 마을의 공동체적 질서를 회복시키게 된다. 축제의 직접적 수혜대상인 마을민은 제비를 염출함으로써 관람객이자 주도자가 된다. 외지로부터 들어와 난장을 구성하는 외지인들은 축제의 구조를 이용하여 경제적인 성취를 이루고 축제의 분위기를 조성하는 대상이 된다.

<표 2-1> 전통축제의 구조

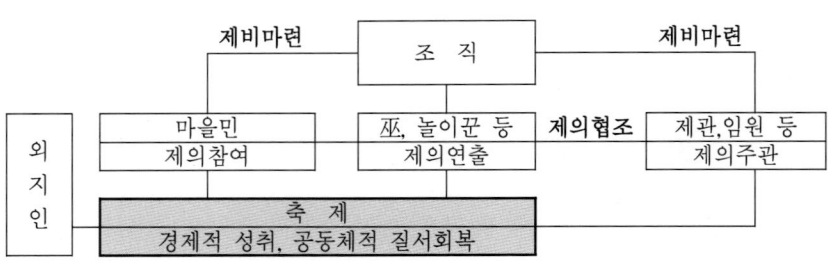

우리의 전통축제에서 나타나는 행위제공자는 제의를 관장하는 단체인 조직과 대표자인 제관(祭官), 제의를 보조하는 임원(任員), 제의의 주재자인 무(巫), 주재자를 보조하는 악공(樂工), 주재자의 보조와 뒷전을 담당하는 놀이꾼으로 구성되며, 행위수혜자는 마을민과 외부로부터 들어와 난장을 구성하거나 관람객의 입장인 외지인으로 구성된다.

<표 2-2> 전통축제의 구성

구성요소			내용	기능
행위자	행위제공	조직(組織)	제의 전체를 관장하는 단체	제의 전체를 준비하고 진행을 주관함
		제관(祭官)	기관의 대표자	마을의 대표, 제의의 대표, 제비 제공, 제의절차에 따른 준비
		임원(任員)	祝官, 有司 등으로 절차상 분화된 직분	부대제의 기준에 따라 진행되어 축문을 읽는 등의 제의를 보조
		악공(樂工)	歌舞로 굿을 주관하는 자, 기원의 매개자	부대제의를 주제하고 강림한 신의 신명을 찾아 자에게 전달
		놀이꾼	음악을 제공하는 자	음악을 포함하여 춤을 등으로 보조
		마을인	제의 절차에 포함되는 놀이의 주관자	금기와 신체를 받아 제축과 반대의 양상이 봄으로 전환
	행위수여	외지인	기원을 올리는 단수	제의 신명을 받아 제의를 주제가 됨
도구	매개체 / 神	神體(신체)	기원의 대상	신앙을 매개로 마을민의 기원이 전달되어 감응을 해소
		巫神圖·像	행상화된 기원의 대상	신앙 매개로 마을민의 기원이 전달되어 감응을 해소
		神像(신상)	祭器와 祭物을 올려놓는 단	제의 관련 도구를 전열로 신의 나타남/조건을 맞춤
		祭器(제기)	祭物을 위한 설치의 소도구	음을 밝히거나 음식물을 담아 신을 맞춤
		祭物(제물)	신을 맞기 위한 공회물	신을 담내
	祭場 / 堂山 山	마을굿	제의 열의 공동체마당	마을민이 소지를 올림
		서낭대	제장을 위한 상징물	제장을 받고 제의기간임을 암시
		당산목	강신소의 정화를 위한 상징물	강신을 받아 제의 공간에 세워짐
	神 木·竿	솟대	하늘과의 교섭을 위한 수직신앙물	신과 하늘로 부터 강림, 마을보호
		장승	하늘과의 교섭을 위한 수직신앙물	마을민의 기원을 하늘로 전달
	경계	솟대	하늘과의 교섭을 위한 수직신앙물	신과 하늘로 부터 강림, 마을보호
		장승	제장의 정화를 위한 상징물	신과 하늘로 부터 막고 마을 제의기간임을 암시
	마당	마당	제의와 놀이의 교섭을 위한 상징물	기원전달, 마을보호
	집	집	마을과 제의의 교섭을 위한 상징물	마을민의 오염을 막고 제의기간임을 암시
	祭場 外	경계	제장과 각 가정을 연계하는 통로, 시장과	가정의 오염을 막고 제의기간임을 암시
	단장 / 行爲次	巫具(무구)	제의 밖에 제의가기를 조성하는 소도구	제축 분위기를 조성하고 외지인의 참여할 수 있는 범위
	巫	巫歌(무가)	신을 맞기 위한 소도구, 신의 모습을 재현하는 소도구	신을 맞거나 신의 모습을 담는, 기원표현
	祭官	의상(衣裳)	신을 맞기 위한 소도구, 口誦하는 神歌	신을 모시거나 신의 모습을 재현
		악기(樂器)	신을 맞기 위한 소도구, 신의 모습을 재현하는 소도구	성공적인 신의 강림을 재현
	놀이꾼	의상(衣裳)	놀이를 위한 소도구	놀이 분위기의 전달
		악기(樂器)	구경꾼 사이의 대화나 노래 맞춤	제축의 신명을 주로 뒷전의 구성
	樂工	의상(衣裳)	제의·제축곡의 음악	제축의 신명을 전달
		악기(樂器)	제의·제축곡 음악	제축의 신명을 전달

또한 행위를 위한 도구로는 공간을 구성하는 실체와 행위자들이 다루는 물리적 요소들로 구분할 수 있다. 공간은 신당(神堂)이나 당산(堂山) 등 제의의 활동을 직접적으로 수용하는 제장(祭場)과 제장을 보호하고 제의의 공간적 범위를 한정해주는 주변공간으로 나뉘어진다. 이 공간에는 일상에서의 신앙대상물이 포함되어 있거나 이 기간만을 위한 상징물이 설치된다. 무나 제관, 놀이꾼, 그리고 악공들이 사용하는 유·무형의 도구들은 신을 맞이하거나 신의 모습을 재현하고, 또는 제축적 분위기를 구성하는 요소로 작용을 한다. 그리고 축제참여자의 염원을 전달받아 이를 이룰 수 있도록 해주는 상징체로서의 신격은 전통축제에서 나타나는 특징의 하나라고 볼 수 있다.

1. 행 위

⑴ 구 성

굿행위의 양상은 그 목적에 따라 차이가 있음은 앞에서 지적하였다. 그러나 이에 대한 몇가지의 사례를 통하여 일반화된 구조를 발견할 수 있는데, 대부분의 굿제의가 가지는 공통점은 본제의에 앞서는 준비과정과 정화과정, 본제의를 마친 후의 뒷전, 그리고 본제의과정이라는 3부분으로 구성된다. 보다 엄밀히 말해 정화과정에 앞서는 준비과정을 하나의 독립된 부분으로 본다면 4부분으로 구성된다고 할 수 있다.

㉮ 준비과정

준비과정은 금기주간의 설정을 뜻한다. 모든 제의는 목적한 바에 대한 원활한 성취를 위하여 부정한 행동이나 부정한 인물을 방지하는 금기의 시간과 금기의 장소를 설정한다. 이러한 정화의 과정은 제의의 성취는 물론 제의를 축제가 되도록하는 원동력이다. 금기로부터의 해방을 의미하는 제축적 반란이 가능해짐으로써 카타르시스적 효과를 발휘하게 되는 것이다.

또한 이 기간에는 제의에 사용될 음식과 도구, 제장 등을 준비하게 된다.

㉯ 정화과정

　본제의에 앞서는 정화과정은 마을의 공간을 정화하는 의미와 축제가 있게 됨을 알리는 난장의 구실을 하게 되는데, 경기도 도당굿의 경우에는 실제로 난장이 서기도 했다. 준비과정중에 따라 온 부정을 물리치기 위한 거리부정, 가가호호를 도는 세경굿, 당산(堂山)에 알리는 당제(堂祭) 또는 신을 맞이하는 영신굿 등이 이에 해당한다. 이러한 앞굿 과정중에는 각 개인의 집을 돌며 축원을 빌어주고 걸립을 하는 형태가 대부분 포함되어 있는데, 이는 경제적인 부조를 목적으로 하고 있으나 그 내면에는 축제를 알리는 난장의 성격을 강하게 가지고 있다. 그러나 이러한 난장적 분위기의 형성은 금기를 깨뜨리는 구조로 보기는 어렵다. 즉 금기 안에서 이루어지는 난장이라고 볼 수 있는데, 곧 제의가 있음을 알려 마을사람들을 하나로 모으기 위한 장치로 이해되어야 한다. 따라서 정화의 의미보다는 본제의에 들어가기 위한 예비제의의 의미가 타당할 것이다.

<표 2-3> 정화과정비교

	과 정					
봉화산도당굿	거리부정					
경기도당굿	당주굿	거리부정	안반고수레	부정굿	도당모셔오기	돌돌이	장문잡기
서해안배연신굿	신청울림	상산맞이	세경굿	부정굿		
동해안별신굿	부정굿	일월맞이굿	골매기청좌굿			
안동하회별신제	造竿	迎神				
강릉단오제	부정굿	청좌굿	화회굿			
온산별신제	진대베기	꽃받기				

　즉 목적성이 뚜렷한 본제의로의 원활한 이행을 위해 마련된 제의과정으로서 폐쇄적인 본제의를 개방적 분위기로 만들어 주는 역할을 한다. 또한 이 과

정에서 필수적으로 이루어지는 행위로는 신간(神竿)을 통한 강신(降神)의 과정이다. 산 혹은 하늘에 거처하고 있는 신을 우주목이라고 할 수 있는 나무를 통해 모심으로써 마을의 공간은 신이 방문한 공간 혹은 신이 최초의 모습으로 돌아온 공간으로 변하게 되고, 이에 따라 마을은 신성한 공간이 된 것이다.

ⓓ 본제의과정

본제의는 제의 자체에 대한 목적성이 매우 뚜렷하게 나타나므로 공간과의 연계성 측면은 매우 미약하다. 개인의 안녕, 마을의 길흉, 풍농, 진혼 등 제의의 목적에 따라 연희적 행위나 재담 등으로 각 과정을 구성하고, 때에 따라서는 공간의 이동행위도 수반되지만 그곳에서 이루어지는 행위 역시 마찬가지로 나타난다. 주요과정이 모두 마무리되면 산이나 하늘로부터 모셔온 신을 다시 그곳으로 돌려보낸다. 이렇게 신을 모셔오고 다시 모셔가는 영신(迎神)과 송신(送神)과정은 대부분의 굿에서 나타나는 공통적인 현상인데, 이는 신이 마을에 상주하지 않기 때문이기도 하지만, 새롭게 신을 모시게 됨으로써 원초적 시간과 공간으로의 회귀를 통한 순환의 원리를 보여주는 것으로도 이해할 수 있다.

마을에 따라서는 장승제를 지내기도 하지만 이는 극히 드문 사례일 뿐만 아니라 이러한 제의에서 모셔지는 장승은 主神으로서의 의미보다는 특정 목적—두창(痘瘡)장승과 같은—을 수행하는 神으로 모셔지는 것이다. 마을에서 모셔지는 대부분의 장승은 하위신격의 위치를 차지하고 있기 때문에 마을의 주요제의 후에 부수적으로 모셔지는 경우가 많다.

<표 2-4> 본제의과정비교

	과 정					
봉화산도당굿	불사굿	신장굿	대감거리	제석굿	구능굿	
경기도당굿	시루말	제석	본양굿	군웅	················	도당모셔다 드리기
서해안배연신굿	감흥굿	제석굿	성주굿	소대감놀이굿	말명굿 ············	강변용신굿
동해안별신굿	당맞이굿	성조굿	마당밟기	화해굿	세존굿 ············	용왕굿
안동하회별신제	神遊	奉賽	送神			
강릉단오제	조상굿	세존굿	성주굿	군웅장수굿	심청굿 ··········	환후굿
은산별신제	상당굿	하당굿	독산제			

㉕ 뒷전과정

축제적 반란의 구조를 가장 명확하게 가지고 있는 과정은 뒷전이라고 할 수 있는데, 앞의 과정에서 각종 갈등이 말끔이 해소됨에 따라 희열의 반응이 가능해진다. 더욱이 정화과정부터 본제의에 이르기까지 이어져온 절차와 규율은 뒷전에서의 반란으로 금기의 위반이라는 축제의 원초적 형태를 그대로 가지고 있다고 할 수 있다. 본제의와 연속해서 이어지거나 본제의 자체에 포함되어 이루어지는 경우도 있어 명확한 구별을 짓기 어려우나, 모셔온 신을 돌려보낸 후 혹은 내용상 놀이적 속성이 중심이 되는 부분부터 시작되는 것으로 이해할 수 있다.

<표 2-5> 뒷전과정비교

	과 정	
봉화산도당굿	뒷전	
경기도당굿	중굿	뒷전
서해안배연신굿	별도의 뒷전 형식은 보이지 않고 본제의 속에서 놀이적 속성이 확인됨	
동해안별신굿	탈놀음굿	거리굿
안동하회별신제	탈놀이	
강릉단오제	별도의 뒷전 형식은 보이지 않고 본제의 속에서 놀이적 속성이 확인됨	
은산별신제	장승제	여흥

(2) 구 조

전통축제는 위와 같이 4단계의 과정으로 분절된다. 그런데 각 과정의 연계로 이루어지는 가로의 축(이하 구성축이라 부름)[139]은 하나의 완성된 축제를 나타내고 있으며, 분절결과 세로의 축(이하 요소축이라 부름)[140]을 이루는 각 요소들은 동일한 성격속에서 유형화된 모습을 보여주고 있다. 그러나 임의로 분절되어 만들어진 요소축은 비록 각각의 분절은 이루어졌으나 이들이 분명한 하나의 유형이 되기 위해서는 상호간의 교환대입[141]을 통하여 검증이 되어야 하고, 유형으로서의 객관성은 의미라는 내용[142]분석을 통해 확보될 수 있어야 한다.

〈표 2-6〉에서 보는 바와 같이 구성의 축을 이루는 각 과정의 조합은 하나의 특정한 축제행위로서의 형태를 나타내고 있으며, 요소의 축을 이루고 있는 분절상태의 각 행태소들은 준비, 정화, 본제의, 뒷전이라는 기능으로 통합되어 있다. 예를 들어 금기·물봉하기/ 진대베기~꽃받기/ 상당굿~독산제/ 장승제로 이어지는 구성축은 은산별신제라는 형태를 이루는 것이고, 금기·물봉하기는 준비라는 기능으로, 진대베기부터 꽃받기까지의 과정은 정화라는 기능으로, 상당굿부터 독산제까지의 과정은 본제의라는 기능으로, 장승제와 이후의 여흥은 뒷전이라는 기능으로 유형화가 가능해진다. 구조적 관점에서 보면 진대베기~꽃받기의 과정은 경기도당굿의 당주굿~중문잡기의 과정으로 교체가 이루어질 수 있으며 장승제는 중굿~뒷전행위의

---

139) 구조주의에서 사용하는 연사(連辭, syntagme)를 의미하는 것으로 이들은 전후관계에 의해 언사(言辭, parole)로서 작용을 하며, 하나의 전언(傳言, message)이 된다.

140) 구조주의에서 사용하는 범열(範列, paradigme)를 의미하는 것으로 이들은 언어(言語, langue)로서 작용을 하며, 하나의 약호(約號, code)가 된다.

141) 분절된 각 행태소들 사이의 교환을 의미하는 것으로 구조주의자들이 사용하는 換入(commutation)의 과정을 의미하고 있으며, 換入의 결과가 보다 객관적이기 위해서는 統入(intégrer)의 규칙이 이루어져야 한다.

142) 씨니피에(signifié;所記;記意)라는 구조주의적 용어와 유사하고, 共示(connotation)로서의 의미도 내포하고 있다.

행태소로 교체가 가능해진다. 그러나 이러한 교체의 가능성은 기능이라는
통합차원에서 이루어지는 것으로써 그 결과는 전혀 새로운 형태의 축제를
구성하게 된다.

<표 2-6> 전통축제 행위의 유형분류

	금기,제장준비	거리부정	불사굿→구능굿	뒷전	→봉화산도당굿①
	금기,제장준비	당주굿→중문잡기	시루말→도당모셔다드리기	중굿→뒷전	→경기도당굿②
	금기,제장준비,신주	신청울림→부정굿	감흥굿→강변용신굿	음복,여흥	→서해안배연신굿③
⇔ 구성	↕ 준비	↕ 정화	↕ 본제의	↕ 뒷전	→축제
↕ 요소	금기,제장준비	부정굿→골매기청좌굿	당맞이굿→용왕굿	탈놀음→거리굿	→동해안별신굿④
	금기,제장준비	造竿→迎神	神遊→送神	탈놀이→헌천굿	→안동하회별신제⑤
	금기,제장준비,신주	부정굿→화회굿	조상굿→환후굿	-	→강릉단오제⑥
	금기,물봉하기	진대베기→꽃받기	상당굿→독산제	장승제,여흥	→은산별신제⑦

위와 같이 4개의 유형으로 분절된 행태소들을 외형143)과 내용으로 구분하
여 보면 다음과 같다. 준비과정은 각종 금기와 신주담기 등의 행태적·물리적
상황으로 나타나는데, 이는 부정을 방지하고자 하는 의미를 담고 있는 것이
다. 앞의 사례에서 보았듯이 제의와 관련을 맺는 사람들은 물리적·정신적 청
결의 유지가 필수적으로 요구되는데, 대부분 이를 어겼을 경우에는 날짜를 바
꾸거나 금기를 어긴 사람의 출입이 제한된다. 금기라는 행태적 외형과 금줄
등으로 나타나는 물리적 외형이 부정을 방지하는 의미로서 성공적인 제의를
기원하는 내용을 나타낸 것이다. 또한 각종 형태의 금기를 보여주는 준비과정
에 이어 난장의 설치와 마을을 도는 걸립, 그리고 거리부정과 신을 모시는 절
차가 뒤따르는데, 이 과정 역시 본제의에 들어간 것은 아니다. 모든 전통제의
는 신격(神格)이 가장 중요한 요소로 작용하므로 신이 모셔지지 않은 상태는
역시 준비과정의 하나이다. 이 기간중 마을에 설치되는 난장이나 마을을 도는
걸립행위, 거리부정굿과 영신굿은 준비과정에 따르는 정화과정이다. 이 정화
과정은 준비과정에서 따라온 부정을 퇴치하고 난장과 걸립을 통해 축제분위
기를 조성하는 내용을 담고 있다. 따라서 이 과정은 제장의 정화라는 의미와

143) 씨니피앙(signifiant;能記;記標)과 같은 의미로 外示(dénotation)를 뜻하기도 한다.

함께 일상의 분위기를 축제의 분위기로 정화하는 내용도 포함된다. 마을과 개인의 안녕, 죽은 자를 위한 진혼, 억압받는 자를 위한 위로 등의 기원을 내용으로 하는 본제의는 조상굿, 세존굿, 군웅굿, 용왕굿, 환후굿, 상당굿, 송신굿 등의 절차적·행태적 외형으로 구성된다. 즉 신을 모신 후 기원을 올리고 신을 다시 돌려보내는 과정까지를 포함하는 것이다. 제의에 따라 본제의적 속성보다는 놀이적 속성을 더욱 강하게 보이는 경우도 있지만 이 역시 죽음과 권력, 생활고 등에 대한 억압으로부터 해방되고자 하는 풀이의 내용을 보이므로 기원이라는 의미와 동일하다고 볼 수 있다. 제축적 특징을 가장 명확하게 보이는 뒷전은 놀이형태의 외형를 통해 금기의 위반과 제축적 반란이라는 내용을 나타내므로 제의를 성공으로 이끌고 있다. 이처럼 준비·정화·본제의·뒷전과정이 포함하고 있는 절차와 행위는 완성된 축제로서의 외형과 질서의 회복이라는 내용을 나타내고 있는 것이다.

<표 2-7> 전통축제 행위의 외형과 내용

축제	외형	금기,금줄	조상·세존·군웅굿 등	놀이	축제의 완성
		준비	본제의	뒷전	
	내용	부정의 방지	제의의 본체	제축적 반란	질서의 회복
		제의의 성공기원	안녕·풍농·진혼의 기원	제의의 성공확인	

다시 말해 전통축제의 행위는 준비, 정화, 본제의, 뒷전이라는 분절에 의해 구성되어 있고, 각 분절단위는 상호간에 교체의 가능성을 갖는다. 또한 교체의 요소로 작용하는 전통축제에서의 각 행태소들은 부정의 방지와 제의의 성공기원, 부정의 퇴치와 축제적 감염, 기원, 제축적 반란과 제의의 성공확인이라는 요소로 통합되어 있음을 외형와 내용이라는 분석으로 확인할 수 있다.

2. 공 간

(1) 구 성

무속에서 연행되는 굿은 대부분 자연적인 공간이나 일상적인 공간을 그 터전으로 하고 있으며, 집마당이나 마을의 공동마당, 서낭당터, 산 속의 공지, 해안가, 그리고 각 공간을 이어주는 길거리 등 형식이 없고 매우 개방된 곳을 이용하고 있다. 이러한 모습은 행위자가 공간을 설정하거나 선택하는 것이 아니라 공간에 행위를 맞추고 있다고 하겠다. 물론 이러한 행위를 위해서는 위에서 살펴본 바와 같이 몇가지의 필수적인 요소들이 요구되기는 하지만 이러한 요소들 조차도 현장에 매우 밀착된 모습이다. 이러한 밀착된 현장성과 무형식성은 완전한 개방을 보여주는 듯하지만, 일단 행위가 벌어지면 그 공간은 보다 내밀하고 주변과는 다른 이질공간을 만들어내어 폐쇄적 구조를 드러낸다. 그러나 엘리아데가 주장하는 성스러운 공간과 마찬가지로 굿이 연행되는 공간은 원초적인 시간과 공간으로 돌아가는 특성으로 인하여 외적으로는 폐쇄성이 강하지만 내적으로는 매우 개방된 구조를 갖는다. 일상과의 단절된 형태로 초월적 세계를 접하고 있지만 일상에 기반을 두고 있으므로 개방공간이 마련되는 것이다. 이곳은 우주의 중심공간이며 때로는 이승과 저승을 이어주는 통로가 되기도 한다.

제의가 일어나는 곳의 공간구성은 지역에 따라 다소 차이는 있으나 기본적으로 전면 중앙에 제상, 중앙에 입무의 자리인 초석신자리, 좌측 혹은 우측에 악무석이 있고, 제의장 주변에는 잡귀를 막는 장식, 신이 하강하는 신대, 신이 안좌한 신단과 신기, 신복, 액을 풀기 위한 고풀이, 이승과 저승을 왕래하기 위한 길베와 각종의 꽃과 등으로 장식되어 있다. 이를 기능으로 보면 강신장(降神場), 신유장(神遊場), 접신장(接神場), 오신장(娛神場), 전투장(戰鬪場), 축귀장(逐鬼場), 송신장(送神場), 그리고 구원을 위한 삶의 재생장(再生場)으로 구분할 수 있다. 제의적 공간은 제의가 이루어지기 전에 금줄을 치고 황토를 뿌리며 출입이 통제되는 등의 엄격한 금기와 제한을 통해서 이루어진다.

일상생활의 속(俗)적인 공간을 이질화된 성(聖)적인 공간으로 만들기 위한 정화행위인 것이다. 또한 물이나 불 혹은 제사도구에 의한 주술적인 정화를 통하여 외부와 차단된 내밀한 공간을 창조하는 행위도 포함된다. 대개의 세습무(世襲巫)들은 제장을 형성하기 위한 방법으로 과거의 솟터에서 보았던 신간(神竿)을 준비하는데, 이는 신을 직접 몸에 싣는 강신무(降神巫)와는 달리 하강로(下降路)를 통하여 신을 몸에 싣기 위한 것으로 큰 나무 등의 수직적 요소를 이용하고 있다.

굿의 장소는 안마당, 마당을 중심으로 한 주변부, 많은 사람이 모일 수 있는 넓은 공지 등 굿의 성격과 지역에 따라 다양하게 나타난다. 즉 가제(家祭)의 경우는 안방이나 대청 그리고 마당 등이 이용되며, 동제(洞祭)의 경우는 보다 넓은 공간이 필요하므로 마을의 공동마당이나 서낭당, 당집주변 등을 이용한다. 대개 평상시에는 일상생활을 담는 공간이던 곳을 제장으로 사용함으로써 일상을 깨뜨리고 새롭게 의미를 가진 장소, 즉 '판'으로서 모습을 갖추게 된다.

(2) 구　조

과거의 활동범위는 마을의 경계를 이루는 큰길이 한계로 작용하기 때문에 축제의 공간도 대부분 이 한계를 넘지 않는다. 따라서 축제공간은 큰길이 경계가 되는 마을 내부의 요소들로 구성되는데, 그 구조는 크게 제장과 마을의 큰길을 한계로 하는 제장주변으로 나눌 수 있다.

〈표 2-8〉은 전통축제 공간의 구성에 대한 구조를 나타내고 있는데, 당산과 신당, 그리고 난장, 마당, 길, 경계로 분절되는 구성축은 특정축제를 위한 공간이라는 모습을 나타내고 있다. 즉 성황당과 신목, 서낭대, 난장, 마당에서의 황토와 금줄, 성황당에서 도가집에 이르는 길의 구성은 강릉단오제를 나타내고 있는 것이다. 또한 분절의 결과 수직축을 구성하게 되는 각 요소들은 유형화라는 방법에 의해 상호간의 교체가 가능하게 된다. 돌팡구지·당목(경기도당굿)과 신목·솟대(안동하회별신제)는 당산이라는 형태로

하나의 유형이 되고 있으며, 할머니당·할아버지당은 상당·삼신당·국사당과 신당이라는 형태를 통해 또하나의 유형이 되고 있다. 신당의 물리적 요소인 오방신장기나 장군기, 뱃기, 서낭대도 마찬가지로 상호간의 대체가 가능한 물리소(物理素)가 된다. 난장의 경우는 대체의 가능성을 가장 명확하게 보이는 요소로 경기도당굿의 난장과 동해안별신굿의 난장은 축제가 벌어지는 공간만 다를 뿐 구조적 측면에서의 유형은 똑같다고 할 수 있다. 걸립행위의 수용공간인 개인집마당이나 그곳의 금줄, 황토 역시 마당이라는 형태의 유형으로 나타나고 있으며, 당주집으로부터 굿당으로 이어지는 과정은 길이라는 유형으로, 장승이나 목판은 경계라는 유형으로 작용하고 있다.

<표 2-8> 전통축제 공간의 유형분류

⇔ 구성	祭場			제장주변			→축제 공간
↕ 요소	↕堂山	↕神堂	↕난장	↕마당	↕길	↕경계	
	산	마당,서낭대,오방신장기	난장	-	산밑-당집	-	→ ①
	돌팡구지,堂木	할머니·할아버지당	난장	개인마당,우물	당주집-굿당	장승(사방)	→ ②
	祭堂	굿당,장군기,뱃기	-	개인마당	도가집-堂-개인집	목판·종이	→ ③
	-	가설신당(바닷가),뱃기	난장	-	-	-	→ ④
	神木(느티나무),솟대	上·國師·三神堂,서낭대	-	놀이마당,황토,금줄	상-국사-삼신-마당	-	→ ⑤
	성황당,신목	서낭대	난장	황토·금줄(도가집)	성황당-강릉-도가집	-	→ ⑥
	당산목	서낭대,깃발,마당,금줄	난장	금줄	진대-화주집-신당	장승(사방)	→ ⑦

비고 : ①봉화산도당굿 ②경기도당굿 ③서해안배연신굿 ④동해안별신굿 ⑤안동하회별신굿 ⑥강릉단오제 ⑦은산별신제

  이러한 전통축제 공간을 외형과 내용으로 나누어 보면, 당산(堂山)은 제당(祭堂)과 신목(神木)이라는 외형을 통하여 신의 거처로서 정신적 중심이라는 내용을 갖는다. 제의의 절차에서 보면 당산에서 서낭대를 통하여 강신(降神)을 받고 제의를 마친 후 다시 돌려보내는 과정이 포함되어 있음을 볼 수 있는데, 이는 신이 堂山에 거처하고 있음을 의미하는 것이다. 따라서 제의에 없어서는 안되는 대상인 신은 축제의 매개체로서 마을민의 정신적 중심요소가 된다. 당집과 서낭대, 그리고 각종 깃발이라는 외형으로 구성되는

신당은 모든 제의적 행위를 담는 공간이다. 이곳에 세워지는 서낭대나 각종 깃발은 유동적인 특성 때문에 필요에 따라 장소를 옮길 수도 있는데, 이러한 경우에는 이 깃발이나 서낭대에 의하여 제의의 중심이 이동하게 된다. 은산 별신제의 경우 진대베기의 과정에서 만들어진 서낭대가 화주집의 앞마당에 들어옴으로써 이곳이 중심공간이 되지만, 상당굿에서는 신당의 외부에 위치 함으로써 신당을 중심공간으로 만들기도 하고, 장승과 함께 세움으로써 장 승제를 가능케 한다. 즉 신당은 고정된 제의의 중심으로, 서낭대와 각종 깃 발은 유동적인 제의의 중심이라는 의미를 내포하는 것이다. 축제적 분위기 를 가장 잘 보여주는 난장은 씨름판이나 각종 놀이판 혹은 이들을 모두 포 함하는 시장의 형태를 띠는 것이 가장 일반적인데, 이러한 요소들은 마을민 들을 축제라는 '판' 속에 자연스럽게 끌어들이는 작용을 한다. 즉 외형으로서 의 난장판은 제의의 앞뒤에서 제의를 장식함으로써 축제분위기를 조성한다 는 내용을 갖는 것이다. 전통축제에서는 행위자뿐만 아니라 행위의 결과를 수여받는 사람도 하나의 구성원이 되므로 마을민도 축제의 중요한 역할을 한다. 이 기간 중의 개개마당들은 입구를 금줄로 봉하고, 당산목이 세워진 공동마당에는 금줄과 함께 황토가 뿌려져 신성한 공간으로 변한다. 이렇게 변화된 공간에서는 巫에 의해 개인적 기원행위가 주로 일어나는데 축제적 분위기를 개별적ㆍ직접적으로 전달하는 현장이 되는 것이다. 또한 당산으로 부터 신당으로, 신당으로부터 개개의 마당과 공동마당 또는 공동우물로의 전이를 위해서는 통로로 제공되는 길이 필수적인데, 이러한 길에서의 행위 또한 축제의 구성에 매우 중요한 의미를 지니고 있다. 즉 공간의 전이과정을 제의를 확산시키는 계기로 활용하여 마을을 축제적 분위기로 감염시키는 작 용을 하는 것이다. 외형이 되는 마당ㆍ우물ㆍ금줄ㆍ황토와 길은 개별적 기 원과 마을민 전체로의 감염이라는 내용을 담고 있는 것이다. 전통축제의 현 장은 경계가 설정됨으로써 보다 내밀하고 이질적인 공간으로 변화를 맞게 되는데, 내륙의 경우는 큰길이 그 역할을 하며, 해안의 경우는 바다가 경계 가 된다.

<표 2-9> 전통축제 공간의 외형과 내용

축제판	외형	祭堂,神木	당집,서낭대,기	시장,씨름판,놀이판	마당,우물,금줄,황토	행렬의 통로	장승,바다	축제판의 완성
		堂山	神堂	난장	마당	길	경계	
	내용	神의 거처	제의의 중심	제의의 전후 장식	개별적 기원	제의의 확산	제의의 경계	聖의 공간
		정신적 중심	물리적 중심	축제분위기 조성	개별적 감염	축제분위기 감염	내적 결속	

　　그러나 이러한 경계의 역할은 일상에서도 마찬가지로 나타난다. 따라서 일상으로부터 떨어진 비균질적인 공간이 되기 위하여 바다는 띠배나 제물을 요구하고, 큰길의 경계는 장승과 같은 수직적 신앙대상물을 요구한다. 균질적 공간으로부터 비균질적 공간으로 변화를 가능케하는 이들 요소는 경계라는 역할과 함께 공동체의 내적 결속을 강화시키는 의미를 담고 있는 것이다.

　　다시 말해 당산, 신당, 난장, 마당, 길, 경계를 구성하는 각 물리소(物理素)들의 구성축은 성공적인 하나의 축제판이라는 형태를 보여주고 있으며, 신의 거처로서의 당산, 제의의 중심으로서의 신당, 축제적 분위기를 장식하는 난장, 개별적 기원장소로서의 마당, 제의의 확산기능을 담당하는 길, 내적인 결속을 강화시키는 경계요소 등은 분절을 가능케하는 의미를 내포하고 있는 것이다.

3. 행위자

(1) 구 성

　　대부분의 목적을 지닌 행위들은 행위를 제공하는 자와 그 행위를 받는 자로 구성된다. 전통축제에서 일어나는 행위 역시 이러한 구성을 그대로 보이는데, 행위를 제공하는 자로는 조직(組織), 제관(祭官), 임원(任員), 무(巫), 악공(樂工), 놀이꾼 등이 포함되고, 행위를 제공받는 자는 마을민과 외지인으로 구성된다.

　　조직이란 일종의 추진위원회로 제의 전체를 관장하거나 제비를 제공하는 단체를 말한다. 따라서 마을의 유지나 선주(船主) 혹은 어민들의 공동체인 어촌계 등이 이에 포함된다. 제의의 대표격이 되는 제관(祭官)은 청결, 지혜, 장수, 경제력, 행정력, 정치력 등의 조건이 요구되므로 보통 마을의 최고 연장자인 남자가 해당된다.

<표 2-10> 제관의 역할과 조건

역 할	대표		마을의 대표, 제의의 대표
	제의준비		제비 제공, 제의절차에 따른 준비
조 건	깨끗한 사람	물리적 청결	생리적 청결
		종교적 청결	출산, 월경, 살생, 사망 등의 부정과 관계없는 것
	지혜로운 사람		제의 절차에 밝은 사람
	장수한 사람		생기복덕하고 제의절차에 밝음
	경제적 실력자		제비 마련
	행정·정치적 실력자		군수, 시장, 면장, 이장 등 - 유교적 영향

제관과 함께 제의의 진행을 직분에 따라 맡고 있는 임원은 축관(祝官)이나 유사(有司)들로 구성되는데, 제의에 따라 다소 차이를 보이기는 하지만 제의에서의 역할은 대체적으로 유사하게 나타난다. 가무(歌舞)로 제의의 과정을 연출하는 巫는 神과의 소통이 가능한 유일의 행위제공자로서 신명에 대한 최초의 감염자가 된다. 이들은 성무(成巫)의 형태에 따라 무당형이나 명두형처럼 강신무와 단골형이나 심방형과 같은 세습무로 구분된다. 이 밖에도 제의 진행에 있어 삼현육각과 각종 타악기를 도구로 하여 巫를 보조하는 樂工과 巫의 상대가 되거나 뒷전의 놀이를 담당하는 놀이꾼도 행위의 제공자로서 역할을 한다.

<표 2-11> 巫의 역할과 유형

역 할		제의진행	본제의를 주재
		신명전달	강림한 신의 신명을 축제 참여자에게 전달
유 형	강신무	무당형	歌舞로 굿을 주관, 강신한 몸주신과 그를 모신 神壇이 있음
		명두형	인간 死靈의 강신체험으로 된 巫로 歌舞를 통한 굿의 주관이 어려움
	세습무	단골형	영력이 없어 구체적인 神觀이 없고, 신을 향해 일방적인 歌舞로 굿을 주관
		심방형	매개물을 통해서만 신의 뜻을 알고, 신을 향해 일방적인 歌舞로 굿을 주관

위와 같은 행위제공자의 연출을 관객의 입장에서 제공받는 구성원으로는 마을민과 외지인이 포함된다. 마을민은 지역공동체로서 행위에 대한 직접적 수혜자가 되고, 외지인은 축제의 분위기를 이용하여 자신의 경제적 이익을 확보하거나 축제의 분위기 형성에 보조적인 역할을 한다.

(2) 구　조

전통축제에 나타나는 행위자에서 조직·제관·임원·무·악공·놀이꾼은 행위제공자로서, 마을민과 외지인은 행위수혜자로서 구성축을 이룸으로써 하나의 축제인이 된다. 즉 별신기성회(別神期成會)/ 화주(火主)/ 대장(大將)·중군(中軍) 등/ 무당/ 농악수·공인(工人)/ 광대/ 주민/ 외지인으로 나타나는 구성원의 축은 은산별신제의 행위자라는 정보를 전달하고 있는 것이다. 그러나 경기도당굿과 같이 조직이나 임원이 없는 경우도 보이는데, 이러한 경우에는 당주(堂主)가 그들의 역할을 모두 맡고 있으므로 실질적으로는 임원이나 조직이 없는 것은 아니다. 또한 동해안별신굿에서의 화랭이처럼 악공(樂工)도 되고 놀이꾼도 되는 경우도 보이는데, 이러한 현상은 흔히 나타나는 모습으로 특정 구성원이 같은 역할을 통해 다른 과정을 넘나드는 혼합적 형태로 나타나는 것이 아니고 절차에 따라 새로운 역할로 작용하는 것이다. 전통축제에 참여하는 행위자들의 구조 역시 동일한 요소축을 이루는 구성원들 사이에서는 상호간의 대체가 이루어질 수 있다. 이렇게 구성축으로부터는 특정의 축제를 구성하는 축제인이라는 형태

를 얻을 수 있고, 요소의 축으로부터는 유형화를 통하여 축제에서의 역할
이라는 정보를 얻을 수 있다.

<표 2-12> 전통축제 행위자의 유형분류

추진위원회	祭主	추진위원,堂主	만신	악공	무녀	洞民	관람객	→ ①
-	堂主	-	무당	화랭이,잽이	줄광대	주민	난장,관람	→ ②
마을유지	祭官	상·중·하 소염	경관·새만신	악공,助巫	무녀	어민	관람객	→ ③
⇔ 구성	행위제공자					행위수혜자		→축제인
↕ 요소 ↕조직	祭官	↕임원	↕巫	↕樂工	↕놀이꾼	↕마을민	↕외지인	
어촌계	祭主	제관들	세습무	화랭이,잽이	무녀,화랭이	어민	관람객	→ ④
-	山主	有司,무동꾼 등	무당	광대농악꾼	탈놀이패,광대	주민	난장,관람	→ ⑤
	戶長	부사,首奴 등	내무녀	악공	관노	주민	난장,관람	→ ⑥
別神期成會	火主	大將,中軍 등	무당	농악수,工人	광대	주민	난장,관람	→ ⑦

비고 : ①봉화산도당굿 ②경기도당굿 ③서해안배연신굿 ④동해안별신굿 ⑤안동하회별신굿 ⑥강릉단오제 ⑦은산별신제

위와 같이 역할에 따라 유형화되어 동일한 요소의 축을 이루는 각 행위
자들은 역할에 따른 구성원이라는 외형을 취하고 있다. 노동력의 집중을
필요로 했던 과거의 경제활동은 공동체라는 구조를 필연적으로 요구하였
고, 경제력을 보유하고 있지 못했던 민중들은 공동체적 활동을 통해 이를
달성하고자 하였다. 따라서 경비가 많이 지출되었던 공동체제의는 마을의
유지나 船主들의 도움이 요구되었고, 혹은 기성회나 어촌계와 같은 자체
조직이 필요하였던 것이다. 이러한 조직은 형태로 보이지는 않지만 그 기
능과 역할에 의해 기성회(은산별신제)나 추진위원회, 그리고 어촌계 등이
라는 외형을 갖고 있으며, 제의의 주최자로서 제의를 총괄하는 내용을 담
고 있다고 할 수 있다. 이러한 조직의 뒷받침에 의해 이루어지는 제의에
는 제의의 절차적 진행을 담당하거나 하나의 역할을 수행하는 임원과 제
의를 대표하는 祭官이 제의의 보조자로서, 그리고 제의의 중심이라는 의
미를 갖는다. 巫는 제의의 형태에 따라 만신, 내무녀, 무당, 혹은 강신무나
세습무라는 외형을 갖는데, 제의절차에서 각 과정에 맞추어 춤과 무가(巫
歌) 그리고 무구(巫具) 등의 도구를 이용하여 진행을 담당하는 연출자이

자 연기자가 된다. 巫의 외형적 연출은 신과 인간의 매개자로서 신명을 받아 참여자 모두에게 이를 전달하고, 마을민의 신명과 염원을 신에게 올리는 내용을 담고 있는 것이다. 이러한 巫의 연출행위는 악기와 재담을 담당하는 악공의 보조를 필수적인 요소로 하는데, 행위제공자로서의 巫와 樂工은 다른 구성원에 비하여 대체의 가능성을 가장 분명하게 보인다. 또한 뒷전을 담당하는 줄광대나 탈놀이패 혹은 무녀나 화랭이는 놀이를 통하여 제축적 반란의 형태를 가장 훌륭하게 보여준다. 즉 앞과정까지의 금기적 속박을 놀이적 위반행위로 전환함으로써 축제의 분위기를 만드는 역할을 하는 것이다. 행위의 수혜자인 마을민은 제비염출에 중요한 몫을 담당하고 있으며, 巫의 신명전달에 의한 감염을 다시 돌려주는 역할을 하므로 巫의 행위연출에 직접적인 상대자가 된다. 따라서 일방적인 행위수혜자라기 보다는 행위제공자를 위한 동기부여의 원천으로서 행위의 상호교환이 이루어지는 부분적인 행위제공자이다. 따라서 마을민은 제비를 염출하고 축제분위기에 일체감을 형성시키는 모습을 보인다. 축제의 공간을 이용하여 난장을 만들고 관람객의 역할을 하는 외지인도 마을민과 마찬가지로 부분적인 행위제공자로서의 의미를 갖는다. 즉 축제의 전후 혹은 과정중에 제의가 일어나는 중심공간의 외곽에서 축제의 분위기 조성에 커다란 역할을 하게 된다.

<표 2-13> 전통축제 행위자의 외형과 내용

구성원	外形	期成會.어촌계	堂主.山主	有司.부사	만신.무당	잽이.화랭이	무녀.놀이패	주민	상인.관람객	축제행위자
		조직	祭官	임원	巫	樂工	놀이꾼	마을민	외지인	
	內形	주최	대표	준비	진행	巫의 보조	놀이	참여	관람	축제인
		제의총괄	제의중심	제의보조	제의연출	보조연출	뒷전꾸미기	제비염출.합일	난장구성	

〈표 2-12〉에서 보여주는 동일한 요소의 축을 이루는 구성원들은 〈표 2-13〉과 같이 조직은 제의의 총괄로서, 제관은 제의의 중심으로서, 임원은 제의의 보조로서, 巫는 제의의 연출로서, 樂工은 무의 보조연출자로서, 놀이꾼은 뒷전

꾸미기로서, 마을민은 제비의 염출과 합일체의 구성으로서, 외지인은 난장의 구성과 관람으로서 그 의미가 통합되어 있는 것이다. 따라서 축제구성원이라는 외형은 축제인이라는 내용을 나타내는 것이다.

II. 공간의 활용

1. 은산별신제

(1) 개요 및 환경구성

㉮ 개 요

충남 부여군 은산면 은산리에 전승되어 오는 별신제로 중요무형문화재 제9호로 지정되어 있다. 이곳의 주민들은 매년 별신당에서 제사를 지내는데 이를 산제(山祭)라 하고 3년을 주기로 이루어지는(최근에는 격년으로 이루어짐) 대제(大祭)를 별신제(別神祭)라 부른다. 제의가 거행되는 시기는 정월 중순경(부득이한 경우 2월이 되는 경우도 있음)으로 기성회에서 택일하며, 윤달은 피한다. 이 제의는 진대베기를 시작으로 보면 장승세우기까지 약 보름간에 걸쳐 벌어진다. 제의의 대상으로 벽정에는 산신이 모셔져 있고 동쪽에는 복신(福信)장군, 서쪽에는 토진(土進)대사가 위치한다. 복신장군은 백제 30대왕 무왕의 종자(從子)인 귀실복신(鬼室福神)으로, 토진대사는 도침대사(道琛大師)로 추정되고 있다. 복신과 도침은 백제의 재건에 협력하여 오랫동안 임존성을 근거로 싸웠으며, 일본에 가 있던 왕자 풍(豊)을 불러다가 왕으로 세우고 실지회복을 꾀하였던 인물들이다.144) 이 제의를 지내기 위해서는 가장 먼저 기성회를 조직한다. 별신기성회는 제의를 위한 모든 것을 결정하는 마을유지 중심의 위원회이다. 별신제는 규모가 큰 행사이기 때

---

144) 한국민속사전편찬위원회, 한국민속대사전 2, 민족문화사, 1991, p.1136

문에 이를 진행하는 사람들 역시 매우 많은데, 그 수는 100여명에 이른다. 제의를 진행하는 사람의 역할에 따라 大將 1, 中軍(中將) 1, 司令執事 1, 先輩稗將 2, 後輩稗將 2, 通引 1, 火主 1, 肉火主 1, 別座 3, 祝官 1, 무당 1, 造花者 1, 工人 6, 農樂手, 旗手 31(令旗 1, 農旗 1, 司令旗 1, 24方旗 24, 陰陽旗 4), 제물운반자 30여, 나팔수 2, 球燈 6, 花束 6 등으로 구성된다.

祭日이 결정된 후 진행되는 제의를 날짜별로 보면, 첫째날에는 진대베기, 둘째날에는 휴식, 셋째날에는 꽃받기, 넷째날에는 휴식, 다섯째날에는 별신 올리기·상당굿, 여섯째날부터 아홉째날까지는 행군과 축원, 열흘째날과 열하룻날에는 별신내리기·하당굿, 열이틀날에는 화주만의 독산제(獨山祭), 열사흘날에는 장승세우기 등이 진행된다.

- ·진대베기 - 참나무 4그루를 베는 것을 말한다. 제의의 진행자 일동이 성장을 하고 공인들이 악기 소리를 요란하게 울리며 광대들이 땅재주를 해가면서 행군한다. 진대는 별신대라고 하는데, 잡귀를 예방하기 위해 베어온 날 은산의 사방 길목에 세워져 있는 장승 옆에 세운다.
- ·꽃받기 - 별신당에 올리게 될 꽃을 별신제 2일전에 받으러 가는 행사로 제의 후에 여러사람에게 나누어 줌으로써 복을 나누게 된다.
- ·상당굿 - 시내의 행군을 마치고 당 앞에 가서 기를 꽂아 놓은 후 밤에 행한다. 工人의 음악과 무당의 춤과 사설 등으로 이루어지며 강신과 참신, 마을민을 위한 소지 등의 과정이 포함된다.
- ·하당굿 - 제의행렬은 별신당 앞을 출발하여 시장 안에 있는 큰 괴목이 서있는 곳까지 간다. 가운데에는 요령을 매단 농기를 세우고 축원을 올린다.
- ·독산제 - 별신제가 끝남을 고하는 의식으로 화주 혼자만이 별신당에서 행한다.
- ·장승제 - 독산제가 끝난 다음날 묵은 장승을 없애고 새 장승을 세운

후 제사를 지낸다.

1996년 3월 27일~4월 1일 까지 6일간에 걸쳐 이루어진 행사는 大祭로 거행되었다. 본래 전통적 별신제는 약 보름간에 걸쳐 이루어졌으나 현재는 활동이나 행위 혹은 의미를 지닌 주요행사만을 중심으로 압축하여 진행한다. 따라서 이 행사 역시 전국적으로 열리고 있는 향토축제의 양상과 유사하게 나타나고 있고, 이 대제를 진행하는 관련자들 대부분이 향토축제라는 인식을 가지고 행사에 참여하는 것으로 보아 진정한 의미의 제의적 축제라기 보다는 전시적 행사로 변모되어가고 있음을 알 수 있다. 6일간의 기간에 걸쳐 벌어지는 별신대제 행사에는 마을민의 관심과 참여가 많지 않았고, 행사자체보다는 별신대제의 후속행사인 운동경기와 노래자랑 등에 더욱 관심을 가지고 있었다. 별신제행사가 벌어지는 기간동안 상업활동을 하고 있는 사람들은 장사가 잘되었음을 알고 있고, 또한 그것을 기대하고 있는 것으로 보아 별신제라는 의례보다는 축제분위기에 의해 유발되는 경기의 활성화에 많은 관심을 가지고 있음을 알 수 있다. 이와는 대조적으로 축제의 본체인 제의에는 이를 관찰하는 전문가들과 견학을 위한 학생들, 지역문화의 기사거리를 찾는 기자, 통제를 위한 경찰관, 제의의 절차를 관장하는 공무원 등 별신제와 직접적인 관련을 갖지 않는 사람들이 대부분을 구성하고 있다.

제의를 진행하는 구성원을 보면, 제의를 준비하는 조직으로는 은산별신제보존회와 면사무소가 역할을 담당하였고, 대장을 포함하여 주요임무를 수행하는 사람들은 무형문화재의 보유자 또는 이수자, 전수생 등으로 구성되지만, 과거에는 마을민이었을 기수(旗手)는 현재 인원부족으로 학생들이나 인근 군부대의 군인(1996년 大祭)들을 동원하고 있었다.

60대 이상이 되는 마을주민들의 이야기에 따르면 과거의 별신대제에는 난장이 서고 씨름판이 벌어졌으며, 각지의 상인들이 모여들어 마을은 온통 축제의 한마당을 이루었다고 한다. 그러나 지금은 이농현상에 따른 마을이

탈현상으로 사람들의 수가 절대적으로 줄어들었고, 현재 마을을 지키고 있는 사람들마저 기독교문화의 영향 아래 들어감에 따라 별신제의 축소 혹은 외면현상이 두드러졌다고 한다. 하나의 사례로 과거에는 이 기간에 집집마다 둘러졌었을 금줄이 일부의 집에만 남아있는데, 기독교를 믿는 가정에서의 기피현상으로 설치가 불가능해진 것이다. 또한 은산별신제 보존회가 주최하는 형식을 취하기는 했지만, 실질적으로는 인력동원, 비용마련 – 일부는 자체 마련 –, 교통통제를 위한 경찰의 협조 등 모든 행사를 특정단체와 일부의 官에서 통제하고 있었는데, 이것도 별신제가 축소되는 원인 중 하나가 되었을 것으로 추정된다. 특정 단체가 중심이 되어 이러한 전통을 보존하려는 노력은 현재의 시점에서는 어쩔 수 없는 현실이지만, 마을민의 자발적인 축제행사로 이어졌더라면 현대의 생활에 접합된 진정한 문화의 한 층으로 살아남을 수 있는 자생력을 갖추었을 것이다.

116

<그림 2-1> 은산마을의 환경구성과 제의시 동선

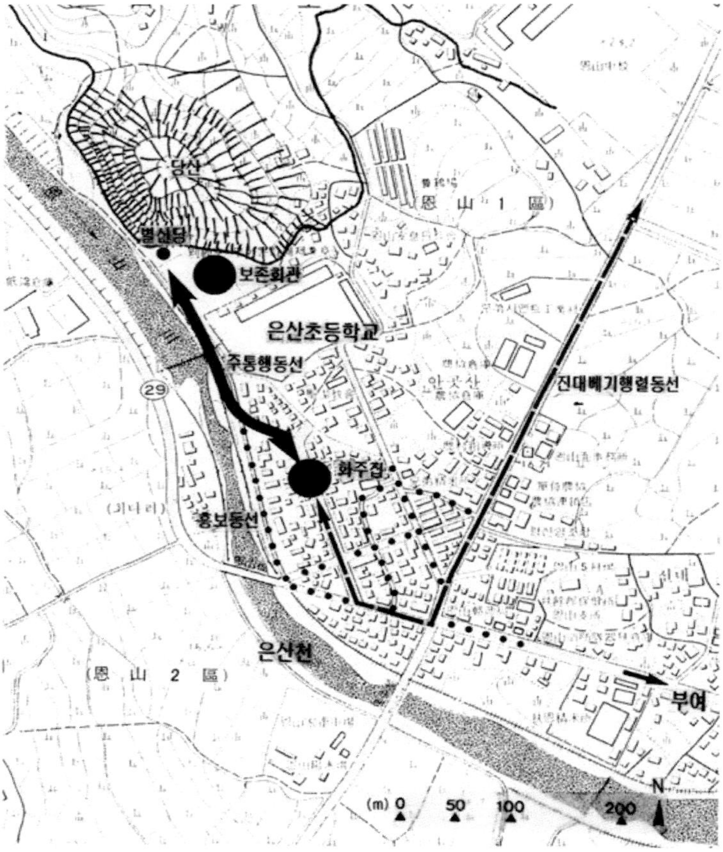

- 은산별신제는 별신당과 화주집 그리고 보존회관을 주요대상공간으로 한다.
- 제의의 대부분은 화주집앞마당과 별신당에서 이루어지므로 이들 사이의 공간에 주통행동선이 형성된다.
- 화주집앞마당은 거의 모든 절차의 시작과 끝을 위해 이용되고 있으며, 별신당은 상당굿과 하당굿에 이용된다.
- 보존회관 앞의 잔디마당은 노래자랑 등의 현대화된 행사가 이루어진다.
- 과거에는 기수를 앞세운 행렬대가 연일 마을을 돌았으나 현재는 확성기를 설치한 자동차가 대신하고 있다.

㉯ 환경구성

마을의 북서쪽으로부터 남동쪽으로 은산천이 흐르고 있고, 은산천변을 따라 북쪽에 있는 나즈막한 뒷산이 마을을 병풍처럼 두르고 있어 이곳을 堂山(59.2m)이라 부른다. 이곳에는 백제시대의 토성 흔적이 남아있으며, 고목이 울창한 숲에는 자그마한 한옥 당집(別神堂)이 있고 안에는 위패가 모셔져 있다. 이와 함께 보존회관이 별신당 앞에 공원처럼 조성되어 있다. 29번 국도와 39번 국도가 마을의 중심을 통과하고 있으며 대부분의 주거지는 은산천변의 북측에 밀집되어 있다. 도로변에는 3층이상의 상가들로 구성되어 있으며 이면도로에는 2층이하의 단독주택들이 대부분을 이루고 있다. 2층의 주택들은 비교적 최근에 만들어진 개량주택들로서 30~40년 이전의 단층주택들과 뒤섞여 있다.

(2) 공간의 동적인 이용

제의 기간중에는 역원일동과 대장, 중군, 선배비장, 후배비장, 통인은 정장하여 말을 타고 행군을 한다. 행군은 진대베기, 꽃받기, 별신올리기, 별신내리기, 별신올리기와 별신내리기 사이 등에서 매일 한 두 차례씩 시내를 돌고 별신당 앞까지 행군한다. 별신을 올리는 상당굿의 현장에서는 무녀와 악공, 농악대 등에 의하여 밤새 여흥이 계속되고, 아침이 되면 제물을 안주로 삼아 마을민의 주연이 벌어지며, 일부의 제물은 각 가정으로 나뉘어진다. 동 靑帝, 서 白帝, 북 黑帝, 남 赤帝의 장승을 세우는 장승제에서도 농악대를 선두로 하는 행렬이 이어진다.

㉮ 준비과정

제의가 시작되는 아침이 되자 마을의 한 전자대리점 자동차가 동원되어 전통음악과 함께 별신제의 소개 및 참가를 권유하는 안내방송을 내보내며 마을 일대를 돈다. 그러나 과거의 제의에는 이와 같은 모습이 아니었을 것이나 이에 대한 자료가 없어 정확한 모습을 확인할 수가 없다. 이 밖에도 별신제 보존회관 앞마당에 설치된 가설무대와 가설무대의 천개면을 구성하는 만국기, 그리고 가로와 상가에 붙어있는 포스터 등이 축제의 분위기를 시각적으로 보여준다.

<그림 2-2> 진대베기행렬 과정도

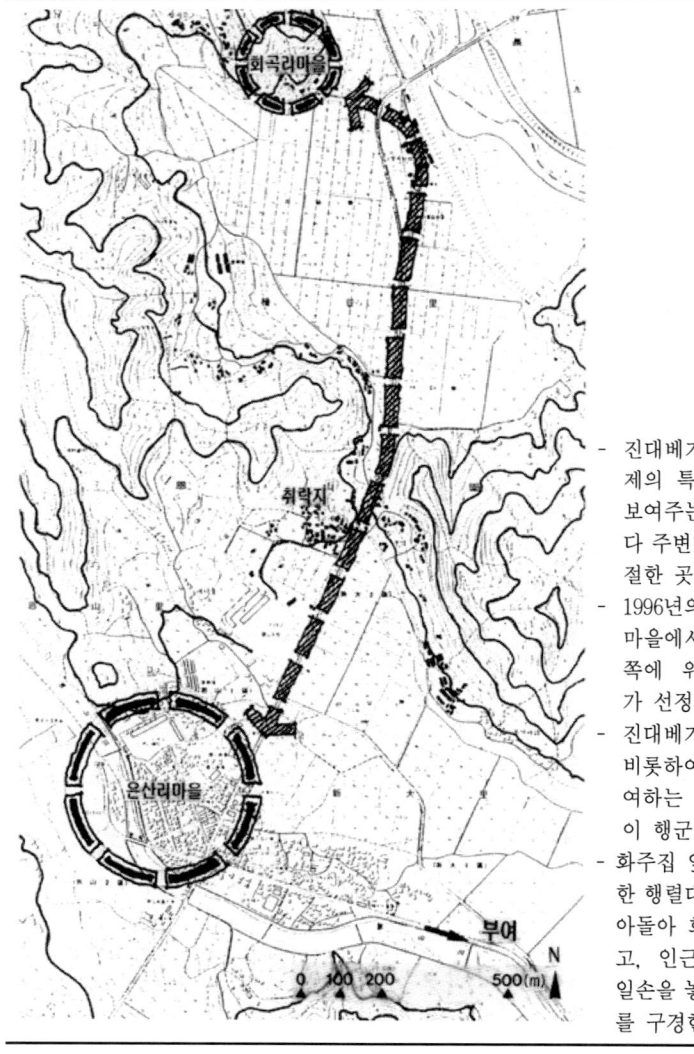

- 진대베기는 은산별신제의 특성을 가장 잘 보여주는 행위로 해마다 주변마을중에서 적절한 곳을 선정한다.
- 1996년의 대제에서는 마을에서 약2.2km 북쪽에 위치한 회곡리가 선정되었다.
- 진대베기에는 대장을 비롯하여 제의에 관여하는 모든 사람들이 행군을 한다.
- 화주집 앞마당을 출발한 행렬대는 마을을 감아돌아 회곡리로 향하고, 인근마을사람들은 일손을 놓고 이 행렬대를 구경한다.

제물을 화주집에서 별신당으로 운반할 때에 부정타는 것을 막기 위하여 입에 밤을 물거나 백지로 봉하기도 한다. 이러한 금줄은 당 근처에도 쳐놓아 부정을 막고 있으며, 화주집과 함께 각 가정의 문앞에도 금줄이 둘러져 있다.

㉯ 정화과정

진대베기와 꽃받기는 은산리마을을 벗어나 주변마을을 대상으로 함으로써 제의를 알리는 역할을 하고 있고, 특히 100여명에 이르는 행사인원이 한 줄로 행군함으로써 마을의 힘이 과시되고 있었다. 이뿐만 아니라 제의 기간의 중간에 이루어지는 행군은 알림과 힘의 과시라는 외형적 목적과 더불어 부정을 씻어냄으로써 제의를 무사히 마칠 수 있게 되는 것이다. 행렬대는 기수를 선두로하여 농악수, 공인과 무녀, 선배비장과 후배비장 그리고 기수로 이어지고 있으며, 길의 한편과 맨뒤쪽에는 구경꾼들이 함께 한다.

<그림 2-3> 진대베기행렬 개념도

◀ 기수   ■ 농악수   ◀ 공인 및 무녀   ⫷ 배비장   ● 구경꾼

㉰ 본제의과정

신을 모시게 됨으로써 이루어지는 본제의과정은 상당굿에서 하당굿으로 이어져 별신제의 끝남을 알리는 독산제까지 포함된다. 대부분이 巫와 火主에 의해 진행되는 이 과정은 주로 실내의 공간을 주 활동무대로 하기 때문에 행위자와 외부환경과의 관계를 파악하기는 다소 어렵다. 그러나 하당굿의 과정은 별신당을 출발하여 화주집 앞의 정자목에 이르는 행군이 포함되는데, 이때는 요령을 매단 농기를 세우게 된다.

㉱ 뒷전과정

보존회관 앞마당을 이용하여 각종 개별행사가 도입됨으로써 별도의 공간변화를 보이는 행위는 나타나지 않고 있는데, 이 역시 현대화의 과정에서 나타난 현상으로 보인다.

⑶ 공간의 정적인 이용

정월 3일에 구성된 기성회에서는 덕망이 있고 부정이 없는 사람을 제관으로 선정한다. 제관은 이 기간동안 모든 출입의 제한을 받으며 제의 기간동안 몸과 마음을 깨끗이 하여야 한다. 마을사람들도 부정을 범하지 않도록 금기를 지키는데, 살생을 하지 않고 喪家에도 드나들지 않는다. 부득이한 경우 초상이 나면 별신이 마칠 때까지 돌아오지 않는다. 이 제의의 각 과정에서 나타나는 수직적 신앙대상물로는 진대베기에서는 높이 약3m정도의 참나무 4그루와 장승제에서의 장승 4기, 그리고 하당굿이 벌어지는 느티나무 등이 있다. 이들과 함께 행군에서 항상 따라 다니는 영기와 농기, 사령기, 24방기, 그리고 음양기 등의 깃발도 사용된다. 축제가 열리면 마을의 곳곳에는 별신제를 알리는 애드벌룬이 사방에 띄워지고 각 가정의 입구에는 금줄이 둘러지며, 가로에는 청사초롱이 걸린다.

㉮ 은산천과 천변

제물에 사용되는 용수는 지정한 곳의 물에 한하여 사용되는데, 즉 별신당 옆에 흐르는 은산천에 금줄을 쳐놓고 그 물만을 사용한다. 물봉하기라는 절차로서 제의가 시작되면서 마을의 주요공간들이 새로운 공간으로 변모되는데, 가장 먼저 변화를 가져오는 상징적인 곳이 바로 은산천이 되는 것이다. 모든 제의에 사용되는 음식을 만드는데 필수적인 요소인 물이 제공되기 때문인 것으로 보이고, 하천의 특성상 외부로부터 들어와서 마을을 거쳐 다시 외부로 흘러나가기 때문에 부정이 따라붙기 쉬운 요소로 인식한 듯하다. 그러나 상수도시설이 갖추어진 현재의 제의에는 실질적인 용수제공의 측면보다는 제의의 요소로서 갖는 상징성만 남게 되었다.

은산천을 따라 쌓여진 제방둑은 별신당과 보존회관에 이르는 접근로의 역할을 하고 있어 축제가 벌어지는 동안에는 일렬로 늘어선 포장마차와 간이음식점 등으로 난장의 모습을 보이고 있다. 각 의례가 마무리되는 오후가 되면 이곳에 모인 사람들은 윷놀이 등을 벌이고, 몇몇은 술판을 벌이고 있다.

<그림 2-4> 은산천변의 공간구조와 행태

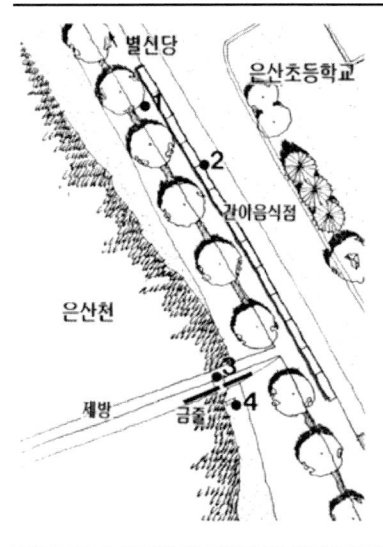

① 술에 취한 마을민들 사이에 윷놀이 등의 행태가 벌어지고 있다.
② 포장마차 형태의 간이음식점이 50~60m 가량 줄지어 늘어서 있어 제의기간 동안 난장의 역할을 하고 있으며, 이러한 행위는 제의가 없는 밤늦은 시간까지 계속된다.
③ 물봉하기가 시행되는 곳으로 물을 봉함으로써 모든 부정된 것을 막는다. 금줄을 상징물로 사용하고 있다.
④ 제물을 준비하여 물봉하기 의례가 이루어진다.

⑭ 화주집과 앞마당

제물을 만드는 화주집에는 가족 이외의 타인은 출입이 금지되며 별좌만이 드나들며 협조한다. 거의 모든 사항이 결정되고 집행되는 곳으로 현재의 화주집은 새마을복지회관과 마주보는 곳에 위치하고 있다. 대부분의 행사는 이곳을 중심으로 이루어지기 때문에 상당굿과 하당굿이 이루어지는 별신당 만큼 중요한 공간이 되고 있다. 화주집의 입구에는 금줄이 둘러져 있고 앞마당(평상시에는 마을길로 사용됨)에는 각 역할에 따른 제의진행자들이 무리지어 서있다. 화주집과 복지회관의 사이에는 수백년이 되었음직한 느티나무가 마을의 정자목으로서 서있는데, 하당굿의 장소로도 이용되는 곳으로 과거에는 시장거리였다.

<그림 2-5> 화주집앞마당의 공간구조와 행태

① 제의중 기수들이 대기하고 있다.
② 영기와 농기 등의 깃발을 세워두는 곳으로 진
대베기가 끝나면 3그루의 진대도 세워 놓는다.
③ 행사에 참여하는 마을노인들이 대기하고 있다.
④ 마을의 정자목으로 진대베기의 출발과 도착
의례에 주요배경이 되고, 하당굿(본제의의
마지막 과정)에서도 이용되고 있다.
⑤ 마을주민들이 모여 앉아 구경하는 평상
⑥ 과거에는 시장이었음을 보여주는 흔적이 있
으나 상가가 모두 도로로 이전함에 따라 과
거의 시장분위기는 매우 미미하다.

진대베기가 시작되면 느티나무를 뒤로 하여 커다란 멍석이 깔리고 병풍
이 세워지며, 멍석위에는 대장을 중심으로 5명의 제의관련자가 자리를 한
다. 자리가 정돈되면 공인들과 진대베기 행렬이 출발을 알리는 의식을 시
작하고 의식이 모두 끝이나면 기수를 선두로 하여 진대를 제공하는 마을을
향하여 출발을 한다.

의식이 진행되는 동안에는 길의 양편에 구경꾼들이 즐비하게 늘어서고
화주집 앞에는 본 제의를 상징하는 각종 깃발이 세워진다. 이 깃발이 세워
지는 곳에는 진대베기를 마치고 돌아와서 벌어지는 제의시간 동안에는 베
어진 진대도 함께 세워지게 된다.

㉱ 별신당
본 제의의 상징적인 중심공간으로써 상당굿이 열리는 곳이다. 제의와 관

련된 사람들의 행위를 위해서는 주로 실내공간이 이용되고 있으며 외부에
는 구경꾼들을 위한 공간으로 제공된다. 마을을 돌고 당 앞에 기를 꽂아
놓음으로써 제의의 중심공간으로 변모되고 그럼으로써 굿이 시작된다. 상
당굿 동안의 이곳에서는 工人의 음악과 무당의 춤 그리고 사설, 강신, 마을
민을 위한 소지 등이 이루어져 전체제의의 실질적인 목적이 성취되는 곳이
되는 것이다. 과거의 축제에서는 소지를 올리기 위한 마을민이 대부분이었
을 것으로 추측되지만 현재의 별신당 마당을 메우고 있는 사람들은 많은
수가 구경과 관찰을 위해 들어온 외지인들로 보인다.

<그림 2-6> 별신당과 회관의 공간구조와 행태

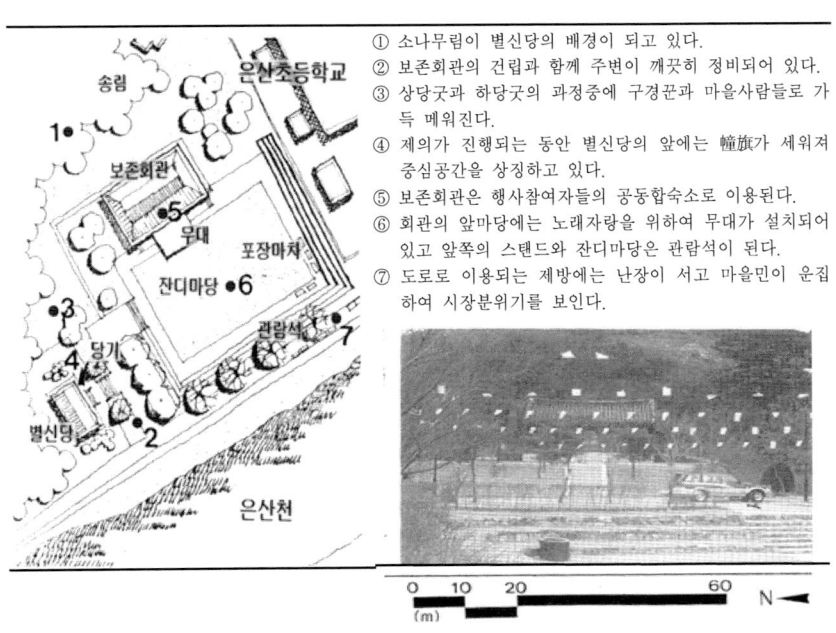

① 소나무림이 별신당의 배경이 되고 있다.
② 보존회관의 건립과 함께 주변이 깨끗히 정비되어 있다.
③ 상당굿과 하당굿의 과정중에 구경꾼과 마을사람들로 가
  득 메워진다.
④ 제의가 진행되는 동안 별신당의 앞에는 幢旗가 세워져
  중심공간을 상징하고 있다.
⑤ 보존회관은 행사참여자들의 공동합숙소로 이용된다.
⑥ 회관의 앞마당에는 노래자랑을 위하여 무대가 설치되어
  있고 앞쪽의 스탠드와 잔디마당은 관람석이 된다.
⑦ 도로로 이용되는 제방에는 난장이 서고 마을민이 운집
  하여 시장분위기를 보인다.

㉹ 보존회관과 앞마당

별신당과 30여 미터의 거리를 두고 있는 곳으로 현재의 축제에서 새롭
게 중심공간으로 만들어진 곳이다. 제의진행자들의 소도구가 보관되어 있

고, 일부의 진행자들을 위해서는 공동의 숙식이 이루어지기도 한다.

회관의 앞마당은 마을민들의 노래자랑이나 각종 행사가 이루어짐으로써 제의의 뒷풀이 기능을 담는 공간이 되고 있고 실질적으로 가장 많은 사람들이 모이는 중심공간이 되고 있다. 공간의 형태는 4~5개의 단이 사각형의 마당을 둘러싸고 있어 관람대의 역할을 하고 있으며, 보존회관의 입구에 무대를 설치함으로써 간이 공연장이 되고 있다. 마당의 한 모퉁이에는 음료수나 술을 파는 2~3개의 포장마차로 소규모의 난장이 형성되고 있으며, 포장마차의 주인과 관람객인 마을민들 사이에는 많은 농담섞인 대화가 오고 간다.

㉣ 진대 제공마을

진대베기는 주변에 위치한 산을 대상으로 해마다 달리 선정되는데, 1996년의 제의에서는 은산리로부터 북쪽으로 약2.2㎞ 떨어진 회곡리 마을이 선정되었다. 이 마을에는 사전에 약속이 되어 일시적인 제장이 준비되는데, 이른 아침부터 마을회관을 정비하고 이들의 식사준비를 위한 마을 여인들의 움직임이 분주했다.

마을회관의 한 쪽 벽에 각종 상징깃발을 세워놓고 무녀와 별좌가 중심이 되어 뒷산으로 올라가고, 대장을 비롯한 나머지 사람들은 모두 회관의 안과 밖에서 진대를 기다린다. 대부분의 구경꾼들은 진대를 베는 모습을 직접 보기 위하여 무녀를 따라 산으로 오르고, 제의진행자들은 미리 정하여 둔 참나무 4그루를 베어 진대라는 상징성을 부여한다. 높이가 약3m 가량되는 이 진대는 각종 깃발과 함께 수직적 신앙대상물이 됨으로써 진대를 베는 절차는 끝이 나고 참가자 모두는 이 마을에서 제공하는 음식으로 식사를 한다.

<그림 2-7> 회곡리마을(진대베기)의 공간구조와 행태

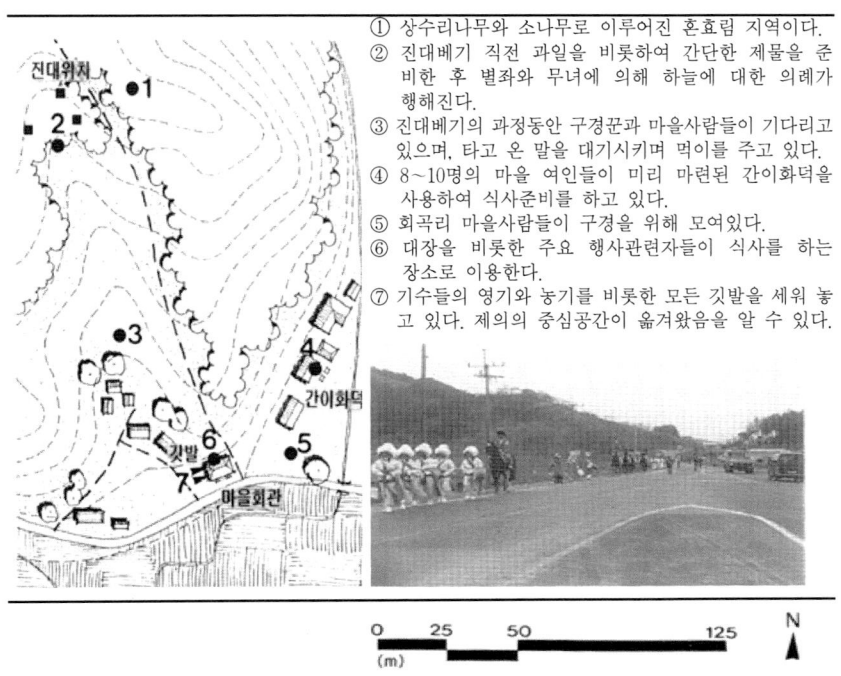

① 상수리나무와 소나무로 이루어진 혼효림 지역이다.
② 진대베기 직전 과일을 비롯하여 간단한 제물을 준비한 후 별좌와 무녀에 의해 하늘에 대한 의례가 행해진다.
③ 진대베기의 과정동안 구경꾼과 마을사람들이 기다리고 있으며, 타고 온 말을 대기시키며 먹이를 주고 있다.
④ 8~10명의 마을 여인들이 미리 마련된 간이화덕을 사용하여 식사준비를 하고 있다.
⑤ 회곡리 마을사람들이 구경을 위해 모여있다.
⑥ 대장을 비롯한 주요 행사관련자들이 식사를 하는 장소로 이용한다.
⑦ 기수들의 영기와 농기를 비롯한 모든 깃발을 세워 놓고 있다. 제의의 중심공간이 옮겨왔음을 알 수 있다.

```
0    25    50              125    N
(m)
```

2. 신라문화제

(1) 개요 및 환경구성

신라문화제는 현대에 와서 새롭게 만들어진 축제로 과거로부터 이어져 내려온 것은 아니다. 경주의 공설운동장을 주요행사장으로 이용하는 신라문화제는 타 지방의 지역문화축제와 동일한 향토축제의 양상을 가지고 있다. 그러나 행사의 절차와 내용상 몇가지 전통축제의 모습을 비추고 있음을 발견할 수 있다.

축제는 여느 향토축제와 마찬가지로 전야제를 준비과정으로 시작된다. 전야제에는 시가행진과 경주를 대표하는 화랑과 원화의 선발, 불꽃놀이 등이 이루어진다. 실질적인 축제가 시작되는 날 아침에는 식전행사로 연날리기와 전통무예시범을 보여줌으로써 전날의 준비과정을 연장하고 있다.

<그림 2-8> 신라문화제와 시내행진과정

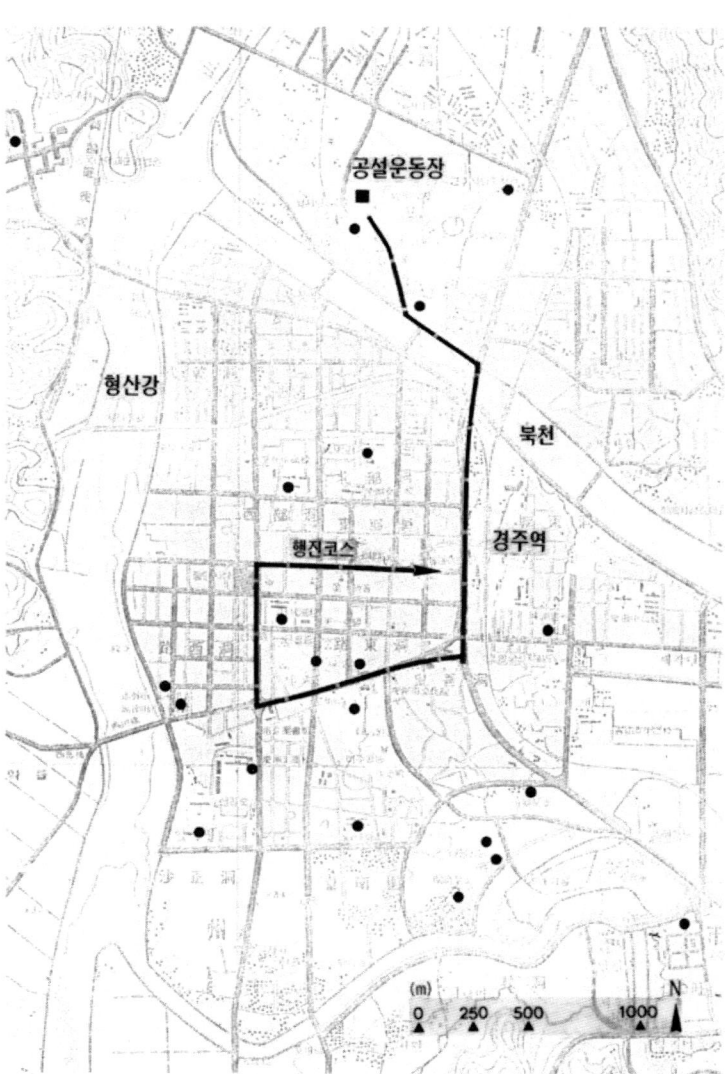

이러한 과정이 모두 끝이나면 서제(序祭)라는 명칭으로 제의적 의례가 이어지는데, 이 과정이 전통의 맥을 이어가고 있는 부분이라 할 수 있다. 즉 상징적인 대상에 대한 의례를 통해 축제의 성공을 기원하고, 의례에는 신목과 당기(幢旗)라는 신앙적 상징물을 이용하고 있다. 이 서제에서 봉안되는 신목은 신라 사직의 기반이 된 오악을 상징하며 신체(神體)로서의 당기는 천왕기(天王旗)에서 그 모습이 유래한다. 이와 함께 25회의 신라문화제에서는 태종무열왕의 행차 모습을 철저한 고증을 통해 다시 복원해냄으로써 전통축제로서의 면모를 갖추고 있다고 하겠다.

그러나 공간의 구성적 측면에서는 다른 지역의 향토축제와 마찬가지로 시내 전역을 대상으로 하고 있고, 특정행사에 한해서는 공설운동장을 이용하고 있어 뚜렷한 환경구성적 특성은 보이지 않는다.

(2) 공간의 동적인 이용

공간의 이동과 관련된 이용에는 주로 축제의 분위기를 전달하기 위한 행진이 포함된다. 이 행진에는 하루전날 시행되는 전야제에서의 시가행진과 序祭가 끝난 직후 이루어지는 시내행진이 있다. 이러한 과정은 전통축제에서 보여주던 '부정의 씻어냄'을 현대화시킨 모습이라고 할 수 있고, 축제에의 참여를 권유하는 보다 적극적인 모습이라 하겠다. 해마다 약간의 차이는 있으나 대체로 정착된 행진의 모습은 화랑과 원화를 태운 꽃가마(꽃으로 장식된 자동차)를 선두로 각 지역과 단체에 의해 신라의 주요 역사적 사실들을 재연하는 형태가 이어진다.

(3) 공간의 정적인 이용

한정된 공간을 기반으로 하는 전통축제의 양상은 크게 序祭를 위한 제단과 그 주변, 그리고 공설운동장의 외부에 조성된 난장에서 나타나고 있다.

序祭가 진행되는 제단은 관중들 모두가 볼 수 있도록 운동장의 한 가운데에 설치하였으며, 이후의 행사진행을 위해 이동식으로 제작되었다. 제단의 네 구석에는 당기가 세워지고 중앙부에는 제단이 설치되어 있다. 각 모퉁이와 중앙에는 동악(吐含山), 서악(仙桃山), 남악(金鰲山), 북(金剛山)에서 모셔온 神木이 봉안되고 중앙제단의 정면에는 제상이 설치된다. 또한 제단의 중앙이 중악(狼山)을 상징하므로 별도의 신목은 없다.

이 의례는 제단의 양측에서 처용의 탈을 쓴 연희자와 신목을 선두로 입장하여 신목을 봉안한 후 처용무를 추게 된다. 처용무가 끝이 난 후 경주를 대표하는 시장이 제관이 되어 참신례로부터 음복례까지 마침으로써 서제는 끝이 난다.

축제의 주요행사장인 공설운동장의 주변은 축제가 시작되는 이른 아침부터 분주하게 음식물을 만들고 있고, 각종 상품을 판매하는 장사꾼들로 일대 난장을 이룬다. 그러나 이러한 난장은 대부분의 향토축제와 거의 똑같은 모습으로 신라문화제만의 독특한 양상은 아니다.

<그림 2-9> 序祭공간의 구성과 행태

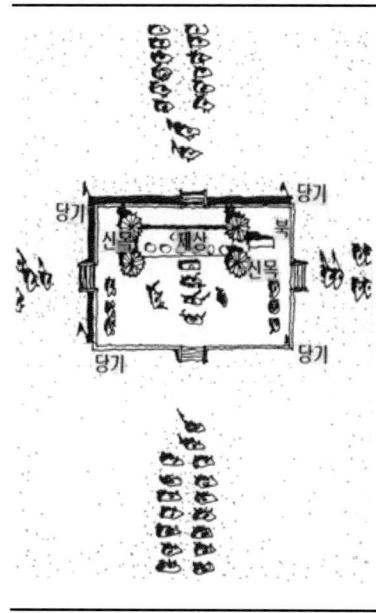

① 고증에 의해 복원된 제단은 서제의 공간으로 쓰이는데, 향토축제의 형태로 인해 운동장의 중앙에 설치된다.
② 제단의 위에는 제상이 마련되어 의례가 이루어지며, 시장은 제관이 되어 모든 의례를 진행한다.
③ 의례가 있기 전에 신목이 봉안되고 처용무가 연행된다.
④ 제단의 사방에는 天王旗에서 그 모습을 찾은 幢旗가 세워진다.
⑤ 제단의 밑에는 신목과 당기를 모셔온 행렬이 서있다.

Ⅲ. 공간요소와 행위의 특성

1. 축제공간의 특성

(1) 물리적 요소

㉮ 수직적 · 점적 요소

세계의 많은 지역에서 장대나 기둥(poles and posts)은 종교적이며 주술적 인 의미를 지닌다. 어떠한 신전이나 사당에도 거룩한 기둥은 필수물이었으 며, 성역의 경계를 확정시켜 주는 구실을 하였다. 그래서 이러한 기둥을 무너뜨리거나 베어내서는 절대로 안되었다. 〈Barton, G. A., Poles and Posts, *Encyclopedia of Religion and Ethics*, ed., James Hastings, vol. 10, 1921, pp. 94~97〉

이렇게 홀로 서 있는 기둥은 장대나 돛대, 그리고 나무와 마찬가지로 세 계축과 관련되어 있었다. 〈Cirlot, J. E., Pillar, *A Dictionary of Symbols*, New York Philosophical Library, 1962〉

<사진 2-1> 장　대	<사진 2-2> 콰키우틀 추장집 앞의 기둥(1909)

자료 : 황헌만, 조선땅 마을지 킴이, 1993　　자료 : From the Land of the Totem Poles, 1988

모든 제의 및 놀이적 축제에는 항상 수직적 상징요소가 나타나고 있다. 굿제의에서의 신간(神竿), 농사노동에서의 두레기, 그리고 각종의 놀이나 행사에 늘상 앞장서는 깃발이 축제적 도구로 쓰이고 있는 것이다.

<사진 2-3> 뱃 기   <사진 2-4> Haida village of Skidegate

자료 : 황헌만, 조선땅 마을지킴이,   자료 : From the Land of the Totem
　　　 1993　　　　　　　　　　　　　　　　　　　 Poles, 1988

㉠ 당산목

고대 바빌로니아에는 하늘의 황소를 죽인 엔키두와 거룩한 삼나무를 베어 쓰러뜨린 길가메시에 대한 재판의 이야기가 전해지고 있다. 둘 중에 죄가 중한 쪽이 죽어야한다는 방침에 따라 신들은 논쟁을 벌이지만 쉽사리 결정이 내려지지 않는다. 이 때 신들의 아버지 격인 아누가 단호하게 말한다.

> "내가 생각하기로는 길가메시 쪽의 죄가 훨씬 무겁다고 보오. 그 자는 훔바바를 죽였을 뿐만 아니라 거룩한 삼나무까지도 베어 뜨린 자가 아닌 가?"145)

수목은 계절의 변화에 따른 재생력과 생명창출의 수태력으로 인해 영험성을 가지고 있는 대상으로 상징화된다. 이러한 수목의 신성성은 앞서 살

---

145) Gaster, T.H., The Oldest Stories in the World, 이용찬 역, 세상에서 가장 오래된 이야기, 대원사, 1990, p.38

펴본 바와 같이 하늘과 땅이 만나는 매개체로서의 역할에 의해 그 의미를
더하고 있다. 우리나라 대부분의 거수목은 마을의 입구, 뒤, 중앙, 들판 등
에 위치하여 일정한 공간을 수호하는 원시적 심성을 불러일으킴으로써 마
을사람들의 생활을 통제하고 정주공간에 신시적(神市的) 질서를 부여한다.
따라서 이러한 수목이 세워져 있는 곳은 자연스럽게 성스러운 공간이 되었
고, 각종 제의를 가능하게 함으로써 더이상 '거수목'이나 '나무'가 아닌 '당
산목'이라는 명칭을 얻게 되었다. 우리나라의 당산목은 입촌주나 명사 혹은
神力을 가진 승려 등이 심었거나 봉황 등의 전설적 동물이 내린 씨앗으로
인해 생겨났다는 설화를 가지고 있다. 또한 이와는 반대로 영험이 있는 수
목을 중심으로 마을이 만들어진 경우도 있다.

<사진 2-5> 선돌과 당산목   <사진 2-6> 마을미륵과 당산목

자료 : 황헌만, 조선땅 마을지킴이, 1993   자료 : 황헌만, 조선땅 마을지킴이, 1993

당산목은 서있는 위치에 따라서 그 기능을 조금씩 달리하는데, 입구의 당
산목은 외부로부터의 돌림병과 재앙을 막고 내부를 정화시키며 마을을 수호
한다. 마을 뒤에 서있는 당산목은 수월용신과 천강산신이 교감하는 수직과
수평의 삼각공간 속을 위해 풍우를 조절하며 풍농과 풍어를 가져다 주고, 중
앙의 당산목은 성주신의 신격으로 마을을 수호하고 안녕과 부귀를 주관하며
家神을 통어한다. 또한 들판의 당산목은 농신으로 작물을 수호한다.[146] 그러

---

146) 최덕원, 「당산목과 마을 구조와의 상관연구 -남도지역을 중심으로」, 『한국민

나 이러한 상징적 측면의 기능뿐만 아니라 실질적 기능도 수행하고 있다. 입구의 당산목은 마을의 경계 혹은 출입문으로서의 역할을 함으로써 내부와 외부를 결정짓는 역할을 하고 있고, 뒤에 위치한 당산목은 도서지방에서의 지표가 된다. 중앙에 위치한 당산목은 중앙광장으로서의 공동마당을 제공하여 祭場으로서의 역할을 수행하고 있으며, 들판의 당산목은 노동의 휴식과 두레 전후의 회의공간으로 이용되고 있다.

당산목의 수종은 70%이상이 귀목 또는 괴목(槐木)으로 불리우는 느티나무와 팽나무가 차지하고 있다.147) 槐(木+鬼)는 땅의 귀신을 뜻하는 '社'와 같은 맥락의 신성성을 가지고 있어 신이 거처하므로 정령과 영혼이 깃들어 있는 신체(神體)로 모신다. 이렇게 모셔진 당산목은 마을과 관련된 대소사에 대하여 몇가지의 역할을 하게 된다. 첫째로 징조의 예시기능이다. 이것은 농사, 어로작업과 같은 생산력에 대한 풍흉과 마을 대소사의 길흉을 점쳐주거나 재난이 있음에 대한 경고를 하는 것이다. 둘째는 당산목에 대해 불경스러운 행동을 하였을 때 죽음이나 유산, 혹은 병신을 만드는 징벌의 기능을 가지고 있다. 셋째는 당산목에 대한 예우를 했을 경우 풍년을 이루거나 아들을 낳는 등의 축복을 준다. 넷째로는 행위의 결과에 따른 축복이나 징벌과 같은 반응적 기능이 아닌 순수한 마을의 보호기능이다. 도둑을 방지하거나 화재·해충 등을 예방하는 것이 이에 속한다. 이렇게 구분된 당산목의 기능을 몇가지의 사례로 보면 다음과 같다.

당산목에 피는 꽃이나 열매의 상태에 따라148) 또는 잎이 피는 상태에

속학 25』, 1993, pp.432~435

147) 최덕원이 249개의 자연마을에서 조사한 결과로 느티나무(269), 팽나무(109), 소나무(41), 서나무(17), 동백나무(10), 은행나무(10), 쥐엄나무(10), 후박나무(9), 이팝나무(8), 버드나무(7), 비자나무(6), 잣밤나무(6), 참나무(4), 감나무(4), 모과나무(3), 회화나무(2), 밤나무(2), 푸조나무(1), 등나무(1), 플라타너스(1), 가시나무(1), 배나무(1), 코뿌리나무(1), 덜렁나무(1) 등으로 구성되어 있다고 한다.

148) 승주군 승주읍 평중리, 화순군 이양면 쌍봉리 쌍봉마을, 여천군 돌산읍 율림리 임포마을, 화정면 심장리 장지마을, 횡간도 대횡간리마을, 남면 우학리 내외진

따라[149] 풍흉이 점쳐지고, 나무가 소리를 내면 마을이나 국가에 문제가 발생한다.[150] 당산목을 베어내거나[151] 가지를 부러뜨릴 경우[152] 또는 농악대

마을, 여천시 화치동, 여수시 문수동, 곡성군 입면 송정리 내동마을, 옥과면 설옥리, 오산면 청단리 청단마을, 구례군 산동면 관사리 하관마을, 진도군 조도면 관매도 관매마을, 광양군 광양읍 우산리 내우마을, 용강리 기두마을 등

149) 승주군 서면 비월리 덕진마을, 월등면 송천리 송천마을, 주암면 오산리 오산마을, 구산리 선산마을, 행정리 운곡마을, 여천군 돌산읍 둔전리 둔전마을, 서덕리 서기마을, 죽포리 죽포마을, 화정면 사도 사도마을, 율촌면 가장리 난화마을, 삼산리 삼산마을, 삼산면 초도 대동리마을, 소라면 사곡리 복촌마을, 여천시 해산동, 여수시 경호동 소경도마을, 곡성군 곡성읍 학정리 학정마을, 겸면 괴정리, 오곡면 미산리, 석곡면 죽산리, 염곡리 염촌마을, 죽곡면 남양리 남양마을, 동계리, 용정리, 원달리, 오산면 가곡리, 조양리 용계마을, 구례군 구례읍 봉동리, 간전면 삼산리 수내마을, 홍대리, 양천리 양천마을, 마산면 황전리 황전마을, 문척면 월전리 전천마을, 토지면 오미리 내죽마을, 고흥군 포두면 상대리 삼정마을, 전동리 전동마을, 풍향면 율치리 율치마을, 대서면 남정리 남당마을, 동강면 매곡리 당곡마을, 두원면 용반리 금성마을, 보성군 보성읍 내야3리, 노동면 옥마리, 금호리 대여마을, 거석리 지심마을, 겸백면 수남리 수남마을, 득량면 예당리 파청마을, 해평리 하작마을, 강골마을, 조양마을, 웅치면 용추리 용추마을, 화천면 회령리 시장마을, 순천시 용수동 삼거마을, 옥천동, 풍덕동, 이월동 조례마을, 통천마을, 홍내동 선암마을, 야흥마을, 삼산동 망북마을, 진도군 조도면 신육리 육동마을, 임회면 상만리, 광양군 광양읍 초남리 현월마을, 구산리 마산마을, 옥룡면 죽천리 내천마을, 추산리 추동마을, 용곡리 옥동마을, 용곡리, 흑용마을, 동곡리 동동마을, 진월면 처사리 차동마을, 봉강면 구서리 마시마을, 강진군 군동면 화산리 화방마을, 파산리 생동마을, 신리마을, 용소리 안지마을, 호계리 호동마을, 장흥군 용산면 어산리 어동마을, 무안군 현경면 가입리 큰동네마을, 영암군 군서면 월곡리 월산마을, 거창군 가조면 석강리 왕대마을 등

150) 승주군 상사면 도월리 미곡마을, 월등면 유평리 율지마을, 화순군 이서면 야사리 야사마을, 곡성군 오산면 청단리 초현마을, 순천시 용수동 삼거마을, 나주시 경현동 경현마을, 강진군 병영면 삼인리 동삼인마을 등

151) 승주군 승주읍 서평리 내동마을, 승주군 송광면 구룡리 구표마을, 여천군 돌산읍 둔전리 둔전마을, 화정면 사도 사도마을, 둔병도 둔병리마을, 제도 제도리, 자봉도 자봉리, 심장리 미포마을, 삼산면 소리개리 역포리마을, 여천시 화치동, 보성군 복내면 당촌리 당촌마을, 해남군 만산면 장촌리 등

152) 승주군 해룡면 중흥리 중흥마을, 서면 비월리 덕진마을, 화순군 이양면 쌍봉리 상봉마을, 영광군 염산면 오동리 상오마을, 여천군 돌산읍 서덕리, 죽포리

가 마을에 들어올 때 인사를 하지 않고 고개를 쳐들고 들어오다가 상모가 당목에 걸리게 되면[153) 병을 앓거나 죽음을 당하게 된다. 또한 당제를 정성껏 지내지 않거나 당제의 기간동안 금기를 어길 경우[154)에는 마을과 주민에게 우환을 일으키기도 한다.

이렇듯 당산목은 상징적인 역할을 통해 주민들에게 생명력의 리듬을 부여하고 집단의 질서를 유지해주고 있다. 또한 그 형태의 외형적 크기에 의해 마을의 랜드마크적 역할을 훌륭하게 해내고 있다.

　ⓛ 장　승

우리나라 대부분의 마을은 산신당과 성황당을 上堂으로 하는 수호신을 모시고 있고, 마을입구를 下堂으로 하는 장승이나 솟대 또는 돌무더기 서낭당을 가진다. 이들은 마을의 제의, 즉 축제와 관련된 요소들로서 산신제 날 장승을 깎아 세우고 산신제나 서낭제의 전후에 장승고사를 지낸다.

장승은 나무나 돌로 만든 주형의 몸통 위쪽에 神·將의 얼굴을 새기고,

죽포마을, 화정면 제도 제도리마을, 심장리 미포마을, 삼산면 소리개리 역포리마을, 여천시 해산동, 여수시 경호동 외동마을, 소경도마을, 곡성군 목사동 용리마을, 구례군 구례읍 봉남리, 마산면 황전리 황전마을, 고흥군 동강면 주암리 옹암마을, 순천시 행동, 용수동 삼거마을, 범죽마을, 조곡동 죽실마을, 광양군 광양읍 우산리 내우마을, 진상면 청암리 목과마을, 강진군 대구면 사당리, 병영면 삼인리 동삼인마을, 해남군 현산면 두모리, 무안군 현경면 가입리 큰동네마을 등

153) 승주군 승주읍 서평리 내동마을, 해룡면 중흥리 중흥마을, 상사면 덕림리 미초마을, 주암면 오산리 오산마을, 용지마을, 구례군 마산면 황전리 황전마을, 고흥군 과역면 백일리 내백마을 등

154) 승주군 서면 죽평리 입석마을, 비월리 덕진마을, 월등면 유평리 율지마을, 낙안면 석정리 석정마을, 별량면 무선리 무선마을, 주암면 운룡리 운룡마을, 대구리 대구마을, 오산리 오산마을, 용지마을, 송광면 구룡리 구표마을, 여천군 남면 안도 안도리마을, 삼산면 소리개리 연도마을, 여수시 경호동 외동마을, 소경도마을, 곡성군 석곡면 온수리 2구마을, 구례군 구례읍 봉북리, 마산면 냉천리, 보성군 벌교읍 대포리, 척령리, 보성군 득량면 예당리 파청마을, 화천면 회령리 시장마을, 광양군 옥룡면 산남리 삼본마을, 광양군 봉강면 석사리 명암마을, 나주시 소월동 토계마을 등

몸통에는 그의 역할을 나타내는 글(銘文)을 써서 길가에 세우는 神像으로
서 위협적인 수호신장이거나 진압신(鎭壓神) 또는 路神 등의 개념을 가진
민속신앙의 대상물이다. 당산목이나 솟대보다는 좀더 진보된 형태로 인지
의 발달과 공작기구의 개발에 따라 만들어진 것으로 이해된다. 그러나 이
러한 조각물이 항상 신성이나 주력을 발휘한 것은 아니다. 제례라는 입신
의 절차를 거쳐 정주민 모두에게 인정을 받게 됨으로써 신앙의 대상물이
되는 것이다.

<표 2-14> 장승의 분류

	종 류		형태 / 특징
성 별	남장승		붉은색 몸체로 머리에 관을 쓰고 부릅 뜬 눈과 날카로운 송곳니와 수염을 달고 있는 할아버지 모습
	여장승		관이 없고 얼굴에 연지곤지를 찍고 청색을 칠한 할머니 모습
수 량	1기		
	1쌍 2기		암수 한 쌍
	3기 이상		방위, 경계마다 위치
재료 · 형식	목장승	솟대형	나무장대에 새를 조각하여 올려 놓은 형태
		목주형	통나무에 먹으로 사람얼굴과 글자를 그려서 나무에 묶어 두거나 기대는 형태
		神將彫像型	사람형상의 神으로 조각한 형태
	석장승	立石型	선돌형
		石磧型	造山, 탑의 형태
		石碑型	돌비석 형태
		神將彫像型	사람형상의 神으로 조각한 형태
	복합장승		흙·돌무더기에 솟대, 선돌, 거북 등을 올려 놓은 형태
인 상	人面形		소박한 사람의 얼굴
	鬼面怪獸形		왕방울눈, 주먹코, 송곳니를 드러낸 형태
	彌勒形		질박하고 자비스럽고 친밀감 있는 형태(불교조각과는 다름)
	男根形		성신앙의 대상으로 남성기를 표현
	文武官形		문관과 무관을 표현
	기 타		석비, 입석, 돌무더기, 서낭당형태
위치 · 소속	마을장승		마을입구나 동제신역
	사찰장생		사찰입구나 경계부위
	公共장승		성문, 병영, 관로 읍역 등
銘文 內容	道敎將軍類		천하·지하대장군, 상원주장군, 하원당장군 등
	方位神將類		동방청제, 서방백제, 북방흑제, 남방적제 등
	護法神將類		불교적 속신과 습합된 호법선신, 방생정계, 금귀, 수호대장 등
	碑補장승類		진서장군, 방어대장군 등
기 능	법 수		부락수호(辟邪, 逐鬼, 防災, 防疫, 進慶), 俗信(落胎, 祈子, 질병쾌유)
	寺院長生		절의 四方山川裨補, 소유지의 경계표식
	寺院長柱		護法 禁制
	路標長柱		이정표, 路神
	裨補長柱		허함의 神補, 방위의 鎭壓
	守門將		성문밖에서 성을 지킴
	祈子長柱		男兒像, 男根像
	痘瘡장승		천연두의 퇴치

※金斗河, 李鐘哲, 張籌根의 연구결과155)를 자료로 재분류하여 작성

---

155) 김두하, 「路標장승 考察」, 『민간신앙』 한국민속학총서4, 敎文社, 1989

　　　이종철, 「호남지역 장승의 현지연구」, 『민간신앙』 한국민속학총서4, 교문사, 1989

　　　_____, 「장승祭의 신앙체계」, 『역사속의 민중과 민속』, 이론과실천, 1990

　　　장주근, 한국의 향토신앙, 을유문화사, 1975

대부분의 장승은 위계상 하위격에 해당하는 신앙대상물인데, 경계표시나 거리표시 등의 이중적 역할을 수행하기도 했다. 그러나 이러한 실용적 기능은 교통수단의 발달과 표시방법의 변화로 점차 사라지게 되었고 이에 따라 실용적인 장승보다는 부락수호적 기능의 상징적인 장승 쪽으로 비중을 더해갔다. 특히 의료기술이 발달하지 못했던 상황에서의 질병발생은 마을 전체를 불안에 싸이게 하기에 충분했으므로 이에 대한 퇴치가 무엇보다 중요한 일이었다. 천연두에 대한 방비를 목적으로 만들어진 두창장승은 이를 가장 잘 표현하고 있는 것이다. 또한 질병이 외부로부터 들어온다고 믿었기 때문에 이것들을 마을의 입구에 세워 벽사(辟邪)·방역(防疫)에 주력하였던 것으로 이해된다. 따라서 이러한 유행병이 돌게 되면 장승을 대상으로 洞祭를 지내게 되는데, 전국의 많은 부락에서 年初에 부락제를 지낸 뒤에 洞口에 새 나무법수를 세우는 것도 이러한 관념에서 나온 것으로 보인다. 이렇게 장승은 洞祭의 주신 또는 하위신으로서 선돌, 돌무더기, 솟대, 신목, 서낭당 등과 함께 동제의 복합문화를 이루고 있다.

장승은 그 형태와 기능에 따라서 여러 가지의 역할을 하고 있지만 가장 중요한 것은 공동제의라는 축제를 준비하는 동안 상부상조를 통해 마을공동체로의 소속감을 확인시켜주며 정신적 위안을 제공함으로써 지연적 유대감을 두텁게 해주는 매체가 된다는 것이다.

<사진 2-7> 장 승

자료 : 한국의 전통예절, 1994

ⓒ 솟 대

장승과 마찬가지로 동제 및 산신제날 솟대를 깎아세우고 이를 전후로 하여 제의를 지낸다. 솟대는 당산목이나 장승의 개념과 유사하여 세계의 중심을 뜻하기도 한다. 정주가 가능한 신성한 장소를 표현하는 것으로 마을의 형성과 함께 정주공간의 성화작업156)에 따른 결과물이 되는 것이다.

즉 외부라는 세속적 영역을 차단시켜주는 동시에 외부로부터 내부로의 전환점 역할을 수행하는 물리적·상징적 요소이다. 민속에서 神體의 역할을 하는 대부분의 수직적 요소와 마찬가지로 마을의 안녕과 수호, 풍농을 주 기능으로 하고 있으며 때로는 풍수적 의미에서 설치되기도 한다. 솟대의 역할에 따른 분류는 크게 3가지로 나타난다.157) 가장 보편적인 형태로 마을공동체를 보호하고 농사의 풍작을 위해 세우는 경우와 풍수적 입장에서 마을의 형세가 행주형일 경우 돛의 역할을 위해서 세우는 경우, 그리고 전통사회에서의 급제를 기념하기 위해서 세우는 경우 등이 그것이다. 이들을 특징에 따라 분류해보면 다음과 같다.

---

156) Rapoport, A., House form and culture, 이규목 역, 주거형태와 문화, 열화당, 1985, pp.61~67

157) 이필영, 「마을공동체와 솟대신앙」, 『역사속의 민중과 민속』, 이론과실천, 1990, pp.274~276

<표 2-15> 솟대의 분류

유 형		내용 / 형태
동 기	기원형	마을의 안녕과 수호 및 풍농을 기원
	비보형	풍수적 지세상 행주형일 경우 돛대의 역할을 위해 세움
	기념형	과거의 급제를 기념
위 치	입 구	모든 것들이 출입하는 곳으로서 밖의 부정을 막아 마을의 신성을 유지
	사 방	액막이로서의 기능을 더욱 보완
	중 앙	행주형 마을의 경우 필요한 곳에 설치
	문앞,선산	급제를 기념할 수 있는 곳
복합 양상	단독형	명확한 이유는 밝혀지지 않았으나 대체로 각 요소들이 가지고 있는 역할의 보강을 목적으로 하는 것으로 추측됨
	+ 장승	
	+ 탑	
	+ 장승 + 탑	
	+ 장승 + 神木	
	+ 선돌	
	+ 石磧	
새의 모양	상징형	Y자형 나뭇가지로 새 모양을 간단히 양식화
	결합형	ㄱ자형 나뭇가지를 머리와 목으로 하여 Y자형 나뭇가지와 연결
	모사형	새의 모양으로 깎아 사실적으로 표현
새의 수	1마리	마을의 허한 방향을 향하는 것으로 그 방위의 수에 따라 설치
	2마리	
	3마리	

※이필영, 村山智順, 李鐘哲의 연구결과[158]를 자료로 작성

솟대는 장대와 그 위에 앉힌 새로 구성되어 있고, 명칭은 짐대나 솔대 혹은 위에 앉힌 새의 명칭으로도 불리운다. 장대의 재료는 대나무(부안군 보안면 우동리 등), 소나무(정읍군 고부면 등), 화강암(부안군 부안읍 돌모산, 군위군 부계면 대율동 등), 무쇠(청주시 복대동, 담양군 담양읍 남산리 등) 등으로 다양하게 나타나고 있음으로 보아 특별한 의미를 가지고 사용된 것으로 보이지는 않는다. 그러나 행주형 마을에 사용된 솟대 중에는 위에 새를 앉히지 않는 것도 볼 수 있는데, 이로 미루어 돛대로서의 상징적 의미 외에 마을의 경계표식이나 祭場을 나타내는 기능을 하고 있다고 볼 수 있다.

---

158) 이필영, 「마을공동체와 솟대신앙」, 『역사속의 민중과 민속』, 이론과실천, 1990
　　村山智順, 부락제, 조선총독부, 1937
　　이종철, 「해남군의 문화유적」, 『목포대박물관 학술총서 제5집』, 1986

<사진 2-8> 솟대(원경) <사진 2-9> 솟대(근경)

자료 : 황헌만, 조선땅 마을지킴이, 1993 자료 : 황헌만, 조선땅 마을지킴이, 1993

삼한의 소도에서 보였던 솟대의 형태는 알려지지 않았지만 기능에 대해서는 많은 연구에서 하늘과의 소통이라는 견해가 지배적이고 이에 대한 이견은 거의 없다. 따라서 장대는 하늘과의 소통을 위한 우주축의 변양태로 볼 수 있다. 또한 장대 위에는 새가 앉아 있으므로 하늘과의 소통이 주요 역할이었음을 알 수 있다.

장대 위에 앉힌 새의 종류는 오리(광주군 중부면 엄미리 새마을, 연기군 전의면 관정리, 무주군 무주읍 산의마을, 강릉시 강문동 등), 기러기(파주군 광탄면 용미4리, 옥천군 군서면 사정리 등), 해오라기(해남군 황산면 송호리, 해남군 화산면 석호리 등), 까치(진도군 고군면 석현리 등), 왜가리(홍천군 북방면 본궁리 등), 까마귀(거제군 이운면 지세포 장승포, 제주시 이호동, 제주시 외도동 등) 등으로 나타나는데, 이중 오리류의 물새가 대부분을 차지한다. 이렇게 오리가 주로 사용된 원인은 농업생활의 필요성 때문이다. 논농사에서 가장 필수적인 요소는 물이다. 오리는 물과 밀접한 관련을 맺고 생활을 하기 때문에 그 상징성에 있어서 가장 근접한 이미지를 주었으며 하늘과 땅 그리고 물이라는 모든 세계를 생활권으로 하는 특징은 이러한 상징성을 더욱 강화시키는 역할을 하였다. 철새로서의 오리는 영혼을 뜻하며, 되돌아오는 주기성으로 인하여 죽음을 극복하는 승리 혹은 부활의 의미를 지니고 있다.[159] 또한 인간과 함께 생활할 수 있는 조류 중 가장 커다란 알을 낳는 특징도 있다. 따라서 다산성과 철새로서의 주기성 그리고 하늘-땅-물이라는 전세계를 넘나드는 능력은 제의를 구성하는 기본적 요건과 부합하는 것이었다.

<사진 2-10> 서낭목과 솟대

자료 : 황헌만, 조선땅 마을지 킴이, 1993

이렇게 볼 때 솟대는 장대의 수직성과 물새의 초월성을 복합화시킨 신앙대상물로 볼 수 있다. 그러나 행주형 마을의 경우를 제외한 대부분의 솟대는 자체로서 서있기보다는 다른 신앙대상물과 함께 서있는 경우가 많다. 즉 장승, 탑, 돌무더기, 신목 등과 함께 의지하고 서있는 형태를 취하는데, 그 이유는 솟대의 기능이 하늘과의 교류를 통한 안녕의 기원이라는 목적의 단일성―경우에 따라서는 솟대의 중요성이 큰 마을도 있고(강릉시 강문동, 통영군 산양면 곤리 등) 다른 신앙대상물의 기능을 수행하는 경우(옥천군 청마리 마티마을 등)도 있음― 때문일 것이다. 따라서 솟대가 갖지 못한 축귀(逐鬼), 벽사(辟邪), 제액(除厄) 등의 기원을 이들을 통해 보강시키기 위한 것으로 보인다. 대체적으로 당산목이 마을 전체를 보호하고 대표하는 역할을 했다면 솟대는 이보다는 작은 부분을 보호하거나 당산목의 보조적 역할을 수행했다고 볼 수 있다. 장승과 마찬가지로 솟대는 마을의 主神이 아니기―주신으로 모시는 마을도 있음― 때문에 주신을 모시는 제의의 전후에 간단하게 치르게 된다.[160]

그러나 시각을 바꾸어보면, 당산목이란 마을민들이 태어나기 전부터 항상 거기에 있었고 '해서는 안되는' 금기를 강요해왔다. 잘 보호하고 예를

159) Dunnigan, A., Swans, *The Encyclopedia of Religion* vol.14, 1987, pp.188~189

160) 장주근, 한국의 향토신앙, 을유문화사, 1975, p.60

갖추었을 때는 복을 주지만 그렇지 않을 때에는 禍를 내렸다. 즉 당산목은 하늘과의 소통이라는 상징성뿐만 아니라 그 자체가 신앙대상이었다. 이에 비해 솟대는 매개체적 특성을 훨씬 많이 가지고 있으며 보다 적극적인 염원을 표현하고 있다. 비를 통해 수동적으로 하늘과 만나는 당산목에 비해 볼 때, 솟대는 생명성이 없는 장대와 새장식물로써 하늘과 직접 만나려는 의지력을 표출하고 있는 것이다. 또한 주기적으로 교체하여야 한다는 점 또한 중요한 의미를 가지고 있는데, 이를 소재의 특성에서만 그 원인을 찾기에는 객관성의 확보에 적지 않은 문제가 생긴다. 철과 같이 내구연한이 긴 소재를 가지고 있지 않았다거나, 그러한 소재를 다룰 수 있는 능력이 없었다는 것은 생각할 수 없기 때문이다. 고대의 유물에는 이보다 훨씬 복잡하고 정교한 철제작물들이 얼마든지 있다. 따라서 이들이 일정시간이 경과되면 교체하여야 하는 재료를 선택한 것에 대해서는 좀더 형이상학적 측면인 신앙적 의미로 설명되어야 한다. 계절의 변화와 이에 따르는 재생은 원초적 시간으로 돌아가는 것을 상징하는 것이며, 제의는 그러한 시간과 공간으로 돌아가는 행위였다. 따라서 그들이 제의를 할 때마다 솟대를 새로 만들어 세우는 것은 원초적 시간으로 돌아가는 행위였으며, 만드는 행위자체가 염원의 표출이었다.

㉯ 면적 요소

축제행위를 담는 일정규모 이상의 공간을 뜻한다. 축제 특성상 크게는 마을 전체를 포함하기도 하고 특정공간이 이용되기도 한다. 일반적으로 축제는 마을 전체에서 이루어지는데 이를 면적인 요소로 구분하는 것은 큰 의미가 없을 것이다. 왜냐하면 마을의 전체공간이 축제공간으로 활용된다기보다는 일부의 공간에서 벌어지는 행위에 의해 마을 전체가 축제분위기에 싸인다고 볼 수 있기 때문이다. 따라서 축제행위가 집약적으로 일어나는 서낭터나 공동마당 혹은 개인마당 등이 여기에 포함된다.

㉠ 서낭터, 공동마당

洞祭라는 마을공동체적 규모의 제의적 축제나 동제 후의 놀이적 축제가 이루어지는 공간으로 일상에서는 공동마당 혹은 휴식처로 이용되는 곳이다. 이 공간은 지형적 특성 혹은 마을의 필요에 따라 마을의 입구나 중심 등에 위치하는데, 대체적으로 당산목이나 서낭당 혹은 장승과 솟대 등의 수직적 신앙대상물이 위치한다. 이들은 마을을 수호하는 마을지킴이로서의 역할을 하기 때문에 이들을 담고 있는 공동마당, 즉 서낭터는 마을제의와 마을축제에 필수적인 공간이 되는 것이다. 축제행위가 이루어질 때의 이 공간은 외부에 대하여 매우 폐쇄적인 분위기를 만들게 되는데, 동질화된 외부공간에 대해 신성공간으로서 이질화가 가능하게 되었기 때문이다.

1987년 주강현의 강원도 홍천군 북방면 밭치리에 대한 현지조사결과는 이러한 마을지킴이와 이를 포함하고 있는 공간의 전형을 보여주고 있다.

> 밭치리(일명 전치곡)에는 지금도 장승과 솟대, 서낭당의 전형성이 남아 있다. 이 마을은 행정구역상 춘성군과 홍천군의 경계에 놓이지만 예전에는 한양 가는 길목이기도 하였다. 이 마을로 들어설라치면 천하대장군, 지하여장군이라고 먹으로 쓴 글씨와 더불어 서울 300리, 춘천 60리, 홍천 40리, 동산 15리라고 쓰인 이정표 글씨가 보인다. 그 옆에는 따오기, 혹은 기러기라 하는 새 모양 조각이 얹힌 솟대가 서 있다. 작은 숲이 함께 우거진 동구에 장승 2기와 솟대가 서 있는 것이다. 논과 산을 끼고서 좁다란 길을 조금 걸어가면 옛 장수의 말이 죽었다는 말무덤이 나오고 이내 마을 가운데로 들어서게 된다. 마을 복판의 길목에는 작은 기와집이 하나 서 있으니 밭치리의 서낭당이다. 가파른 마을 뒷산을 올라가면, 지금은 죽었지만 500년 되었다는 매우 큰 서낭나무가 있다. 즉 이 마을에서는 외부에서 들어오는 길목을 장승과 솟대가 막고 뒤쪽으로 빠지는 산길은 서낭목이 막으며 마을 가운데의 서낭당이 마을 전체를 관장하는 것이다. 여기서 서낭당이 마을 복판에 자리한 것은 이곳이 산간 지역이기 때문일 것이다. 〈주강현, 굿의 사회사, 웅진출판, 1992, pp. 136~137〉

특수한 경우를 제외하면 모든 마을에는 항상 공동마당 혹은 휴식공간의 기능을 하는 서낭터를 가지고 있다. 마을회관이 세워지기 전까지는 마을의 모든 대소사가 논의되고 축제가 이루어졌으며 휴식을 위해 활용되었던 공간이었다. 특히 마을을 수호하는 상징적 요소들이 자리함에 따라 마을에서 가장 중요한 곳이라는 의미로서 마을민의 무의식에 자리잡게 되었다. 이러한 무의식의 중첩에 의하여 이곳은 마을을 대표하는 공간이 되었고 마을을 상징하는 공간이 되었다. 따라서 공동마당 혹은 쉼터로서의 서낭터와 그 안의 서낭목이나 장승 등의 이미지는 곧 마을의 이미지로 전환될 수 있었던 것이다.

ⓛ 집마당

마을주민 전체가 참여하는 제의적·놀이적 축제가 개인화되는 과정에서 이용되는 공간으로 길굿이나 길놀이라는 앞전의 절차에서 정지된 축제를 담는 공간이 된다. 즉 길놀이라는 흐름을 개인의 마당으로 불러들임으로써 시각적인 폐쇄가 가능해지고, 이에 따라 공동마당보다 훨씬 내밀한 공간이 된다.

<사진 2-11> 서낭목과 공동마당
(하회삼신당)

자료 : 서연호, 서낭굿탈놀이, 1991

축제행위를 담는 집마당은 개인의 일상생활이 항상 유지되는 곳이기 때문에 공동마당이나 서낭터와 같은 공동의 신앙적 상징물이 아닌 더욱 축약되고 관념화된 토속신앙물이 자리한다. 집과 관련된 우리의 토속신으로는 지역에 따라서 그 명칭의 차이가 있지만 대청의 '성주신'을 우두머리로 하여, 안방의 '삼신', 부엌의 '조왕신', 외양간에는 '마대지신', 도장에는 '도장지신', 변소의 '측신', 대문에는 '구틀지신', 마당에는 '노적지신', 장독대에는 '장독지신', 우물에는 '용왕신' 등이 존재한다고 믿었다.

<사진 2-12> 공동우물과 우물굿   <사진 2-13> 장독지신에 대한 기원

자료 : 황헌만, 조선땅 마을지킴이, 1993

　이러한 믿음은 제의적 축제행사에서 집안의 평안을 위하여 이들 신을 달래는 행위로 나타난다. 북청사자놀이의 사자가 집마당을 한 번 돌고 대청의 성주신과 안방의 삼신, 그리고 부엌의 조왕신에게 절을 하는 행위에서 그 예를 볼 수 있다.

　이렇듯 축제행위가 이루어지고 있는 집마당은 공간구성의 물리적 특성보다는 행위가 담고 있는 의미에 더욱 큰 중요성이 있기 때문에 축제가 이루어지지 않는 공간과의 사이에 특별한 물리적 차이는 발견할 수 없다. 이 공간은 특별한 시간에 일시적으로 축제가 벌어지는 곳으로 평상시에는 개인의 일상이 대부분을 점유하기 때문이다.

　㉯ 선적 요소

　- 경　계

　경계라는 것은 외력으로부터의 방어를 주요 목적으로 하고 있으므로 이 공간에는 대부분 마을의 수호신인 마을지킴이가 자리잡고 있다. 각 마을의 상황에 모두 맞는 것은 아니지만 대부분 마을의 입구나 마을의 중심, 그리고 마을 입구와 관련된 길가에 자리잡고 있는 것이 보편적이다. 이러한 마을지킴이는 경계 안의 오염을 막아 냄으로써 내부구성원의 연대감을 강화시키거나 공간을 聖化하는 기능을 한다. 특히 물리적 형태로 나타나는 금줄은 대상과 대상

146

을 포함한 내부를 신성공간으로 만들게 된다. 금줄이란 특정지역에 줄을 늘어뜨려 안으로의 출입을 금지시키거나 또는 줄 안에 있는 중심물체 혹은 상상적 무형의 본체에 접촉을 못하게 해놓은 줄을 뜻한다. 당산목과 같이 물리적 대상에 둘러진 금줄의 경우에는 안에 포함된 대상의 신성화라는 의미와 함께 일정지역 전체가 금기에 들어갔음을 상징한다. 금기의 행위가 일어나거나 금기의 대상이 제의공간에 들어올 경우, 불경에 의해 신성성이 파괴되었기 때문에 마을은 재앙을 면치 못할 것이라는 불안에 싸이게 된다. 금기가 파괴된 제의공간 안의 구성원들은 대단한 혼란에 빠지게 되기 때문에 이러한 혼란의 씨앗을 없애기 위한 방법으로 금줄을 상징화시킨 것이다.

그런데 이러한 위반은 제축적 반란이라는 금기의 위반과는 전혀 다른 것으로 설명된다. 즉 제축적 반란은 제의의 한 과정에서 벌어지는 위반행위이지만 금기주간에 있어서의 위반은 제의 자체를 성립될 수 없게 하는 행위인 것이다. 따라서 이러한 위반행위를 저지른 俗人을 일정경계 밖으로 추방하거나 별도의 제의로 神을 달래기도 하며, 제의일을 바꾸기도 한다.

- 길

길은 흔히 공급선 혹은 생명선이라고 불리기도 하는데 마을의 입구에 해당하는 큰길과 어귀길, 안길, 샛길 등으로 구분 할 수 있다. 큰길은 마을과 마을을 연결하는 통과교통이 지나가는 길로 내부와 외부를 엄격히 구분하는 기능을 하며, 이곳을 중심으로 서낭터나 수직적 신앙대상물이 위치하기 때문에 마을과 외부를 구분하는 영역감이 명확히 형성되고 있다. 이러한 큰길은 마을의 외곽을 통과하고 있으므로 내부인의 이동을 위한 역할보다는 마을의 경계로서의 기능이 더욱 크다고 하겠다. 이에 반해 안길과 샛길은 마을민들만의 생활공간으로 이들 주변에 공동의 작업장이나 공동마당 등이 있어 상호간에 많은 접촉이 일어나는 사회적 공간이다. 마을 내부의 안길과 샛길은 일상에서는 집과 집 혹은 이웃을 나누는 기준이 되지만 축제의 행위가 일어나게 되면 그러한 구분은 전혀 무시되고 큰길로 둘러싸인 내부 공동체의 場 속에 포함된다. 일상에서 마을의 혈관으로 모든 소통을 담당하고 있던 안길과 샛길은 축제기간 동안에는 축제를 전파하는 공간으로 작용을 하게 되는데, 이곳에서의 행위는 거리축제의 한 형태로 나타난다.

(1) 공간의 상징성

㉮ 개방성[161]

- 수직적 개방 : 향천성

종교적 신성성을 가진 모든 것들에 대한 儀式은 그들에게 가장 가까이 다가가서 살기위한 행동이거나 그들과 일체가 되기 위한 상징적 표현으로 볼 수 있는데, 따라서 신성한 힘을 가진 대상의 세계에 대한 이해와 그들 세계에 대한 형상화가 중요한 요소였다. 그러나 이러한 형상화를 위해서는 우선 자신의 위치에 대한 설정과 확신이 먼저 이루어져야 하는데 이것이 중심이라는 고정점의 획득이다. 비균질성을 가진 공간의 형성이란 바로 이러한 중심이 있는 고정점을 뜻하는 것으로 엘리아데는 이를 '세계창조'라는 말로 설명하고 있다. 따라서 세상을 균질하게 보는 세속적인 인간에게 있어서는 중심이라는 유일성의 개념이 형성될 수 없으므로 그들 자신의 세계를 창조할 수 없으며 창조된 세계라고 해도 균질성 속에 있는 다른 형태 -私的인 우주속의 비균질적 공간- 에 지나지 않는 것이다. 인간이 세계를 만든다는 것은 경계선을 긋는 것이고 이러한 경계선은 하나의 질서(cosmos)를 이룰 수 있는 요소가 되는 것이다. 한 지역을 소유하기 위한 베다의 제식의례는 이에 대한 좋은 예를 보여주고 있다.

---

161) 열려진 공간으로서의 개방은 모든 것을 포용하는 의미를 가지고 있으나 여기서 말하는 개방성은 일상생활 속의 균질화된 공간(俗의 공간)까지 포함하는 것이 아닌 축제적 행위를 담는 비균질화된 공간(聖의 공간)의 개방성을 뜻하는 것이다. 따라서 제한적 개방이나 폐쇄적 개방 등의 개념이 적합하다.

소유는 아그니(Agni)신에게 바쳐진 불의 제단이 세워짐으로써 합법성을 획득한다. "불의 제단(gārhapatya)을 세움으로써 사람은 한 곳에 정주하게 되며 불의 제단을 세운 모든 사람은 합법적으로 정착한 것이 된다 (Shatapatha Brāhmana, Ⅶ, 1, 1, 1-4)." 불의 제단을 세우는 행위에 의하여 아그니가 나타나게 되고, 신들의 세계와의 교섭이 보증된다. 제단의 장소는 거룩한 장소가 된다. 그러나 이 제의의 의미는 훨씬 더 복잡하다. 그것의 모든 가지(枝)를 고찰할 경우 우리는 한 지역을 성화하는 것이 어째서 그것을 코스모스로 만드는 것, 즉 그것을 코스모스화(cosmicizing)하는 것과 동일한 가를 이해하게 된다. 왜냐하면 실제에 있어서 아그니를 위한 제단을 세우는 것은 천지창조를 소우주적인 규모에서 재현하는 일에 다름 아니기 때문이다. 진흙을 반죽하는 물은 원초적인 물과 동일시되며, 제단의 기초를 형성하는 진흙은 대지를 상징하고, 옆면의 벽은 대기층을 나타낸다는 등이다. 그리고 제단의 건축에는 우주의 어떤 일부가 창조되었음을 선언하는 노래가 수반된다(Shatapatha Brāhmana Ⅰ, 9, 2, 29 etc.).
〈Eliade, M., 이동하 역, 성과 속-종교의 본질, 1983, pp. 24~25〉

이렇듯 불의 제단을 세움이 하나의 우주를 창조하는 행위로 상징화할 수 있는 것은 신적인 행위의 모방인 것으로, 특히 고대의 종교적 인간에게 있어서는 토지의 개간이나 다른 지역의 정복 등에서도 이러한 우주의 창조를 반복하여야 했다. 인간이 항상 신성하게 생각하여 왔던 하늘, 그리고 이와 맞닿을 수 있도록 해준 우주축은 한 지역을 신성화시킬 수 있는 가장 훌륭한 도구였고 참다운 공간의 창조를 가능하게 하였다. 우리의 조상 역시 하늘과 닿을 수 있는 우주축을 이용하여 태백산 신단수 밑에 神市를 건설한 것이다.

社라는 것은 따님(土)을 예배하는 것이며, 陰氣를 主로 하는 것이다. 社主는 단상에 올라가 북면하고 임금은 북쪽의 담 아래에서 남쪽으로 바라보고 마주보게 되는데, 그것은 陰(따님)에게 答한다는 의미를 지닌다. 날(日, 해)에서는 十干의 처음인 甲을 쓰게 되는데 그것은 한 날의 처음을 쓴다는 의미다. 天子는 전국의 많은 社중에서도 가장 큰 大社를 王城 가운데 가지

고 있는데, 그 大社의 단은 건물이 없고 서리와 이슬과 바람과 비를 있는
그대로 다 받게 되어 있다. 이것은 하늘과 땅의 氣를 있는 그대로 모두 골
고루 받는 것을 뜻하는 것이다. 그러므로 오히려 나라를 읽은 社(殷나라의
亡國의 薄社)의 경우는 社屋을 지어 하늘의 태양기운을 못받게 한다. 殷나
라가 처음 도읍한 곳이 薄이라는 지역이기 때문에 薄社라고 하는데 이 亡國
의 薄社는 북쪽으로만 터져 있다. 이것은 양기를 끊고 음기만을 통하게 하
는 나쁜 의미다. 社라는 것은 따님의 길(地之道)을 신령스럽게(神)하기 위
한 것이다. 땅은 구체적인 萬物(온갖 것)을 싣고 있지만, 하늘이란 것은 매
우 상징적인 것을 우리에게 드러낼 뿐이다. 그래서 우리는 우리 삶에 구체
적인 도움을 주는 재물들을 땅에서 취하고, 그리고 추상적인 법칙들은 하늘
에서 취한다. 그래서 우리는 하느님을 경외롭고 높게 받들고(尊天) 따님을
친숙하고 비근하게 느낀다(親地), 그러므로 우리는 만백성들이 그 따님에
게 은혜를 갚는 것을 아름답게 여기도록 가르치는 것이다. 卿大夫의 집에는
방 가운데에 따님단(中霤)을 만들어 받들고, 나라의 경우(天子와 諸侯)는
社를 만들어 따님을 받든다. 이 모든 것은 그 뿌리를 계시하려함(示本)이
다. 일년중 오로지 이 따님의 축제 때에 모든 동리의 사람이 나와 참가하
며, 오로지 이 따님의 축제때 쓰는 동물을 잡는 사냥에 나라사람이 같이 참
여한다. 오로지 따님의 축제때만이 높은 사람들의 직할경작지로부터 곡식
을 담아 내어 놓는다. 이러한 축제적 참여의 분위기는 모든 사람이 자기의
존재를 있게 하는 그 뿌리에 보답을 하고 그 존재의 시원으로 되돌아 가는
것을 의미하는 것이다.[162] 〈『예기』, 「郊特性」(김용옥, 여자란 무엇인가,
통나무, 1986, pp. 249~250 / 김의숙, 한국민속제의와 음양오행, 집문당,
1993, pp. 271~272〉

'社' 혹은 '社堂'의 형태는 하늘과 땅의 氣를 모두 받기 위해서 건물과 같이
벽이나 지붕이 없고 사방으로 트여있었다. 즉 하늘 그리고 땅과의 직접적인

---

162) 社祭土而主陰氣也. 君南鄉於北墉下, 答陰之義也. 日用甲, 用日之始也. 天子大社,
心受霜露風雨, 以達天地之氣也. 是故喪國之社屋之, 不受天陽也. 薄社北牖, 使陰
明也. 社所以神地之道也. 地載萬物, 天垂象, 取財於地, 取法於天. 是以尊天而親
地也. 故教民美報焉. 家主中霤, 而國主社, 示本也. 唯爲社事, 單出里. 唯爲社田,
國人畢作. 唯社丘乘共粢盛. 所以報本反始也.

접촉을 위해서는 어떠한 장애물도 있어서는 아니되었다. 고대의 종교적 인간들에게는 하늘과 땅과의 교섭을 보증해주는 것이 우주목, 우주기둥 등의 수직축이라는 것을 앞서 보았는데, 이러한 교섭의 직접적인 증거는 비라는 현상이었다. 여성으로 상징되는 대지에 남성으로 상징되는 하늘이 비를 뿌림으로써 생명력을 부여한다. 재생하는 생명력과 하늘을 향한 수직적 특징은 나무에서 가장 잘 나타나는데 이러한 의미에서 제사의 공간에는 나무가 등장하게 되는 것163)이다. 우주 혹은 하늘과의 교류를 보장해주는 도구로서 神木 혹은 神竿이 그것이다. 당산목이라는 명칭으로 마을의 입구나 중앙 혹은 뒷산에 서있는 느티나무, 굿제의 전에 降神이 이루어지는 神木, 풍농의 기원과 풍수적 비보의 역할을 수행하는 솟대 등은 기능상 다소의 차이는 보이지만 그 수직적 특성은 하늘과의 소통, 즉 위로의 개방을 나타내는 것이다.

> …… 그 특별시(別邑)에는 큰 나무(大木, 솟대)를 세워 놓고 그 위에 방울과 북을 걸어 놓았는데, 이로써 鬼(땅, 따님)와 神(하늘, 하느님)을 예배한다. 164) 〈『삼국지』「위지동이전」 마한조〉

이러한 특징은 수직적인 장대와 하늘을 날아다니는 새의 결합으로 이루어진 솟대에서 가장 요약적이고 간결하게 볼 수 있다. 하늘로부터 비를 받

---

163) 생명의 끝없는 출현이라는 신비는 우주의 리드미컬한 갱생과 결부되어 있다. 이 때문에 우주는 거대한 나무의 형태로 상상된다. 코스모스의 존재양식, 그리고 무엇보다도 그것이 갖는 끝없는 갱생의 능력은 나무의 생명에 의하여 상징적으로 표현된다. …… 나무의 이미지는 단지 코스모스만이 아니라 생명, 청춘, 불멸성, 지혜들을 표현하기 위해서도 선택되었다. …… 달리 말하면 나무는 종교적 인간이 탁월하게 실재적이고 거룩하다고 간주하는 모든 것, 신들이 그 본성으로서 지니고 있는 특권을 지닌 개인들, 영웅들, 반신(半神)들만이 드물게 접근할 수 있다고 알고 있는 모든 것을 표현하는 존재가 된다.(Eliade, M., 이동하 역, 성과 속-종교의 본질, 1983, pp.114~115)

164) 常以五月下種訖, 祭鬼神, 群聚歌舞, 飮酒晝夜無休. 其舞, 數十人俱起相隨, 踏地低昂, 手足相應, 節奏有似鐸舞. 十月農功畢, 亦復如之. 信鬼神, 國邑各立一人主祭天神, 名之天君. 又諸國各有別邑, 名之爲蘇塗. 立大木, 縣鈴鼓, 事鬼神. 諸亡逃至其中, 皆不還之, 好作賊. 其立蘇塗之義, 有似浮屠, 而所行善惡有異

아 재생의 힘을 얻는 나무인 당산목에 비해 생명력이 없는 장대와 나무로 만든 새의 상징성을 이용함으로써 앉아서 하늘의 힘을 받기 보다는 직접 올라가 하늘과의 교섭을 시도하고 있다. 당산목은 자연물로서 상징성을 부여받아 신앙대상물이 된 것이고, 솟대는 인공적인 힘에 의해 상징성을 획득한 신앙대상물이기 때문에 당산목에 비해 솟대가 갖는 개방성은 더욱 크다고 할 수 있다. 즉 하늘로부터의 일방향적인 힘의 전수가 당산목의 특징이라면 솟대는 하늘로 향하여 힘을 부여받는 쌍방향적인 특징을 가진다. 두레굿에서의 두레기나 각종 행사에 등장하는 깃발은 해당 모임 혹은 단체의 대표성을 나타내는 것이기도 하지만 위로부터의 힘을 받기 위한 도구로 이해되는 것이다. 따라서 두레기 싸움의 도구가 되는 두레기는 무기로서의 수단이라기 보다는 하늘로부터 힘을 부여받아 영험성을 갖게 된 상징물이 되는 것이다. 그러나 앞서 살펴본 당산목이나 장승 등의 경우 이들이 직접적인 신앙의 대상이 되는 것이라고는 볼 수 없다. 즉 이들이 갖는 영험성은 하늘의 힘을 현현(顯現)시킴으로써 보유하게 되는 것일뿐 그들 자체가 이러한 힘을 내재하고 있는 것은 아니다.

이렇듯 하늘 혹은 신과의 교류는 이들이 항상 위에 거처하기 때문에 위로의 접촉통로를 요구한다. 이것은 위를 지향함으로써만 가능하게 됨으로 수직적 개방이 요구된다. 그러나 여기서의 개방은 물리적인 개방을 뜻하는 것이 아니라 보다 상징적이고 관념적인 개방을 뜻한다.

- 수평적 개방

하늘과의 교섭을 위한 방법이 수직적 개방이었다면 땅을 포함한 주변환경과의 교섭을 위한 수단은 수평적 개방이다. 수직적 개방에는 하늘로의 도달을 목적으로 하고 있으므로 명확한 경계가 없으나 수평적 개방에는 비균질적 공간의 형성을 위한 경계가 명확히 나타난다는 특성이 있다. 그런데 여기에서의 개방이란 심리적 혹은 정신적인 개방을 의미하며 경계란 그러한 양상의 물리적·심리적인 반영 결과를 뜻하는 것이다. 따라서 경계는 물리적인 형태를 항상 요구하는 것은 아니다.

공간의 구성에는 문지방의 역할을 하는 경계(閾)의 설정이 중요한 요소인데, 이러한 경계의 중요성은 고대의 문명에 잘 나타나 있다. 바빌론이나 이집트, 이스라엘에서는 판결의 장소를 이곳에 위치시켰으며, 그 이전의 인간들은 비균질적으로 聖化된 공간을 침해하는 인간, 악마 등을 들어오지 못하게 하는 기능을 가졌다고 믿고 있었다. 또한 통과의 개념은 바로 이러한 문지방을 넘어가는 것을 의미하므로 이 세계와 저 세계를 구분하는 상징적 역할을 하였다.

이러한 명확성 역시 물리적 요소를 통하여 시각적으로 확인할 수 있는 것만을 뜻하지는 않는다. 제의공간의 구조에 대한 명확한 자료나 연구결과가 많지 않으므로 그 특성을 파악하기는 매우 어려우나 대부분의 축제적 제의공간은 물리적 경계에 의한 공간 구성보다는 상징적 형태의 경계가 주를 이루고 있다. 특히 우리에게 있어서는 '서낭'과 같은 맥락을 가진 '社'의 기록에서 보았듯이 땅의 기운을 받기 위한 수단으로 그 개방적 특징이 더욱 강조되고 있다. 대부분의 서낭당은 느티나무가 서있는 마을입구에 설치되어 있는데, 이곳은 제의공간이었고 때로는 놀이공간이었으며 회의공간이었다. 축제적 행사기간에는 제의공간으로, 노동의 시간에는 회의와 휴식의 공간으로 사용되는 융통성을 가지고 있었으며, 마을 전체의 구조에서는 문지방의 역할을 수행하는 경계였다.

> 두레조직은 대개 모내기 끝내고 정자나무 밑에서 짰다. 논매기 순서, 여타 일의 절차 등을 꼼꼼히 논하여 두레농사의 합의를 이루어내었다. (경기도 화성군 송산면 용포리 당뫼, 1989)
> 두레 짜는 일은 모내기를 끝낸 6월 초순에 마을총회를 정자나무 밑에서 열어 조직하였다. 이 마을 두레 조직화의 특징은 인근 11개 마을을 포함한 12두레가 움직였다는 점이다. 회의에서 ……. (대전시 중구 유천동 버드네, 1990)
> 〈주강현, 굿의 사회사, 웅진출판, 1992, pp. 205~206〉

공간의 사방을 개방함으로써 자연의 힘을 그대로 받는 구조는 亭子에서
도 보이는데, 정자는 최소한의 역학적 기능을 가지고 있는 기둥을 제외하
고는 아무 벽체가 없는, 인간이 만든 건축양식 가운데에서 가장 개방적인
특징을 가지고 있다고 할 수 있다. 이는 기후적 요인과 자연에 대한 태도
를 결정짓는 철학적 사상이 반영된 것이다.[165] 즉 서낭당의 亭子木과 상당
한 관련을 맺고 있음을 추측할 수 있다.

앞서 보았듯이 제의와 놀이는 신명의 상호감염에 의해 이루어지므로 이
러한 행위가 이루어지는 곳은 개방적 구조를 가져야 한다. 탈놀이판은 열
려있음으로 해서 관중과 함께 할 수 있으며, 형태적으로는 圓形의 구조를
가지고 있음으로써 쉽게 동화하여 하나가 될 수 있는 것이다. 모든 사람이
참여할 수 있는 심리적 개방과 모든 것을 받아들일 수 있는 물리적 개방,
그리고 원형의 상징적 구조는 하나로의 조화를 이루는 요소로 작용을 했
다. 그러나 현대적인 의미의 축제공간에서는 그 특성에 따라 폐쇄의 구조
를 보이기도 하지만, 내적인 측면에서는 하나로의 합일과 보다 많은 참여
를 위해 트인 공간을 구성하고 있다.

㉯ 합일성

제의나 놀이는 '최초의 시간'으로 돌아가는 축제행위였음은 앞에서 살펴
보았다. '최초의 시간'과 '최초의 현장'을 만들어냄으로써 신과 나, 나와 마
을, 마을과 마을은 하나가 되는 것이다. '현재, 이곳'으로 하늘을 강림시키
는 것이고 대지신을 불러내는 것이며 수로왕과 허황옥, 견우와 직녀를 동
참시키는 것이다.

- 현장성

탈놀이는 생활 속에서 연희되었고, 따라서 연희의 시공간은 생활의 일부
이거나 생활의 연장이었다. 연희현장은 삶의 현장이었고, 연희시간은 삶의

---

165) 김영기, 한국人의 조형의식, 창지사, 1991, p.267

현재였다.

> 탈춤의 무대공간인 놀이판이 마을 속의 생활현장이다. 생활현장이 언제
> 나 그렇듯이 놀이판에는 '판(frame)'이 없다. 〈김열규, 「현실문맥 속의
> 탈춤」, 『고전문학을 찾아서』, 문학과지성사, 1976, p. 420〉

놀이가 이루어지기 전에는 '판'이 없었으나 놀이가 이루어지면 행위를
담는 '판'이 형성된다. 여기서 말하는 판의 비존재는 공간적 형식이 필요없
다는 의미이다. 어느 곳이건 축제가 이루어질 수 있으며, 어떠한 축제이건
공간에 적응을 할 수 있다는 것으로 이해하여야 한다. 관중들과 등장인물 사
이의 대화는 현장성을 보여주는 가장 좋은 예이다. 이들 사이에서 오가는
대화는 놀이의 분위기를 감염시키는 과정으로 연희자와 관중들의 벽을 무
너뜨리게 된다.

이러한 감염현상은 제의적 축제에서 보다 명확하게 나타나는데, 신명의
전달현상이다. 무당이나 신목을 통한 강신현상은 제의가 무르익으면서 마
을민들에게 신명의 감염현상이 일어난다. 그러나 신명의 감염은 일방향적
인 현상이 아니다. 하늘(혹은 산, 대지 등) → 신목 → 무당 → 마을민이라
는 구조 속에서 무당과 마을민은 감염현상을 공유한다. 즉 무당이 마을민
에게 전해준 신명은 보다 큰 신명이 되어 곧바로 무당에게 다시 전달되는
상호작용의 구조를 갖게 된다. 따라서 거리에서는 길굿으로, 마당에서는 안
택굿으로, 노동현장에서는 두레굿으로, 장터에서는 놀이판 등으로 상황에
따라 그 모습을 다양하게 변모시키고 있다. 이것이 현장성이다.

흔히 연극은 영화에 비하여 현장적인 특성을 가지고 있다고 한다. 그러
나 연극에서 보여주고 있는 현장성이란 '영화적 현장성'이라고 보아야 할
것이다. 즉 영화가 관객에게 일방향적 메시지를 전달하듯이 연극 또한 이
러한 일방향성을 강요한다. 이것은 위장된 현장성이며 강요된 합일성이다.
연희자와 관객, 무당과 마을민들이 상호의 영향에 의해 감염을 주고 받음

으로써 하나를 이루게 되는 것이 진정한 현장성인 것이다. 따라서 축제의 기본구조에는 연희자와 관중들 사이에 있던 벽이 무너지는 현상이 중요한 자리를 차지하게 된다.

- 현재성

전통민속의 제의나 놀이에서 연출되는 것은 과거의 재현이다. 제한된 시간과 공간에서 벌어지는 제의와 놀이는 시간을 역류시킴으로써 최초를 보여주는 것이다. 공간의 聖化는 다른 공간과의 이질화로 가능해지는데, 여기에는 시간의 역류가 매우 중요한 요소로 작용한다. 모든 민족은 저마다 독특한 신화를 가지고 있으며 시간의 역행은 이러한 태초의 신화를 재현하는 도구가 된다. 농업을 주요 생산수단으로 하는 민족에게서 보여지는 계절제는 그 명칭이 보여주듯 순환·반복적 특징을 가진다. 메말랐던 금기의 계절을 깨뜨리고 소생의 계절을 맞아 다시 피어나는 꽃과 잎은 지난해의 재현이며 태초의 재연으로 생명의 순환을 상징하는 것이다.

굿축제와 놀이의 축제는 과거의 상황을 반복적으로 현재에 연출하는 것으로 모든 과거가 현재에 다시 등장하게 되는 것이다.

(3) 공간의 상관성

축제는 언제나 행위를 담을 수 있는 그릇, 즉 공간을 필요로 한다. 그러나 담는 방법에 따라 고정된 공간과 유동적인 공간으로 나뉘게 된다. 고정된 공간이란 항상 '그 축제는 그곳이어야만 한다'라고 하는 당위성을 가진 장소를 가리키며, 따라서 공간이 축제행위를 끌어들이거나 제한하는 경우를 말한다. 이와는 반대로 유동적인 공간이란 상황에 따라 어느 곳이던지 제한을 받지 않고 이루어질 수 있는 장소를 말하며, 따라서 축제행위가 공간에 적응하는 경우가 이에 해당된다. 이를 공간밀착적 축제와 공간독립적 축제로 구분할 수 있겠다.

㉮ 공간밀착적 축제

축제를 담는 공간으로서 변함없이 유지되거나 축제행위가 항상 특정장
소와 관련되어 있는 경우를 지칭하는 것으로 엄격한 질서가 유지되는 공간
에서의 축제행위를 뜻하기도 한다.

두레굿에서 이루어지는 일상의 축제는 작업장과 길이라는 고정된 공간
에서 이루어진다. 일반 굿제의에서 이루어지는 길굿과는 행위가 이루어지
는 장소의 공통점으로 유사한 양상을 보이고는 있으나 길굿 장소로서의
'길'과 두레노동 현장으로서의 '길'이라는 측면에서는 매우 커다란 차이가
있다. 전자는 통과와 축제분위기의 전염현상을 일으키기 위한 수단으로 길
을 이용하고 있으나, 후자는 축제의 현장 자체로 이용하고 있다. 노동놀이
의 축제가 이루어지는 작업장의 길은 일정한 물리적 형식을 갖추고 있지는
않지만 이 축제가 항상 그곳에서 이루어질 수 있도록 한다.

이와는 달리 고정된 공간이기 때문에 고정된 물리적 요소를 포함하고
있는 축제현장도 있다. 마을의 洞祭가 이루어지는 서낭당이 대표적이라고
할 수 있는데, 이곳에는 서낭목이나 장승 혹은 솟대 등의 수직적 신앙대상
물이 항상 자리하고 있다. 이곳은 특정한 축제행위에 대하여 항상 개방되
어야 하는 곳으로 축제가 이루어지지 않는 일상의 시간 속에서도 언제나
금기적 행위가 요구된다. 따라서 특정한 공간을 요구하지 않고 현장에서
즉흥적으로 적응을 하는 축제의 현장보다는 훨씬 많은 내밀성을 보유한다
고 할 수 있다. 이러한 특성으로 인하여 마을의 이미지는 축제공간으로 활
용되는 서낭당이나 공동마당 또는 서낭목, 장승 등과 밀접한 관련을 가지
게 된다. 이렇듯 마을공간에서 축제를 위해 제공되는 장소를 위계 혹은 제
의절차 등으로 보면 降神의 장소인 산, 신을 모시고 각종 기원을 올리는
神堂, 개인의 복을 빌기 위한 마당, 마을의 평안을 기원하는 서낭당 혹은
공동마당 등의 4부분으로 나뉘어진다. 이러한 4부분이 축제를 위해 제공되
는 장소로써 마을의 이미지를 대표하는 상징성을 가지고 있다.

㈏ 공간독립적 축제

축제는 항상 공간 안에서 이루어지지만 고정된 현장이 언제나 요구되는
것은 아니다. 제의적 축제의 연장선에 있던 탈춤은 특정한 장소를 필요로
하지 않는다. 공연하기에 알맞는 산비탈이나 사람들이 많이 모이는 곳이라
면 어디에서도 공연될 수 있다. 봉산탈춤의 경우 봉산 구읍의 경수대는 산
밑 강변의 돌축대를 쌓은 것일 뿐이며, 이 나지막한 축대 위에서 탈춤을
공연하였다. 그 후 사리원으로 옮겨 온 뒤에도 광장 한복판에 멍석을 깔아
탈판을 마련하고, 이 탈판을 중심으로 서른 개에 가까운 반원형의 다락을
매어 관람석으로 사용하였으며 상인들이 그 사용권을 갖고 있었다. 해주탈
춤의 경우에도 北堂이라고 하는 수양산 아래 작은 골짜기에 위치한 명승지
에서 연행되었으며, 강령탈춤은 동구 밖에 있는 마숲이라고 하는 작은 숲
사이의 광장에서 연행되었다. 이렇듯 황해도 탈춤에서는 빈터나 광장에 멍
석을 깔면 곧 탈판의 축제장소가 되었다. 이러한 상황은 경기도 지방에서
벌어지는 산대놀이의 경우에도 크게 다르지 않았다. 양주별산대놀이는 능
선이 완만한 불곡산 계곡입구가 사용되었고, 송파별산대놀이는 넓은 장터
가 주로 사용되었다. 특히 이렇게 장터를 이용하는 놀이의 경우에는 마당
에 둥글게 말뚝을 박고 새끼줄을 치고 그 안에 멍석을 깔아 탈판을 마련하
였다.166) 특정한 목적성을 갖고 있지 않던 공간에 놀이를 담게 됨으로써
일시에 놀이의 축제판으로 변화하게 된다. 그러나 이러한 놀이가 끝나면
이 축제판의 장소는 다시 일상의 공간으로 복귀하게 된다.

---

166) 김욱동, 탈춤의 미학, 현암사, 1994, pp.292~293

<사진 2-14> 탈판(양주별산대) ◀
<사진 2-15> 탈판(봉산탈춤) ▼
자료 : 서울문화재대관, 1987

　길굿은 본제의에 부속된 축제행위로 마을을 축제의 분위기로 만듦으로써 본제의를 성공적으로 이끌기 위한 수단이었다. 따라서 일반 굿제의의 길굿은 고정된 축제의 장소로 길을 선택했다기 보다는 본제의 장소로 가면서 이루어진 일시적 축제의 장소였다. 축제분위기의 고조 및 전파를 목적으로 했던 길굿이 세경굿이나 마을돌이 등의 형태로 나타나게 됨으로써 굿제의 절차 중에 자리를 잡게되었음은 물론, 축제행위에서 없어서는 안될 앞놀이 절차가 되었다. 공동체형성의 측면에서는 뒷풀이와 함께 우리의 축제를 특징짓는 역할을 하기도 한다.

　일상의 공간이 놀이적 축제 그리고 제의적 축제를 담게 되면 그 공간은 곧 신성한 공간이 된다. 공간의 신성화는 그들을 상징하는 깃대 등의 수직적 요소에 의하여 이루어지고, 일정 영역을 표시하는 기능까지 하게 된다. 이곳은 축제적 반란이 홍청거리는 공간이 되고, 어떠한 법칙이나 규범의 제한을 받지 않는 공간이 된다. 말뚝이의 공간이고 마당쇠의 공간이며 할미가 할아범에게 그리고 하인이 양반에게 도전을 하는 공간이 되는 것이다. 즉 일상에서는 특별하지 않았던 공간이 놀이나 제의적 축제행위를 통해 일시적으로 신성성을 갖게 됨으로써 내밀성있는 공간으로 변화하게 된다. 그러나 이러한 공간은 행위의 끝마침과 함께 모든 신성성을 상실하게 되어 일상의 시장 공터나 길이라는 균질화된 공간으로 본래의 위치를 회복한다.

2. 공간 속의 축제행위

한국인은 생활문화의 항목을 축제를 통해서 묶어왔다. 축제는 바로 '마
당'으로 표현되고 그것을 담는 그릇으로서의 의미와 함께 공간개념의 의
미로 발전한다. 이러한 축제를 영위하는 공간개념은 서구의 '스페이스
(space)'와 달리 하나의 컨텍스트로서의 공간개념이 된다. 즉 상황적 공
간(contextual space)이 된다. 〈박정진, 한국문화 심정문화, 미래문화사,
1990, pp. 250~251〉

우리의 전통적 축제행위가 일어나는 공간은 크게 길과 마당으로 구분할
수 있다. 금기의 기간은 제축적 반란이 일어나기 이전의 과정이고 강신과
정 역시 제축적 반란의 감염현상이 일어나기 이전의 절차이므로 금기를 위
반하는 축제행위가 벌어지는 곳은 길굿을 위한 길과 안택을 위한 마당, 그
리고 洞祭를 위한 공동마당으로 한정할 수 있다.

(1) 길
제의 혹은 놀이의 형태로 열리는 축제는 길놀이라는 앞전을 가장 큰 특
징 중의 하나로 하고 있다. 앞놀이라 할 수 있는 이러한 앞전의 사례를 보
면 다음과 같다.
· 경기 도당굿의 거리부정
당주집에서 굿당까지 가는 동안 잽이들에게 삼현육각을 잡히고 길가에
상을 놓고 풍악을 울리면서 무녀가 양손에 술잔을 들고 그 밑으로 모든 사
람들을 지나가게 하여 부정을 물린다.
· 서해안대동굿의 세경굿
본제의가 이루어지기 전에 만신을 몇몇 선주의 집마당으로 모셔가기 위
한 힘겨루기를 길에서 벌인다.
· 하회탈놀이의 마을돌이
신내림을 받은 神竿을 광대 두 사람이 어깨에 받쳐 들고 길매구가락에

맞추어 마을을 순회한다.

・북청사자놀이의 마을돌기

벌판의 일대에서 횃불싸움으로 놀고 난 후 호별방문을 위해 마을로 돌아간다.

・안동차전놀이의 전희(前戱)

동채꾼들은 새벽부터 여러 곳에 흩어져서 전희를 하며 자기 편끼리 회전의 흉내도 내고, 마을을 돈다.

・무안용호놀이의 호별방문

양편의 마을사람들이 자기 陣에 모여 풍악을 울리면서 마을의 길을 누빈다.

・두레굿대동놀이의 동네돌기

일과의 시작을 알리는 의미에서 農旗를 세우고 마을을 돈다.

・백중놀이의 백중돈 태우기(술메기)

머슴이나 농사꾼들이 백중 한 달 전부터 멍석이나 삼태미 등을 만들기 시작하여 백중날 아침이 되면 만든 멍석 등을 마당에 던지면서 '멍석 사시오'라고 외친다. 또한 사다리에 가마니를 펴고 머슴을 태워 동네를 돌며 논다.

㉮ 흐름의 축제판

위의 사례들은 모두 본축제에 들어가기 이전에 이루어지는 길놀이이다. 이러한 길놀이적 축제행위는 길을 매개로 하여 공간을 옮겨다니는 특성때문에 움직임의 축제, 즉 흐름의 축제로 설명될 수 있다. 이러한 과정들은 본제의가 있기 전에 부정을 물리거나 놀이에 들어가기 전에 힘을 모으는 등의 목적으로 이루어지는 행위이지만 또 한편으로는 마을 전체에 신명의 감염현상을 일으키기 위한 목적도 포함되어 있는 것이다. 즉 길 위에서 이루어지는 이와 같은 행위들의 대부분은 마을을 축제분위기로 유도하기 위한 초기적 행위로 이해할 수 있다.

길의 이미지는 움직임 혹은 방향성이라고 할 수 있다. 공간과 공간을 이어주고 두 공간의 왕래를 가능하게 해주는 길은 멈춤의 작용을 제한하기 때문에 활동적 양상이 가장 큰 특징이 된다. 각 공간을 연계하여 전체의 공간을 하나가 되게 하며, 각 공간내에서 이루어지는 개별 축제행위에 대하여 연속성을 보장하는 중요한 요소가 되기도 한다. 굿제의나 놀이에서 나타나는 신명의 전파나 감염현상은 이러한 길의 축제를 통하여 성취될 수 있고, 이것의 성취가 제의나 놀이, 즉 축제의 성공과 직결되는 것이다.

  ㉯ 열림의 축제판
  공간의 열림구조는 카오스적 세계의 구현을 위해 祭場을 깨뜨리는 열림 뿐만 아니라 초월적 세계와의 소통을 위한 깨뜨림의 의미도 포함한다. 하늘과 땅의 소통, 저승과 이승의 넘나듦 등이라는 관념세계의 열림은 일상 공간을 이질화시킴으로써 가능하게 되는 것이다. 우리는 땅의 귀신을 불러 내기 위하여 술을 사용함을 보았는데, 이와 같이 '흥을 일으킴'이라고 해석된 땅과의 소통은 관념적 공간의 열림현상이다. 또한 솟대나 신목 등의 수직적 요소를 통한 하늘과의 소통 역시 마찬가지로 이해할 수 있다. 즉 축제의 작용은 현실을 초월한 공간을 개방하는 기능을 가지고 있다.
  비현실세계의 열림현상과 비교하여 길에서 이루어지는 축제는 현실세계, 즉 현실공간을 여는 구조를 가지고 있다. 또한 길 위에서 벌어지는 길굿이나 길놀이는 목적공간에 도달하기 위한 과정으로써 명확한 방향성을 보인다. 마을굿의 길놀이는 제의공간을 열기 위한 행위였고, 두레굿의 행진은 노동현장을 열기 위한 놀이였으며, 차전놀이의 전희는 전쟁마당을 열기 위한 싸움이었다. 이렇게 특정공간을 필요로 하는 축제는 금기라는 작용에 의하여 매우 폐쇄적인 특징을 가지게 된다. 축제의 기본구조인 제축적 반란은 금기의 위반을 통하여 달성될 수 있는데, 길과 길위에서 일어나는 반란의 감염현상이 금기적 폐쇄구조 속에 있던 마당을 깨뜨리는 작용을 하게 되는 것이다.
  길과 엄격하게 관련있는 현상은 아니지만 열림의 개방현상에는 신분이나 性의 역전현상 등도 나타난다. 일상에서는 매우 천한 위치에 있던 무당에게 특별한 시간안에 들어가게 됨에 따라 그에게 모두 의존을 하게 되는 모습이나 탈놀이에서의 지배계급과 피지배계급의 위치역전현상 역시 이러한 신분이 열리는 구조이다. 공동체적 질서의 유지차원에서 볼 때, 의식의 개방구조라는 의미에서 물리적인 열림현상보다 더욱 중요한 작용을 하고 있다고 할 수 있다. 즉 마음의 열림은 공동체 구성원 상호간의 소통을 가능하게 하여줌으로써 하나라는 의식을 형성시켜주는 것이다.

(2) 마 당

마당공간에서 이루어지는 제의행위에는 앞전으로서의 개인마당축제와 본제의로서의 공동마당(서낭당)축제로 구분되는데, 마당이라는 한정적 공간으로 인해 외부에 대한 강한 폐쇄성을 그 특징으로 한다. 마당으로 들어가는 과정을 사례별로 살펴보면 다음과 같다.

· 봉화산 도당굿

불사굿으로 산할머니가 모셔지면 당집 밑의 마당에 차일을 치고 개인에게 공수를 시작한다.

· 경기 도당굿

굿당에 도당신을 모시고 각종 놀이와 노래, 춤 등이 벌어진다. 마을 사방의 장승과 공동우물 그리고 집집마다 돌며 축원을 기린다.

· 서해안대동굿 · 배연신굿

하루 전날 자정에 當祭를 지내며, 堂으로부터 내려오면서 마을의 각 집안에 평안과 풍농을 빌어준 후, 본제의에 들어간다.

· 안동하회별신제

유사들이 나서서 집집마다 찾아다니며 정성껏 돈을 바치게 하고 마을의 主山에 자리한 上堂과 국사당(國師堂), 그리고 마을의 가운데에 있는 삼신당(三神堂)에서 祭를 지낸다.

· 강릉단오굿

대관령성황당에서 성황신을 모셔와 신당이나 천막을 쳐놓고 굿을 한다.

· 하회별신굿탈놀이

상당인 서낭당에서 하당인 국사당과 삼신당을 거쳐 동사 앞의 놀이마당에 이르러 서낭대를 받쳐놓고 별신굿탈놀이를 시작한다.

· 북청사자놀이

집돌이에서 일행이 대문 앞에 이르면 꼭쇠가 주인에게 인사를 하고 사자를 이끌고 마당 안으로 들어가 놀게 된다. 주인의 요청에 따라 조왕신에게 절을 하고 방 안에 들어가 한 바퀴 돌고 중문으로 나온다.

· 무안용호놀이

농악대를 앞세운 행렬은 가가호호를 방문하여 제액초복과 가정의 안녕을 기원하고, 집주인은 돈이나 곡식 또는 술로써 답례하였다.

· 두레굿의 대동놀이

농청이나 공동마당에 모여 한바탕 풍물을 울림으로써 일과의 시작을 알리고 작업장으로 출발하며, 마을로 돌아온 후 놀이판을 펼친다. 또한 두레일을 가기 전에는 항상 공동우물에 고사를 지낸다.

· 백중놀이

백중돈을 탄 머슴들과 농사꾼들은 풍장을 치면서 동네 큰 마당에 모두 모여 갖가지 놀이를 벌인다.

㉮ 응축의 축제판

길에서 이루어지는 축제행위로부터 감염을 받아 공간내부로 받아들이게 되는데, 따라서 길이 통과의 역할을 한다면 마당은 이를 받아들이는 작용을 하는 것이다. 神木을 통한 강신으로 싹이 튼 축제분위기가 길에 의한 전달작용으로 마당에까지 이르게 됨으로써 축제분위기의 감염현상이 내부 깊숙히 도달하게 된다. 이 과정에서는 마을민 개개의 복을 기원하거나 마을 전체를 위한 기원을 올리며, 폭발적인 놀이를 벌이게 됨으로써 진정한 축제의 공간인 축제판이 형성된다. 다시 말해서 길에서 벌어진 움직임의

축제가 마당에 들어옴으로써 정지형태로 변화되어 한층 더 응축적인 축제
가 되는 것이다.

㉭ 닫힘의 축제판

외부와 이질화된 공간으로써의 폐쇄적 구조를 말하는 것으로 내부적 개
방을 강화시키기 위한 방법으로써 외부에 대하여 폐쇄적 구조를 취하는 것
이다. 이러한 폐쇄구조는 가시성있는 물리적 요소와 행위를 통하여 분위기
라는 비물리적 요소로 나타난다. 물리적 형태로 나타나는 경우로 대표적인
것은 금줄이나 솟대의 설치 혹은 기타의 수직적 요소를 세우는 방법이다.
이들은 앞서 살펴본 바와 같이 개개의 상징성 때문에 외부에 대하여 매우
강한 배타성을 보여주게 된다. 즉 축제가 이루어지는 공간은 상징물과 행
위라는 두 요소로 인하여 외부와 이질화된 분위기를 만들게 되고, 이에 따
라 이 공간은 외부로부터 닫혀진 공간이 되는 것이다. 그러나 여기서 언급
하고 있는 닫혀짐의 구조는 모든 폐쇄성을 말하는 것이 아니다. 즉 축제판
이 벌어지고 있는 곳에서의 내부를 향한 태도는 일상에서의 그것보다 훨씬
개방적이고 친화적이다. 이러한 현상은 외부에 대하여 배타적 폐쇄성을 강
화시킴으로써 내부의 개방과 상호의 결속을 보다 적극적으로 유도하기 위
한 방법으로 이해된다.

㉰ 경제력 확보를 위한 축제판

마당으로 들어온 신명은 집주인에게 곧바로 전염이 되고 이 신명은 家
內의 평안을 기원해주는 댓가로 쌀이나 돈으로 경제적 목적을 달성한다.
마을의 각 집을 돌면서 경제적 공동체를 형성한다. 이러한 경제적 상호부
조는 마을을 위한 특별한 경비의 걸립이라는 측면도 다소 나타나지만 가장
큰 목적은 축제행사를 성공적으로 마치기 위한 것이다. 멜라네시아의 콰키
우틀족은 수 년간 혹은 십수 년 동안 한 번의 축제행사를 위하여 재산을
축적하기도 하고, 아메리카 인디언의 경우 축제기간 동안에 힘의 과시나

우정의 표시를 위하여 재산을 축적한다. 이러한 예는 약간의 차이는 있으
나 축제행위를 위한 목적으로 경제력을 확보한다는 측면에서는 매우 유사
한 상황이 연출되는 것이다.

제2절 현대축제의 공간구조와 행태

축제의 역사적 변천에서도 보았듯이 현대의 축제적 양상은 그 근원을 담
당하고 있던 종교성이 완전히 상실됨에 따라 '태초의 그곳'으로 돌아가는 것
은 불가능하게 되었다. 종교인도 없고 공간도 균질하며 수직적 신앙요소인
장대나 신목의 상징성도 사라졌다. 그러나 지금도 축제는 열리고 있다.

I. 구성요소

서울올림픽의 개폐회식 행사용 시나리오를 기획한 박용구는 이 행사를
의식이라 보고 축제와 관련시켜 우리나라의 잔치마당을 계획했다[167]고 한
다. 기존의 개막식이 메인스타디움이라는 폐쇄된 공간에서 이루어졌던 것
에 반해, 이때 벌어졌던 강상제(江上祭)는 물리적으로 단절되어 있기는 하
지만 이를 벗어나 유동적이고 역동적인 열려진 공간을 만들고자 한 의도였
다. 축제공간이 성립되기 전에 주변에서 한바탕 푸짐하게 시작되는 놀이를
통해 장외의 시민들에게 신명을 불어넣자는 의도로 전통적 길놀이의 구조
를 빌려왔던 것이다. 올림픽의 중심공간을 신성공간으로 聖化하기 위한 시

---

167) 박용구, 「축제와 공연예술」, 『놀이문화와 축제』, 성균관대학교출판부, 1988,
      pp.135~136

도로 집단적 축제를 제의적 축제구조로 변형시킨 예라고 할 수 있다. 이와 는 달리 상업가로를 축제분위기로 개방함으로써 지역경제의 활성화를 달성 하는 경우도 있다. 달성하고자 하는 목적은 다르지만 이들이 이용하고 있 는 축제의 양상은 전통적 길굿 혹은 앞전의 모습이다.

전통축제의 구조에서 보았듯이 현대적인 축제에서도 마찬가지로 행위제 공자와 행위수혜자, 그리고 행위를 위한 도구로 구분된다. 구성원간의 관계 는 번영회를 중심으로 관공서가 행정적 협조를 하고 있으며, 번영회는 기 업을 스폰서로 하거나 상인들의 염출에 의해 비용을 마련하여 기획업체의 연출로 시민과 지역상인에게 축제를 전달한다.

<표 2-16> 가로축제의 구조

현대가로축제를 이루는 행위제공자는 축제를 관할하는 단체로 상가번영 회와 축제를 연출하는 기획업체, 그리고 일부의 상인들과 독자적 활동을 하는 거리예술가들로 구성되고, 행위수혜자는 상인들과 시민들로 구성된다. 그러나 현대가로축제의 가장 큰 특징은 노래, 춤, 행진, 사회 등으로 나타 나는 대부분의 행위가 기획업체에 의하여 이루어지고 있고, 이들은 시민들 의 참여를 유도하여 행위수혜자로서의 시민보다는 행위제공자로서의 시민 이 되기를 원하고 있다. 특히 모든 행위가 집중되는 기획업체는 그들이 연 출하는 대부분의 사항을 또다른 전문가집단에게 의뢰하고 있다. 즉 그들은 꼴라쥬의 형태로 이루어지는 축제의 행위를 하나하나 연결해나가는 연출자

의 역할을 하는 것이다. 또한 이렇게 특정 전문가집단에 의해 이루어지는 가로축제의 공간은 행사장과 이를 둘러싸고 축제의 분위기에 감염되는 주변으로 나뉘어진다. 행사장은 대부분 이 시간만을 위한 무대가 설치되며, 행사장 이외의 축제영역에는 다른 공간과 구분이 될 수 있는 시설물들이 설치된다. 음악인, 무용인, 고적대, 연예인, 진행자, 거리악사 등이 사용하는 유·무형의 도구들은 시민들을 끌어들이고, 자신을 홍보하거나 상징 – 초청된 가수의 노래, 사회자가 들고 있는 마이크 등 – 하며, 축제의 분위기를 고조시키는 요소로 작용한다.

특히 현대가로축제에서 나타나는 가장 큰 특징은 기획업체에 의해 연출되는 축제행위의 모든 것이 분업화·전문화되어 있다는 점이다.

<표 2-17> 현대가로축제의 구성

<table>
<tr><th colspan="4">구성요소</th><th>내 용</th><th>기 능</th></tr>
<tr><td rowspan="14">행
위
자</td><td rowspan="13">행
위
제
공</td><td rowspan="3">조 직</td><td>번영회</td><td>상인들을 대표하는 단체</td><td>축제 전체를 준비하고 경비를 마련</td></tr>
<tr><td>대 표</td><td>상인들의 대표자</td><td>번영회장으로 축제를 대표하고 행사의 책임을 맡음</td></tr>
<tr><td>임 원</td><td>번영회의 업무 보조자</td><td>축제의 보조지원</td></tr>
<tr><td colspan="2">협찬사</td><td>기업홍보를 위해 행사를 지원하는 업체</td><td>축제의 기금지원, 기업홍보</td></tr>
<tr><td rowspan="6">기획사</td><td>사회자</td><td>행사를 주도하고 정보를 전달하는 자</td><td>축제를 주재하여 축제의 내용을 참여자에게 전달</td></tr>
<tr><td>음악인</td><td>음악을 제공하는 자</td><td>행사내용에 따라 음향기구를 통하여 음악을 제공</td></tr>
<tr><td>무용인</td><td>춤을 제공하는 자</td><td>춤을 통하여 축제의 분위기를 전달</td></tr>
<tr><td>고적대</td><td>음악과 행진을 제공하는 자</td><td>음악과 행진으로 축제의 시작을 알림</td></tr>
<tr><td>연예인</td><td>행사에 초청된 가수, 탈렌트</td><td>시민들의 참여 활성화를 유도</td></tr>
<tr><td>장치자</td><td>행사를 위한 시설을 설치하는 자</td><td>축제에 사용되는 물리적 도구를 제작</td></tr>
<tr><td colspan="2">상인</td><td>행사장에 포함된 상점의 종사자</td><td>축제의 기금지원과 분위기 창출의 보조</td></tr>
<tr><td colspan="2">특수개인</td><td>개별적인 음악활동이나 미술활동을 하는 자</td><td>개별적 음악활동으로 축제분위기를 보조, 자기홍보</td></tr>
<tr><td colspan="2" rowspan="2">행위수여</td><td>시 민</td><td>거리와 상점을 이용하는 자</td><td>상품을 구매하고 축제의 구체적인 대상이 됨</td></tr>
<tr><td>상 인</td><td>행사장에 포함된 상점의 종사자</td><td>상품판매와 홍보</td></tr>
<tr><td rowspan="18">도
구</td><td rowspan="13">공
간</td><td rowspan="8">의
식
공
간</td><td colspan="2">본 부</td><td>번영회사무실, 대표자상점</td><td>축제의 전반사항 결정, 축제의 중심지</td></tr>
<tr><td rowspan="5">무 대</td><td>대기소</td><td>무대활동자들의 준비장소</td><td>의상교체, 대기</td></tr>
<tr><td>홍보물</td><td>아치, 현수막, 기업홍보물, 포스터 등</td><td>시각적 도구를 통해 축제를 알리고 기업을 홍보</td></tr>
<tr><td>음향기구</td><td>음악과 소리를 전달하는 도구</td><td>청각적 도구를 통해 축제를 알림</td></tr>
<tr><td>상 품</td><td>기업홍보용 물품</td><td>시민들에게 제공함으로써 참여를 활성화시키고 기업을 홍보</td></tr>
<tr><td>홍보탑</td><td>홍보용 수직구조물</td><td>축제를 알리고 기업을 홍보</td></tr>
<tr><td rowspan="3">주 변</td><td>안내소</td><td>안내 및 접수를 위한 쉘터</td><td>축제정보를 제공하고 참여를 활성화시킴</td></tr>
<tr><td>풍 선</td><td>하늘로 날려 축제의 시작을 알림</td><td></td></tr>
<tr><td>비둘기</td><td>하늘로 날려 축제의 시작을 알림</td><td></td></tr>
<tr><td rowspan="5">활
동
공
간</td><td rowspan="2">경 계</td><td>아치</td><td>입·출구를 표시하는 수직구조물</td><td>축제공간임을 알리고 기업을 홍보</td></tr>
<tr><td>통제표식</td><td>차량을 통제하는 구조물</td><td>보행을 통한 축제의 참여를 유도</td></tr>
<tr><td>상 점</td><td>상품,음향</td><td>행사장에 포함된 상품판매점, 상점에서 내보내는 음향</td><td>판매를 위한 상품을 진열하고 음향을 통해 축제분위기를 지원</td></tr>
<tr><td>노 점</td><td>상품,음향</td><td>행사장에 포함된 가로판매점, 판매대에서 내보내는 음향</td><td>판매를 위한 상품을 진열하고 음향을 통해 축제분위기를 지원</td></tr>
<tr><td rowspan="3">보 도</td><td>길</td><td>양측의 상점사이를 지나가는 통로</td><td>축제의 분위기를 확산시킴</td></tr>
<tr><td>시음소</td><td>기업의 제품홍보를 위한 무료시음장</td><td>축제를 이용하여 음료를 제공함으로써 기업을 홍보</td></tr>
<tr><td>홍보소</td><td>기업의 제품홍보를 위한 제품 무료이용장</td><td>축제를 이용하여 제품을 제공함으로써 기업을 홍보</td></tr>
<tr><td rowspan="11">행
위
자</td><td rowspan="2">음악인</td><td>유 형</td><td>음향기구</td><td>제측적 소음을 제공하는 도구</td><td>축제적 분위기의 전달</td></tr>
<tr><td>무 형</td><td>음 악</td><td>제측적 소음, 일상의 유행가나 pop-song</td><td>축제적 분위기의 전달</td></tr>
<tr><td colspan="2">무용인</td><td>행위</td><td>제측적 행위</td><td>축제적 분위기의 전달</td></tr>
<tr><td rowspan="2">고적대</td><td>유 형</td><td>악기.도구</td><td>행진을 위한 리듬조절 도구</td><td>행진을 위한 리듬제공과 축제적 분위기의 전달</td></tr>
<tr><td>무 형</td><td>행진</td><td>축제공간의 순회</td><td>축제의 시작을 알리고 모든 가로에 축제적 분위기를 전파</td></tr>
<tr><td colspan="2">연예인</td><td>음 악</td><td>축제와는 직접적인 관련이 없는 내용의 음악</td><td>축제의 참여를 유도</td></tr>
<tr><td rowspan="2">진행자</td><td>유 형</td><td>마이크</td><td>무대에서의 음향을 확산시키는 도구</td><td>축제의 정보제공과 축제의 확산을 유도</td></tr>
<tr><td>무 형</td><td>내용</td><td>축제와 관련된 정보</td><td>행위제공자와 수혜자를 연계</td></tr>
<tr><td rowspan="2">거리
예술가</td><td>유 형</td><td>악기,화구</td><td>개인 소유의 일상적인 서양악기와 미술도구</td><td>축제적 분위기 전달을 보조</td></tr>
<tr><td>무 형</td><td>음악,그림</td><td>축제와 관련이 없는 내용의 음악이나 그림</td><td>축제적 분위기 전달을 보조</td></tr>
</table>

1. 행 위

⑴ 구 성

현대가로축제가 갖는 행위는 각 축제별로 어느 정도의 차이는 인정되지만 3곳의 사례가 보여주는 내용에는 많은 공통양상이 발견된다. 축제의 행위는 크게 3부분의 과정으로 구성되는데, 현대의 가로축제에서는 특별히 정착된 용어가 없으므로 전통축제에서 구분된 용어를 사용하면, 본행사를 중심으로 앞전행사와 뒷전행사로 나뉘어진다. 그러나 뒷전으로 구분된 행사는 대부분 뒷전으로서의 특징보다는 일련의 개별적 연속행사의 모습이 두드러지게 나타난다.

㉮ 앞전행사

대부분의 가로축제는 본행사가 이루어지기 훨씬 전부터 준비가 시작된다. 과거의 전통축제가 갖는 금기주간의 설정이나 난장 등과 비교하여 전형적 특성은 보이지 않지만 축제로의 참여를 유도하기 위한 방안의 강구와 비용의 준비, 그리고 축제공간의 조성 등에서는 훨씬 조직적이다. 특히 명동과 신촌에서 이루어지는 축제에서는 참여의 폭을 넓히기 위한 방법으로 본행사에서 진행될 행사의 예선이 며칠 전부터 시작되고, 만국기와 깃발 등이 시민들에 의해 만들어지며, 아치나 현수막 또는 무대장치물 등이 전문인에 의해 제작됨으로써 본행사가 시작되기 전부터 가로는 축제공간으로 변모한다. 이 과정은 보통 고적대나 길놀이꾼들의 연습행위와 입구로부터 행사장까지 이어지는 이들의 행진절차가 포함된다.

<표 2-18> 앞전행사 과정비교

	과 정			
논현동가구축제	행사장준비	꽃씨나눠주기	길놀이연습	고적대연습
명동축제	깃발만들기	행사장준비	고적대행진	
신촌문화축제	각종예선	행진대열정비	고적대행진	

㉯ 본행사

고적대나 길놀이꾼들이 무대가 설치된 본행사장에 도착하면서 시작되는 본행사는 뒷전과정과의 명확한 한계를 설정하기는 어려우나 축제를 상징하기 위한 순환반복적 의례와 이와 연속하여 같은 공간에서 일어나는 행위과정까지로 구분할 수 있다. 따라서 의례에 연속된 각종 축하공연들은 뒷전이 갖는 반란적 특성을 보이기도 한다.

<표 2-19> 본행사 과정비교

	과 정				
논현동가구축제	개막의례	풍선날리기	제막식	고적대행진	연예인공연
명동축제	개막의례	비둘기날리기	애드벌룬띄우기	무용단,연예인공연	
신촌문화축제	개막의례	개막의례	축포,성화봉송	합창단,사물놀이공연	퍼레이드

㉰ 뒷전행사(개별행사)

가로축제뿐만 아니라 현대에 이루어지는 대부분의 축제는 개별행사로 이어지는 뒷전과정을 가장 큰 특징으로 한다. 그런데 이 과정은 축제의 절차상 연계성을 유지하고 있는 것이 아니라 본행사 이후에 이루어지는 이벤트 행사의 나열적 모습이다. 또한 대부분의 사람들이 이러한 이벤트 행사에 참여하기 위하여 축제공간에 들어오고 있음을 볼 때, 오히려 본행사적 특성이 발견된다. 그러나 각 개별행사가 추구하는 목적은 다양하지만 제축적 반란의 구조를 공통적으로 담고 있으므로 뒷전과정으로 보아야 할 것이다. 이렇게 현대의 가로축제는 앞전으로 표현할 수 있는 준비과정부터 뒷전과정까지를 명확하게 구분하기가 매우 어렵다.

<표 2-20> 뒷전행사 과정비교

	과 정					
논현동가구축제	시민노래자랑	연예인공연	전통혼례식			
명동축제	협찬사홍보행사	노래자랑예선	패션쇼	국악공연	에어로빅대회	노래자랑결선
신촌문화축제	퍼포먼스	사물놀이	가요제	응원제전	화합달리기	차전놀이	폐막식

※위의 과정은 진행순서와 관련없이 매일의 단일행사로 이루어짐

(2) 구　조

가로축제의 행위는 각 과정으로 조합되는 구성축으로 하나의 축제가 되고, 수직축으로 구성되는 분절상태의 각 행위들은 준비, 알림, 개막, 제막, 축하행사, 개별행사라는 기능을 갖는다. 이러한 각각의 기능은 상호간의 조합에 의해 하나의 축제라는 형태를 갖추게 됨으로써 논현동가구거리축제와 명동축제 그리고 신촌문화축제가 된다. 즉 각종예선·행사장준비/ 고적대행진/ 개막의례·축포/ 성화봉송/ 합창단공연·동별행진/ 각종경연·퍼포먼스·차전놀이 등의 개별적인 행태소는 상호간의 위치와 연계에 의해 신촌축제라는 형태를 취하게 되고, 각종예선과 행사장준비는 준비라는 기능으로, 고적대행진은 알림이라는 기능으로, 개막의례와 축포는 개막이라는 기능으로, 성화봉송은 제막이라는 기능으로, 합창단공연과 동별행진은 축하행사라는 기능으로, 각종경연과 퍼포먼스 및 차전놀이 등은 개별행사라는 기능으로 하나의 신촌축제를 이룬다.

<표 2-21> 가로축제 행위의 유형분류

	행사장준비	꽃씨나눠주기 길놀이연습	개막의례 풍선날리기	상징탑제막	고적대행진 연예인공연	노래자랑,연예인공연 각국결혼식	→논현동 가구거리축제
	앞전행사			본행사		뒷전행사	→축제
⇔ 구성	↕준비	↕알림	↕개막	↕제막	↕축하행사	↕개별행사	
↕ 요소	행사장준비 깃발만들기	고적대행진	개막의례 비둘기날리기 풍선날리기	상징애드벌룬띄우기	연예인공연 무용단공연	협찬사홍보행사,패션쇼 노래자랑,국악공연 에어로빅대회	→명동축제
	예선 행사장준비	고적대행진	개막의례 축포	성화봉송	합창단공연 동별행진	각종경연,사물놀이 퍼포먼스,가요제 차전놀이	→신촌축제

〈표 2-21〉과 같이 구성축을 이루는 각 분절의 행태소들에 대한 대체의 가능성을 외형와 내용으로 구분하여 살펴보면 다음과 같다. 앞전과정에서 나타나는 포스터나 현수막 혹은 아치나 무대 등의 설치는 축제의 공간과 도구를 만들기 위한 외시적 행위이지만 그 내면에는 축제가 있음을 암시함으로써 축제에 많은 참여를 바라는 공시적 의미가 내포되어 있다. 즉 물리

172

적 실체를 준비하는 행위의 외형은 축제의 암시를 통한 성공적 결과를 기원하는 내용을 나타내고 있는 것으로, 여기서의 성공적 결과는 경제적 목적의 성취를 의미하는 것이다. 축제의 성공을 기원하는 공간 속의 물리적 조작행위에 이어 축제에서 이루어질 행위에 대한 연습과 고적대의 행진이 진행되는데, 이는 곧 축제가 있게 됨을 알림으로써 주변에 대한 참여를 권유하는 의미와 축제분위기를 확산시키는 역할을 하게 된다. 주변에 대한 축제분위기의 전달은 개막의 의례에 집중을 유도하는 매체로서의 기능도 수행하는데, 축제의 공지에 뒤따르는 개막의례는 현대의 가로축제에서 가장 공통적으로 나타나는 행위이다. 대부분의 개막의례는 번영회장 혹은 준비위원장, 지역구 국회의원, 지역경찰서장 등의 축하연설과 불우이웃에 대한 성금전달, 그리고 지역발전을 위해 힘쓴 사람들에 대한 상패와 상품 등의 전달로 구성되고, 풍선이나 비둘기를 하늘로 날리거나 축포를 쏘는 등의 행위가 일어난다. 이것은 개막의례라는 외형적 행위가 축제의 시작을 알림과 자신을 과시하는 의미로 표현된 것이다. 축제시작의 선포에 이어지는 상징물세우기나 상징물의 제막, 혹은 성화대의 점화 등은 축제자체를 상징하는 물리적 요소가 된다. 이러한 상징물이 세워짐으로써 일상의 공간과 시간은 주변과 구분되는 비균질적 상태에 들어가게 된다. 개막의례의 뒷부분을 장식하는 각종 공연이나 행진 등의 축하행사는 며칠간 계속될 축제에 대한 약속과 참여의 권유라는 내용을 가지며, 개별행사로 이어지는 각종 기획공연 등은 개막의례에서의 축하행사와 유사한 형태이지만 축제를 통한 기업의 홍보와 여흥이라는 뒷전놀이의 내용을 갖는다.

<표 2-22> 가로축제 행위의 외형과 내용

축제	외형	아치·무대설치	연습,행진,기획행사	의례,풍선·새날리기	상징물세우기,성화	행진,공연	각종기획공연	상업축제
		준비	알림	개막	제막	축하행사	개별행사	
	내용	축제의 암시	축제의 예고	시작을 알림	축제의 상징	축제의 장식	홍보,여흥	경제력 회복
		성공기원	축제분위기조성	기원,과시	비균질상태표현	지속,권유	지속,권유	

준비, 알림, 개막, 제막, 축하행사, 개별행사라는 1차적 의미를 갖는 일련의 축제들은 행사의 성공기원, 참가의 유도, 기원과 과시, 공간과 시간적인 비균질상태의 표현, 축제의 지속과 참여의 권유라는 내적 의미에 의한 공시성을 가지고 있으며, 이러한 내적 의미의 집적으로 이루어진 현대사회의 상업축제는 경제의 부흥이나 정치적 갈등을 해소하기 위하여 이용되고 있는 것이다.

2. 공 간

(1) 구 성

현대의 가로축제는 경제의 활성화를 가장 큰 목적으로 하고 있기 때문에 상업가로가 주요공간이 된다. 일상에서의 상업가로가 축제의 공간으로 변화하는데에는 물리적 구성요소가 가장 큰 작용을 하는데, 전통축제에서의 神堂과 같은 고정된 공간이 없으므로 이 기간을 위해 일시적인 시설이 설치된다. 번영회의 사무실이나 이 기간만을 위해 설치되는 추진본부는 축제의 상부조직으로서 축제를 관할하고, 대부분의 축제에서 필수적인 요소로서 설치되는 무대는 의례의 중심이 되는데, 이곳에는 축제를 알리는 홍보물과 각종 음향기구, 조명기구 등이 설치된다. 무대를 장식하는 홍보물은 '~축제'라는 문구를 직접적으로 사용하고 있으며, 각종 음향기구는 의식의 진행상황을 알리는 확성기로서의 역할과 음악을 내보내는 역할을 하고 있다. 일부의 축제에서는 야간행사를 위한 조명기구를 설치하기도 한다. 무대의 주변에는 축제를 알리기 위한 도구들로 애드벌룬이나 성화대, 혹은 상징탑 등의 수직구조물이 설치되어 있고, 축제의 시작과 함께 하늘로 풀려나갈 풍선그물망과 비둘기 상자 등이 있다. 또한 거리의 폭이 허용할 경우 축제관련자와 초청인사들을 위한 좌석이 무대의 앞이나 측면에 설치되는 것도 대부분의 축제에서 나타나는 현상이다. 행사의 중심인 무대를 둘러싸고 있는 주변부는 기존의 상점과 노점이 고정된 물리적 요소로서 공간을 구성하고 있으며, 보도와 경계부에는 이 기간만을 위한 시설들이 설치된다. 이렇게 축제공간을 장식하는 물리적 요소로는 상점과 노점에서 진열한 상품과 광고물, 그리고 보도와 경계부에는 아치, 현수막, 깃발, 각종 통제표지판 등이 있다.

⑵ 구 조

현대는 교통과 매스컴의 발달로 한정할 수 없는 크기의 생활범위를 가진다. 따라서 과거에는 자연스럽게 규모가 정해졌던 축제의 공간이 의도적인 한정의 수단을 필요로 하게 되었다. 이렇게 의도적인 규모로 한정지어지는 현대의 축제공간은 크게 의식공간과 이를 둘러싸고 있는 활동공간으로 구분 지을 수 있다. 주요행위가 이루어지는 의식공간은 본부와 무대, 그리고 무대의 주변공간으로 구성되고, 축제참가자들의 개별행위와 시민의 참여가 활발하게 일어나는 활동공간은 상점과 노점, 그리고 보도와 경계 등으로 구성된다. 이렇게 본부, 무대, 주변, 상점, 노점, 보도, 경계 등으로 분절되는 구성축은 하나의 현대가로축제를 이루는 물리소가 된다. 즉 논현동가구거리축제라는 공간은 대표자의 상점과 홍보물이 부착된 무대, 상징탑과 만국기, 가구점과 가구, 시음소와 깃발, 현수막 등이라는 물리소의 구성으로 이루어진다. 구성의 축을 이루는 각 요소들은 유형화라는 분절의 결과로 상호간의 대체가 가능해진다. 즉 무대공간이라는 요소는 명동축제의 음향기기·홍보물을 신촌문화축제의 음향기기·조명기구·홍보물로 대체시킬 수 있고, 경계라는 요소는 논현동가구거리축제의 현수막과 깃발을 명동축제의 아치나 현수막 또는 통제표식으로 대체시킬 수 있다. 현대가로축제에 있어서의 상호대체는 전통축제의 경우보다 훨씬 용이하게 일어나는데, 이는 현대의 축제가 독자적 특성을 갖추지 못했기 때문으로 이해할 수 있다.

<표 2-23> 가로축제 공간의 유형구분

	대표자상점	대기소,홍보물 음향기기	상징탑,접수대 풍선,만국기	가구점,가구	-	시음소,깃발	현수막,깃발	→ ①
		의식공간			활동공간			→ 축제 공간
⟺ 구성	↕본부	↕무대	↕주변	↕상점	↕노점	↕보도	↕경계	
↕ 요소	번영회사무실	대기소,홍보물 상품,음향기기	애드벌룬,안내대 접수대,풍선,비들기	상점,물품,음향 할인광고	가판대,음향	시음소,홍보소 만국기	아치,현수막 통제표식	→ ②
	추진본부	홍보물,음향기기, 조명기구	성화대,만국기 기획사차량	상점,할인광고 상점홍보대	가판대,음향	전시대,시음소 만국기,조각물	아치,현수막 통제표식	→ ③

비고: ①논현동가구거리축제 ②명동축제 ③신촌축제

　〈표 2-23〉의 수직축을 이루는 각 물리소들은 외형으로 전달되는 정보이
다. 모든 축제는 번영회사무실이나 번영회장의 상점이 추진본부가 되어 축
제의 모든 것을 관장하는 역할을 한다. 따라서 일상에서의 사무실 공간은
축제를 기획하는 중심지로서의 가치를 가지게 된다. 그러나 축제를 위한
직접적인 행위를 수용하거나 공간이용은 전혀없기 때문에 이곳이 갖는 물
리적 역할은 대단히 미약하다. 이는 축제의 모든 사항이 특정의 전문기획
업체에 의해 주도될 수 있는 분업화 사회구조에 적응되었기 때문이다. 현
대가로축제의 특징적 모습인 무대는 모든 행위가 시작되고 끝을 맺는 공간
이다. 이 무대공간은 개막의례와 각종 기획행사의 수용을 위하여 축제기간
내내 설치되어 있어야 하기 때문에 축제를 대표하는 물리적 중심지가 된
다. 무대의 위를 장식하고 있는 홍보아치나 현수막, 혹은 수직구조물 등은
물리적 중심으로서의 기능을 더욱 강조시키고 있으며, 각종 홍보행사와 관
련하여 무대 위에 쌓아 놓은 상품과 대형스피커를 통해 제공되는 각종 정
보와 음악은 축제참여자에 대한 강력한 흡인도구로 작용한다. 또한 무대의
배경으로 역할을 하고 있는 조명탑들은 야간의 행사가 있을 것이라는 암시
를 전달하고 있으며, 저녁이 되어 불이 켜지면 집중도의 향상으로 더욱 내
밀한 공간이 될 수 있는 상황이 된다. 이렇게 무대공간은 물리적 도구가
최대한 활용되어 축제의 중심공간으로 작용하고 있다. 즉 무대와 무대구성
요소라는 물리적 외형이 축제의 중심지라는 의미를 가진 내용으로 작용하

고 있는 것이다. 이와 함께 홍보탑이나 안내소 혹은 상징탑과 성화대 등의 구조물은 무대의 주변에서 이 공간을 장식하고 있는데, 이들은 축제자체를 상징하는 요소가 되기도 하지만 하늘로 띄워진 애드벌룬이나 상징탑 혹은 성화대는 공간을 이질화시키는 작용을 하기도 한다. 또한 무대의 주변에 위치한 안내소나 접수대, 그리고 기획사의 차량에서는 특정행사에 참여할 사람들의 신청을 받거나 행사에 대한 안내의 역할을 하는데, 이는 중심공간인 무대로의 직접적인 접근을 막기 위한 수단인 것이다. 이러한 목적은 약1m 가량의 높이로 설치된 무대를 통해서도 얻어진다. 이렇게 무대의 주변요소로 설치되는 시설들은 그 자체로서의 목적과 함께 중심공간을 장식하고 보호하는 이중적 기능을 담당하고 있는 것이다.

축제의 공간안에는 포함되어 있으나 축제행위의 직접적인 상황을 전달받지 못하는 주변공간에는 지역상점과 노점, 그리고 보행자공간인 보도와 축제의 공간을 한정지워주는 물리적 요소 등이 있다. 축제기간중의 각 상점들은 보다 많은 물품을 팔기 위하여 각종 광고물이나 할인판매문구로 거리를 향한 쇼윈도우를 가득 메우고 있으며, 상점과 노점 그리고 거리악사로부터 퍼져나오는 음악은 중심공간의 축제를 계속적으로 이어주는 역할을 하고 있다. 현대가로축제의 특징을 가장 잘보여주는 보도는 일상에서의 도로였던 공간에 일시적으로 교통이 통제됨으로써 만들어지는 공간이다. 협찬사를 비롯한 다양한 기업들이 회사와 상품을 홍보하기 위하여 보도의 양측에 가판대를 설치하고 있고, 수직의 깃발이 일정한 간격을 유지하고 세워져있다. 이 공간은 축제의 시작과 함께 고적대의 행진을 위한 주요 공간이 됨으로써 축제의 분위기를 확산시키는 통로역할을 한다. 연속된 시음소와 일렬로 늘어선 깃발은 무의식적인 움직임을 만들게 됨으로써 자연스럽게 축제의 분위기를 확산시키게 된다. 보도와 주변의 간선도로가 만나는 지점에 설치된 현수막이나 깃발, 그리고 아치 등은 공간을 한정짓는 요소로 기능을 한다. 대부분의 공간을 한정하는 경계요소는 외부에 대한 방어가 목적이지만 현대가로축제에서의 경계요소는 내부적 결속이 아닌 외부를 향한 개방을 보여주는 것이다.

<표 2-24> 가로축제 공간의 외형과 내용

축제판	외형	사무실	홍보물,음향기구,각종상품	대기소,홍보탑,안내소	각종상점,물품,음향	각종가판대물품,음향	통로,시음소깃발	아치,현수막	축제판의완성
		본부	무대	주변	상점	노점	보도	경계	
	내용	대표·임원공간	축제의 중심지	중심의 장식	판매,축제보조	판매,축제보조	축제확산,홍보	축제의 경계	경제력확보공간
		기획의 중심	물리적 중심	중심의 보호	경제활동축제연계	경제활동축제연계	축제분위기감염	외적 흡인	

위와 같이 가로축제의 공간과 이를 구성하고 있는 물리적 요소들은 하나의 축제판을 위하여 본부, 무대, 주변공간, 상점, 노점, 보도, 경계라는 외형으로 물리적·정신적 중심, 중심의 보호, 축제의 확산과 경제활동, 외부를 향한 개방 등이라는 내용을 나타낸다.

3. 행위자

(1) 구 성

현대가로축제에서의 행위제공자는 조직과 협찬사, 그리고 기획사와 특수한 개인으로 구분되고, 행위수혜자는 상인과 시민으로 구분된다. 과거에는 정형화되어 있던 직접적인 행위제공자들이 현대에 들어서는 기획사의 종합적 관할하에 들어감에 따라 축제의 프로그램에 의해 매우 유동적인 형태로 나타난다.

축제의 상부구조인 조직은 상가번영회와 관할구청 혹은 추진위원회 등으로 나타나는데, 상가번영회는 상설기구로서 축제를 관장하고 있으며 관공서는 행정적인 보조역할을 한다. 경우에 따라서는 축제를 위한 추진위원회가 별도로 조직되는 경우도 있는데, 주로 지역의 유지라고 불리우는 인물과 상가번영회의 임원들이 중심이 된다. 이와 함께 현대가로축제의 행위제공자는 축제의 거의 모든 비용을 제공하는 협찬사, 행사의 내용과 시설 등을 총괄하는 기획사, 화가나 거리의 악사 형태로 등장하는 특수한 개인 등으로 구성되는데, 예외적으로 신촌축제의 경우와 같이 구민들이 동참하는 사례도 있다. 이들의 행위를 직접적으로 수여받는 사람들은 거리와 상점을 이용하는 시민들과 축제를 통해 경제적 이익을 최대화시키고자 하는 상인들로 구성된다.

(2) 구　조

현대가로축제는 행위제공자인 조직, 협찬사, 기획사, 특수개인과 행위수혜자인 상인과 시민이 만들어내는 일련의 구성축으로 축제인이라는 정보를 제공한다. 즉 상가번영회·강남구청/ 상가번영회장/ 가구상/ 에방뜨(기획사)/ 성악가·가수/ 가구상인/ 시민·가구구매인으로 이어지는 구성원은 논현동가구거리축제를 나타내는 축제행위자로서의 모습을 전달하고 있는 것이다.

<표 2-25> 가로축제 행위자의 유형분류

⇔구성 ⇕요소	상가번영회, 강남구청	번영회장	가구상	에방뜨	성악가,가수	-	가구상인	시민,가구 구매인	→ ①
	행위제공자						행위수혜자		→축제인
	↕조직	↕회장	↕협찬사	↕기획사	↕초청행위자	↕특수개인	↕상인	↕시민	
	상가번영회,중구청	번영회장	기업	좋은세상만들기	연예인,무용단	거리악사	상인	시민	→ ②
	추진위원회, 서대문구청	번영회장	기업	부일기획,區民	합창단,가수	화가,관상가, 엿장수	상인	구민,시민	→ ③

비고: ①논현동가구거리축제 ②명동축제 ③신촌축제

축제행위나 공간뿐만 아니라 구성원의 경우에 있어서도 전통축제에 비하여 상호대체의 결과가 매우 자연스럽게 나타난다. 즉 명동축제의 상부구조인 상가번영회와 중구청은 명동이라는 지리적 상황에 의해 그 역할을 수행하고 있는 것이며, 신촌축제에서의 상부조직도 또한 마찬가지라고 볼 수 있다. 따라서 서로의 대체결과는 조직이라는 요소에 의해 완전히 통합되어 있는 것이다.

각 요소의 축은 역할이라는 외형에 의해 유형화되는데, 번영회라는 상인 단체는 조직으로서의 외시적 형태를 취한다. 그러나 이러한 조직은 지역 전체상인의 대표라는 역할에 의해 내면적으로는 지역의 경제력과 축제의 중심을 상징하고 있다. 따라서 축제가 벌어지는 공간에서의 대표는 번영회장으로서의 자격에서 축제를 대표하는 주재자의 자격으로 변화하게 된다. 대부분이 주류판매회사로 구성되는 협찬사는 축제에 소요되는 비용을 충당하는 역할을 하는데, 경제적인 보조를 통한 자사제품의 홍보와 판매촉진이라는 내용을 포함하고 있다. 현대라는 분업화 사회에서 축제와 관련되어 가장 특징적으로 등장하는 행위제공자는 전문기획사이다. 이들은 축제에서 이루어지는 대부분의 행위연출과 공간조성에 필요한 모든 물리적 시설의 설치를 전담하고 있다. 물론 이러한 전문기획업체 역시 내부적으로는 매우 세분화되어 있는데, 무대를 비롯한 각종 시설물들은 전문제작업자를 통해 제작설치되고, 볼거리를 제공하는 사람들은 각 분야의 직업전문인들로서 기획사에 의해 구성된 사람들이다. 그러나 축제의 전체를 총괄진행하는 사회자는 기획업체의 대표가 담당하고 있으며, 직원들은 음향이나 조명의 제공 혹은 기구의 운반이나 설치 및 행사장 정리 등 축제의 진행을 보조하는 역할을 한다. 이렇게 조직화된 축제연출자로서의 내용을 지닌 기획업체와는 달리 거리의 악사와 화가, 관상가, 토산물판매상 – 춤추는 엿장수 – 등은 개인화된 축제연출자로서의 역할을 한다. 축제의 공간 속에서 나름대로의 소규모 축제공간을 만듦으로써 전체축제에 대한 보조적 역할을 하는 것이다. 이들과 함께 상점과 노점의 상인들 역시 음악과 상품을 제공하는데, 중심공간으로부터 멀리 떨어져 있을수록 이들의 역할은 더욱 커지고 있다. 이처럼 이들은 축제를 이용하여 그들의 경제적인 목적을 달성하기도 하지만 축제의 분위기를 고조시키는 축제제공자가 되기도 한다. 이와는 달리 거리를 이용하고 있는 시민들은 대부분 축제를 일방적으로 제공받는 수혜자의 입장이지만 행사의 내용에 따라서 제공자의 입장이 되는 경우도 있다.

<표 2-26> 가로축제 구성원의 외형과 내용

구성원	외형	번영회,구청	번영회장	금강,카스맥주	부일,에방뜨	가수,연예인	악사,화가	개별상인	거리이용자	축제행위자
		조직	회장	협찬사	기획사	초청행위자	특수개인	상인	시민	
	내용	주최	대표	경제보조	진행	행위	연출보조	연출보조	참여	축제인
		경제력과시	중심	상품홍보·판매	축제연출	자기홍보	자기홍보	상품판매	상품구매	

〈표 2-26〉에서 보는 바와 같이 조직이라는 외형으로 나타나는 상인단체는 축제의 중심이 되는 대표로서의 내용을 담고 있으며, 협찬기업은 경제보조와 상품판매 및 홍보로, 기획업체는 축제의 연출자로, 거리의 악사와 화가 및 상인들은 축제의 보조연출자로서, 축제의 거리를 이용하는 시민은 상품을 구매하는 참여자로서의 의미를 가진다.

Ⅱ. 공간의 활용

1. 명동거리축제

(1) 개요 및 환경구성

㉮ 개 요

도시활동의 측면에서 명동은 충무로와 함께 개화기 이후부터 지금까지 중심의 이미지를 가장 강하게 가지고 있는 곳이다. 특히 개화기에서 민주화 열기가 뜨거웠던 1980년대 후반까지의 이 거리는 명동성당과 관련되어 일종의 정신적 안식처로서 작용을 해왔다. 개항초기 종현고개 위에 세워진 명동성당(1898)은 이 거리를 개화의 상징으로 만들기에 충분했고, 일제강점기에는 소위 신식문화라고 하는 일본·서구식 문화의 중심지가 되었다. 영화제작처로서의 충무로와 이를 상영했던 명동국립극장(1936)은 남산국립극장과 세종문화회관이 만들어지기 이전까지 이 거리를 문화인의 서식처로 만들기도 했다. 또한 개화기 경제적 침투의 대표격이라 할 수 있는 입체시장, 즉 백화점의 등장은 이곳을 상업가로로서 특징지우는 결정적인 역할을 하였다. 미쓰코시(三越:1906, 현 신세계)의 경성지점을 시작으로 쇼지야(丁字屋:1921, 현 미도파), 미나가이(三中井)백화점 등이 세워지고, 이러한 여세는 화신백화점의 등장까지 이어졌다. 특히 1970년대 후반에는 코스모스, 미즈백화점 등이 이 가로의 양 입구에 들어오면서 상업가로의 관문으로서 역할을 하기도 하였다. 이와 함께 이 가로를 중심으로 들어선 각 은행의 본점과 증권거래소, 그리고 의사당 등은 백화점이 중심이 된 가로의 상업화가 금융 및 정치와 얼마나 밀접한 관계를 맺고 있는 가를 잘 보여주고 있다. 이렇듯 명동거리는 경제로부터 정치 그리고 문화에 이르기까지 서울, 나아가 우리나라의 중심지였다. 그러나 이러한 중심성은 1970년대부터 시작된 강남의 개발로 인하여 하나씩 그 자리를 내놓게 되었고, 강남이 완전히 개발된 후에는 거의 대부분을 양보하게 되었다.

명동의 축제는 지역상권의 활성화를 목표로 하고 있지만 그보다 더욱 중요한 것은 상업활동의 활성화를 바탕으로 다시 한 번 1970년대 이전의 중심성을 회복하려는 노력으로 보인다. 중구청이라는 관과 지역상인들을 중심으로 20여회를 넘긴 명동축제는 어느 정도 목적을 달성했던 것으로 평가할 수 있으며, 가로축제로서의 면모를 갖추었다고 볼 수 있다. 특히 제22회(1996. 3.15~4.9)의 행사는 월드컵 유치의 염원과 맞물려 주제를 갖는 축제로 개최되었다. 기획행사는 해마다 약간씩의 차이는 있으나 보통 약 2~3일 간격으로 오후 2시가 되면 맥주시음대회, 노래자랑예선, 퀴즈게임, 패션쇼, 음료수 시음대회, 춤경연대회, 헤어쇼 등이 이어지고, 노래자랑대회의 결선을 마지막으로 축제의 막을 내린다.

㉴ 환경구성

명동길은 남대문로와 3·1고가도로를 양 끝단으로 하고 있으며 노폭 16m, 길이 약500m로 구성되어 있고, 주변건물과의 관계에서 1:1의 비례를 훨씬 넘고 있어 완전한 폐쇄감을 주고 있다. 이 길은 상업시설이 중심이 되어 은행, 증권시장, 성당 및 회관, 호텔, 식당 등이 혼재되어 있다. 과거의 명동길은 명동성당, 명동국립극장, 미도파·코스모스·제일·미즈백화점 등의 물리성으로 정신적 안식처, 문화의 중심지, 풍요의 거리 등이라는 이미지를 구성해왔다. 이러한 이미지는 줄지은 노점상에 의해 하나의 가로로서 명확한 특성을 보였으나 1980년대 중반이후 가로정비와 함께 뒷골목의 경관으로 변화되었다. 시대에 따른 세밀한 변화는 있었지만 이 가로를 하나로 묶어주는 요소는 각 상점의 문패인 간판의 행렬이다. 한 눈에 들어오지 않는 시각정보의 물결은 '에스콰이어 명동점', '상업은행 명동점'보다는 '명동의 구두가게', '명동의 은행' 등으로 지각되는데, 이러한 현상은 불빛간판과 네온싸인이 번득이는 야간이 되면 더욱 분명하게 하나로 묶어준다. 축제는 이곳과 주변의 샛길을 주요 공간으로 하며, 이 기간중의 명동길은 보행자천국이 되고 명확히 하나로 통일된 가로가 된다.

<그림 2-10> 명동의 축제관련시설과 행진과정

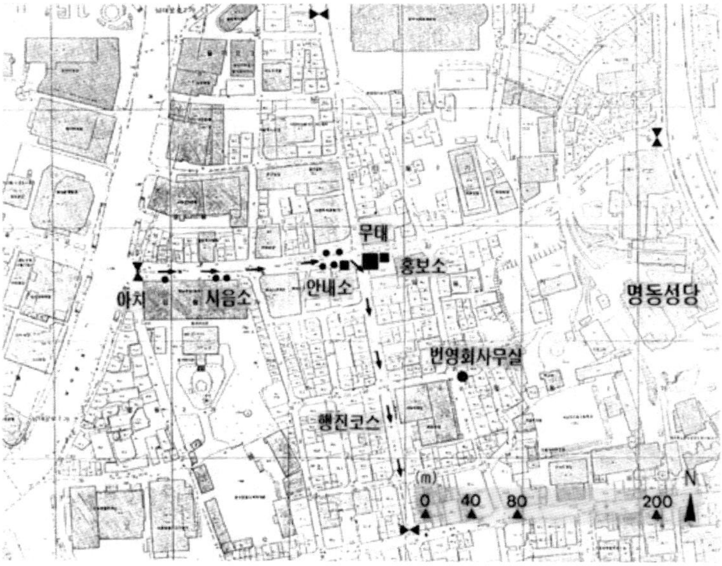

(2) 공간의 동적인 이용

번영회에서는 축제가 시작되기 몇주일 전부터 행사를 위한 준비에 들어
간다. 축제를 총괄할 임원을 선정하고 협찬사를 모집하며, 축제 전체를 연
출할 기획사를 선정한다. 협찬사가 결정됨에 따라 축제비용이 확보되고, 이
비용을 기반으로 기획사가 결정된다. 축제의 연출을 담당할 기획사에서는
축제를 위한 각종 장치물 설치 전문가와 행사에 참여할 연예인이나 진행요
원을 섭외하는데, 보통 전체의 행사진행을 위한 사회자는 기획사에서 선정
된다.

㉮ 앞전행사과정

축제는 남대문로와 만나는 명동길의 동쪽 끝단에서 고적대의 행진을 출
발로 시작된다. 행진을 위한 고적대의 행렬정비가 이루어지는 동안 관계자
들과 초청자들 사이에는 상견례가 이루어지고, 언론사의 기자들은 사진촬
영에 분주한 모습을 보이고 있으며, 한 켠에서는 이번 행사를 위해 특별히
제작된 월드컵 염원 깃발을 배포하는 등으로 인하여 축제의 분위기가 점차
조성된다.

<그림 2-11> 명동축제의 행진개념도

고적대행진의 출발신호와 함께 지휘봉을 들고 재주를 부리는 여학생을 선
두로 하여 의장대와 악대로 이루어진 고적대가 뒤를 따르고, 스페인 복장의
가장행렬대와 상가번영회 임원 및 초청인사, 그리고 시민이 줄을 이었다. 이
행렬은 충무로에서 을지로에 이르는 남북 가로와 교차하는 지점 – 상업은행

(현 우리은행) 앞-에 마련된 행사용 무대에 이르러 멈춰섰고, 고적대만이 충무로를 향해 북쪽으로 계속 행진을 한다. 이는 축제의 중심공간인 무대공간에서 본행사가 있음을 알리고 참여를 유도하는 행위로 볼 수 있다. 행진을 하는 동안 건물들에서는 오색종이꽃가루가 뿌려지고, 무대에서 축제의 시작을 알리자 수백 마리의 비둘기와 수천 개의 오색풍선이 하늘로 날려진다.

㉯ 본행사과정

각종 의례가 이어지는 본행사과정은 고적대의 행진에 의해 인도된 임원진과 관객들이 무대에 도착되면서 시작된다. 이 과정은 주로 한정된 공간에서 이루어지므로 동적인 이동의 양상은 나타나지 않는다.

㉰ 뒷전행사과정

본행사의 의식절차가 마무리되면서 이어지기 때문에 이 과정 역시 행사의 주체에 의한 공간의 이동이 뚜렷하게 나타나지는 않는다. 그러나 각 공간에서는 개별행사들이 벌어지기 시작하기 때문에 구경꾼들의 입장에서는 계속적인 공간의 이동현상이 발생하나 일정한 규칙을 가지고 있지는 않다.

(3) 공간의 정적인 이용

㉮ 무대와 주변

명동길과 남북으로 교차하는 상업은행(현 우리은행) 앞의 사거리는 축제를 위한 중심공간으로서 이벤트행사를 위한 무대가 설치되어 있다. 무대 위에는 행사를 알리는 구조물이 배경 역할을 하고 있으며, 대형 모니터와 간단한 음향기구가 축제의 마지막 날까지 설치되어 있고, 연일 이어지는 홍보목적의 행사에는 현수막이나 대형풍선 등이 일시적으로 설치된다.

개막식이 끝나고 스페인의 홀라멩고춤과 시립무용단의 '천년만세' 가락에 맞춘 고전무용, 그리고 연예인의 축하행사가 이어지고, 연예인 초청행사에는 관객과 여러 명의 어린이가 무대 위에서 함께 했으며 무대 아래에서

는 시민들이 같이 노래를 부르는 모습도 보인다. 축하행사로 마련되는 각
종 무대경기에서는 시민들에게 자기 업체를 홍보하는 상품을 제공함으로써
자기 업체에게 주어진 시간을 최대한 활용하여 홍보에 열을 올리고 있다.

또한 축제의 각종행사가 열리는 시간에는 축제의 기획을 용역받은 업체
의 직원들이 무대준비를 위해 분주히 움직이고 있으며, 무대 주변에 마련
된 간이 쉘터에서는 노래자랑에 참가할 사람들의 신청접수를 받고 있다.
각종 기획행사가 시작되기 전 20～30분 동안에는 무대에 마련된 음향기구
를 통하여 안내방송과 함께 유행음악을 계속해서 내보냄으로써 사람들을
끌어들이고 있다.

<그림 2-12> 명동축제의 무대와 주변공간의 행태

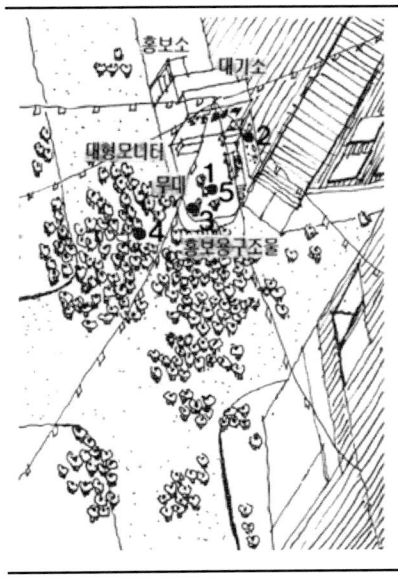

① 도로의 중앙에 높이 1.2m정도의 무대가 설치되
   고 무대 위에서는 축제와 관련된 주요 단위행
   사가 벌어진다.
② 무대에는 대형 모니터와 음향기기로 장식되어
   있고 벽면에는 축제에 대한 정보가 적혀있다.
③ 행사가 열리는 동안에 무대위에는 자기회사를 알
   리는 수직적 형태의 이동 구조물이 등장한다.
④ 무대주변은 항상 많은 이용이 있고 이들 대부
   분의 행태는 관람이다.
⑤ 내용에 따라 관람객이 무대로 직접 오르기도 한다.

㉯ 경   계

경계는 중심공간과 직접적으로 이어지는 주요 입구부위들로서 축제공간
의 시작임을 보여주는 대형 아치가 설치되어 있다. 아치에는 이번 축제에

관한 정보가 적혀있고 수직의 기둥에는 협찬사의 상호명이 가득히 메워져 있다. 이 공간을 이용하는 사람들은 이곳에 설치된 아치를 통과함으로써 새로운 공간으로의 전이감을 갖게 되고, 이러한 과정은 이용자 스스로를 축제공간의 일원으로 만들고 있다. 또한 이러한 시설은 수직적 효과에 의해 랜드마크적 역할을 함으로써 만남의 장소로도 활용되고 있다.

<그림 2-13> 명동축제의 경계공간 구조와 행태

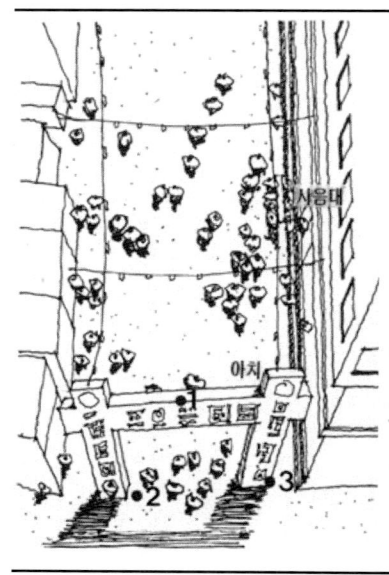

① 아치에는 축제와 관련된 직접적인 정보가 쓰여있고, 수직기둥에는 협찬사의 상호명이 명시되어 있다.
② 아치는 수직적인 형태로 랜드마크적 역할을 하고 있어 만남의 장소로도 활용되고 있다.
③ 보행자에게 일상의 공간을 이질적인 공간으로 인식하게 하는 첫 번째 요소가 된다.

㉔ 상점과 노점 주변

상점과 노점은 이 기간이 아니더라도 항상 이 공간을 구성하는 주요 가로요소들이다.

<그림 2-14> 명동축제의 상점과 노점

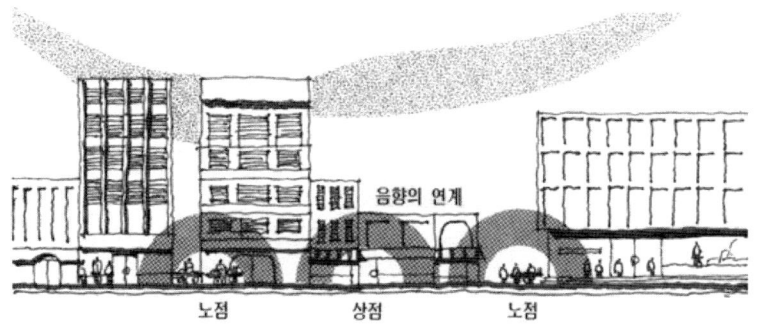

그러나 이들은 축제의 기간이 됨으로써 중심공간인 무대에서 번져 나오는 음향을 중간중간 연계시킴으로써 가로 전체를 하나의 특별한 공간으로 만들어주고 있다. 이와 함께 한 상점 앞에서는 드럼과 전자기타 등을 늘어놓고 대중음악을 연주하는 가로의 악사는 이 거리를 더욱 특별한 공간으로 만들어 주고 있다. 이 공간을 구성하고 있는 대부분의 상점에서는 축제를 알리는 포스터와 함께 할인판매 광고문안을 내걸고 있으며 노점 역시 이러한 모습은 동일하다.

㉑ 보 도
축제공간에 해당되는 전 지역의 보도에는 만국기의 행렬이 천정면을 만들고 있고, 가로의 양측에는 각 기업의 홍보를 위한 시음소나 무료이용소가 줄을 지어 시민들의 이용을 유도하고 있으며, 홍보요원들은 시민들에게 얼굴 등에 그림을 그려(body painting)줌으로써 축제로의 참여를 권유한다.

<그림 2-15> 명동축제의 보도공간 구조와 행태

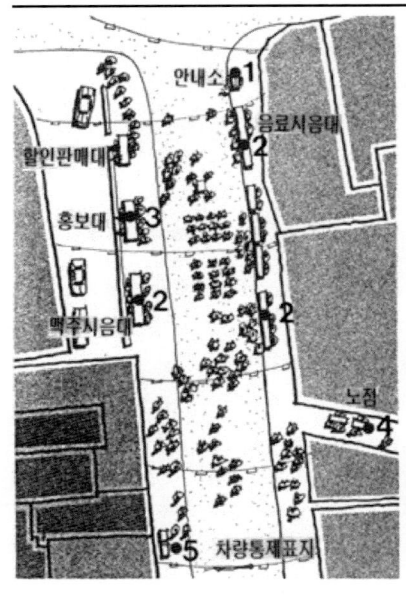

① 안내소에서는 시민들에게 축제를 홍보하고 있으며, 안내장을 나눠주고 있다.
② 거리의 양편에 늘어선 이동통신, 음료시음대, 맥주시음대 등에서는 자신들의 상품을 무료로 제공하고 있다.
③ 축제홍보를 위한 간이홍보소에서는 시민들에게 body painting을 해줌으로써 참여를 유도하고 있다.
④ 주보행로에서 분지된 내부보행로에는 노점상이 줄을 잇고 있다.
⑤ 길의 한쪽에는 축제를 상징하는 기념품을 배포하고 있고, 길의 가운데에는 이 기간중 차량의 통행을 금하는 시설이 설치된다.

2. 신촌문화축제

(1) 개요 및 환경구성

㉮ 개 요

신촌은 연세대, 서강대, 이화여대, 홍익대, 명지대 등으로 인하여 대학촌이라는 지역적 특성을 가진 곳이다. 따라서 이 지역은 우리의 정치상황과 매우 밀접한 연관관계를 가지고 학생들과 정치세력들 간의 갈등과 반목이 가장 빈번히 표출된 곳중의 하나였다. 이들 사이의 물리적 충돌은 서로에게도 소모적인 양상으로 나타났고, 특히 시위와 진압의 행위가 격렬한 상황에 이르면 이 지역을 생업기반으로 하는 지역상인들에게는 대단한 타격을 안겨 주었다. 그러나 지역상인들의 입장에서 대학생이라는 유동인구의 밀집지역으로서 갖는 신촌의 매력은 그들을 다른 곳으로 떠날 수 없도록 잡아 묶는 요소로 작용을 했기 때문에 상인들 스스로 딜레머에 빠지게 되었다. 또한 가로의 유흥업소나 의류점, 그리고 거리를 활보하는 사람들의 모습에서 보이듯이 이곳은 젊음의 거리, 소비의 거리 혹은 빗나간 신세대의 거리 등이라는 인상을 짙게 풍겼다. 이렇게 감각화되고 소비화·개인주의화되어 버린 이 거리의 행태에 대하여 매스컴에서는 지역상인들에게 화살을 돌렸다. 이렇게 됨에 따라 이곳을 생업의 기반으로 하고 있는 지역상인들의 입장에서는 그러한 따가운 시선을 피할 수 있고 자신들의 이미지를 개선할 수 있는 방안을 찾기 시작하였는데, 그 대안으로 등장한 것이 지역의 문화축제 유치였다. 신촌지역의 대현동 상가번영회와 창천동 상가번영회가 중심이 되어 '신촌축제발기위원회'가 발족이 되고 50여명의 축제추진위원회와 축제기획단이 연이어 구성되었다. 관할 구청의 입장에서는 지방재정에 가장 큰 기여를 하는 상인들이 문화행위의 도화선이 된다는 점에서 큰 호응을 보였고, 무엇보다도 지역의 상징으로 자리하고 있는 대학생들이 정치로 인하여 손에 들었던 화염병을 이 기간만이라도 버릴 수 있다는 점이 대단한 매력으로 작용을 했던 것이다. 이렇게 되어 1992년 제1회 신촌문화축제가 개최된 이래 조사당시 제5회(1996. 5. 2~5. 5)를 맞고 있었다.

이 축제는 다음해의 축제를 위한 협찬과 참여조건 등을 안내장에 내보냄으로써 실질적인 준비가 1년전부터 시작된다. 창천동과 대현동의 상가번영회에서는 축제위원회를 구성하고 협찬사를 확보함으로써 행사를 위한 비용이 마련되면 축제를 총괄할 기획사를 선정한다. 지역상인과 학생, 기획사, 구청공무원으로 구성된 실무기획단은 행사의 내용과 진행절차 등에 대하여 결정을 하고 세부사항의 준비에 들어간다. 세부적인 사항은 해마다 약간의 차이는 있으나 본행사와 준비행사로 크게 나뉘어 진행된다. 준비행사는 본행사가 이루어지기 약 1개월전부터 시작이 되는데, 여기에는 본행사에서 단기간에 이루어질 수 없는 행사가 포함된다. 즉 시나 산문 등의 문학작품공모와 본행사에 포함된 가요제나 춤대회 등을 위한 예선행사가 이루어지며, 또한 행사의 홍보를 위한 현수막과 포스터가 거리와 벽에 부착된다. 이 준비과정에서 서대문구 관할의 22개동 지역주민들은 구청의 지도에 따라 동별행진을 위한 주제를 결정하고 이에 대한 준비에 들어간다. 기획사에서는 축제에 참여할 개인과 단체의 신청을 받고 자신들이 제공할 기획행사를 결정하며, 본행사에 사용될 무대와 아치를 설치한다.

1996년의 제5회 축제를 위한 단위행사로는 소니아한의 퍼포먼스, 열린음악제, 농악놀이경연대회, 바라춤, 사물놀이, 국악의 향연, 스케이트보드타기, 연예인초청공연, 응원제전, 전통무술시범, 구민·신촌대학가요제, 째즈댄싱경연대회, 화합달리기, 차전놀이, 미니콘서트 등으로 구성되었다.

　㉯ 환경구성

축제는 새터거리 – 그레이스백화점에서 신촌역에 이르는 구간 – 를 중심으로 이루어지는데, 일상에서의 이 거리는 의류판매점이나 유흥업소 등으로 뒤섞인 전형적인 상업가로의 모습을 갖는다.

축제가 시작되면 이 기간을 위해 일상의 거리와 공간에는 새로운 이름이 만들어진다. 축제의 시작과 함께 차량의 통행이 제한되는 새터거리에는 본행사의 공간이 되는 새터마당과 이벤트마당, 전시마당, 거리축제마당이 만들어지고, 보조행사의 공간으로서 화합의 마당과 놀거리마당 등이 지정된다.

<그림 2-16> 신촌의 축제관련시설과 행진과정

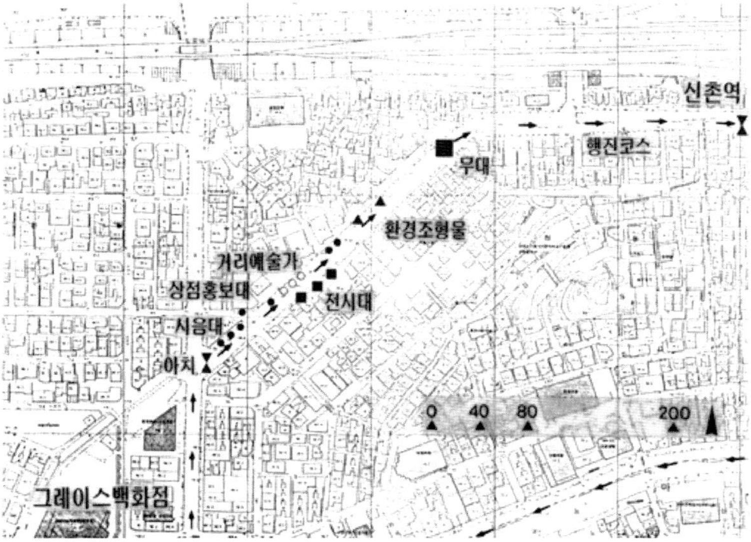

(2) 공간의 동적인 이용

㉮ 앞전행사과정

각종 예선과 행진대열정비, 그리고 고적대행진 등으로 구성되는 앞전행사과정에서의 공간의 동적인 활용은 주로 행진대열정비와 고적대행진 등에서 나타난다. 이중 행진대열정비는 새터거리의 한 부분에서 소규모의 이동으로 이루어지고 있으며, 고적대행진은 새터거리의 끝에서부터 중심공간인 무대앞까지 이어진다.

이 과정에서는 주로 고적대의 행진과 음악에 의한 공간의 움직임이 두드러질 뿐이고, 행위자들이나 구경꾼들 사이에는 대부분 정적인 공간활용만이 확인되고 있다.

㉯ 본행사과정

고적대의 행진이 무대 앞에 정렬되면서 시작되는 본행사과정은 대부분
의식적인 행사가 주로 이어지므로 동적인 움직임은 나타나지 않지만, 본행
사의 시작을 알리는 성화봉송과 행사의 마지막에 이어지는 퍼레이드에서는
움직임에 의한 공간의 활용이 명확하게 나타난다.

<사진 2-16> 축제피켓 ➡
<사진 2-17> 본행사 (시상식) ⬇

성화봉송은 주변의 안산으로부터 이어지는 봉송주자들에 의해 무대로
전달되는데, 서남쪽의 공간입구를 통해 진입을 하게 된다. 또한 퍼레이드는
지역주민들과 학생, 그리고 지역상인들로 이루어진 동별행진으로 구성되고,
출발선언과 함께 고적대를 선두로 하여 대회피켓, 대회기, 기수단, 지역유
지, 동별피켓으로 이어지는데, 각 洞에서는 자기의 洞을 상징하거나 자기의
洞에서 추진하는 대표적인 사업에 대한 홍보상징물을 등장시킨다. 서대문
구의 독립문이 연상시키는 '독립만세운동의 재연', 지역의 환경을 보전하고
자 하는 '안산살리기 캠페인'과 '쓰레기 줄이기 및 재활용 캠페인', 전통무
술인 '퐈한뭐루 시범', 주변백화점의 홍보를 위한 '社員들의 행진', 지역내
중국인 학교의 학생들이 꾸미는 '용춤' 등이 그것들로 새터마당을 출발하여
신촌기차역, 이화여대정문, 이대역, 신촌로터리를 거쳐 다시 새터마당으로
돌아온다. 700~800여명의 행렬이 다시 출발지점으로 돌아옴으로써 개막식
의 공식행사는 끝을 맺고 이어서 4일간 계속될 각종 단위행사가 시작된다.

<그림 2-17> 신촌축제의 행진개념도

□ 대회기   ■ 지역유지와 임원
● 고적대   ▮ 동별가장행렬
► 대회피켓   ○ 구경꾼
▶ 기수단

㉰ 뒷전행사과정

주로 단위행사들에 의하여 구성되기 때문에 행사의 성격에 따라 공간의 이동을 수반하는 경우도 있지만 대부분의 경우에는 특정공간을 기반으로 하고 있기 때문에 공간의 이동은 거의 나타나지 않는다. 이 과정 역시 대부분의 가로축제에서 보이듯이 관람객 혹은 구경꾼의 입장에서 일어나는 공간의 움직임만이 두드러지게 나타날 뿐이다. 그러나 이곳에서 일어나는 구경꾼들의 움직임 역시 일정한 패턴을 가지고 있는 것은 아니다. 제5회의 축제에서는 새터거리 전체를 이용하는 행위예술이 단위행사로 포함됨으로써 국부적인 공간의 활용만이 확인되었는데, 전체의 축제가 갖는 구성적인 측면에서는 이러한 행사자체가 유동적인 상황이므로 커다란 의미를 갖지는 못한다.

(3) 공간의 정적인 이용

㉮ 무대와 주변

본행사와 주요행사의 중심공간이 되는 새터마당에는 도로폭의 대부분을 점유하는 크기의 무대가 설치되고, 무대의 양측에는 대형 스피커와 성화대가 세워진다. 무대에는 축제를 알리는 문구와 각종 조명기구가 배경의 역할을 하고 있고, 대형화면의 멀티비젼이 우뚝 솟아있다. 축제에 참여하는 사람들은 제각기 기획행사에 사용될 도구를 준비하게 되는데, 특히 자신이나 자신이 속한 단체를 상징하는 깃대가 등장한다.

축제가 시작되는 날의 새터거리에서는 개막제가 있기 30여분전부터 여학생들로 이루어진 고적대가 행사장의 주변을 행진하면서 축제분위기를 조성하고, 거리 퍼레이드에 참가할 주민·학생·상인들이 순서를 기다리고 있으며, 새터마당에 마련된 무대의 주변에는 임원들과 구경꾼들 그리고 취재기자들이 거리를 메운다. 국민의례, 대회사, 지역유지 몇 사람의 축사, 축시낭독, 시상식, 성화봉송으로 이어지는 개막행사는 洞別 퍼레이드를 마지막으로 끝을 맺는다.

㉯ 경 계

축제의 중심공간인 새터거리 양끝단과 신촌로터리에 행사를 알리는 아치가 설치됨으로써 일상의 공간이던 이 거리가 특별한 시간과 공간 속으로 들어간다. 이 장치물 역시 대부분의 축제에서 보여지던 아치와 마찬가지로 축제라는 정보를 전달하는 기능과 함께 축제에 경제적 지원을 맡는 협찬사와 이 축제를 총괄하는 기획사의 상호명이 명시되어 있다.

㉰ 상점과 노점 주변

이 거리에서의 노점은 상점의 경우와는 달리 일상에서는 찾을 수 없던 시설이 대부분이다. 이들 노점은 축제를 위하여 특별히 초청된 상인이거나 스스로 찾아온 상인들이 혼합되어 있다. 축제가 시작되고 행진이 이어지고 있는 시간동안 축제의 중심공간인 새터거리에서는 외지로부터 초청된 - 1996년에는 춤추는 엿장수가 초청됨 - '명물상인'의 판매놀이와 지역상인의 각종 홍보활동이 계속되고 있다. 춤추는 엿장수는 자신이 준비한 음악의 소음을 이용하여 사람들을 운집하게 만들고 이 음악의 리듬에 맞추어 엿을 자르고 판매하는데, 중앙의 무대와 적정거리를 유지함으로써 소리의 연계를 효과적으로 하고 있다. 이와 함께 한 음식점에서는 컴퓨터를 동원하여 간단한 게임을 시행한 후 자신의 음식점을 홍보하는 풍선을 제공하고 있다.

㉱ 보 도

축제가 벌어지는 거리 전체의 천정면은 만국기의 형상을 한 협찬사의 홍보

깃발로 뒤덮히고, 거리의 양측에는 축제를 알리는 포스터와 깃발이 나부낀다. 전시마당의 길 양측에는 사진전과 서예전을 위한 전시대와 몇 개의 조형물이 늘어서있다. 제5회(1996년)의 축제에서는 조형물이 등장하였으나 이는 고정된 형태의 시설은 아니고 경우에 따라서는 수퍼그래픽이 등장하기도 한다.

거리에 늘어선 협찬사에서는 자기회사의 제품을 소개할 수 있도록 진열대를 만들고, 진열대의 주변은 홍보를 위한 광고물로 가득메워진다. 거리화가들과 운세를 보아주는 관상장이들은 축제가 시작되기 훨씬 전부터 적당한 거리를 유지하면서 화판과 畵具, 그리고 토정비결에 이용될 파라솔을 설치한다. 거리의 화가들은 축제에 참여하고 있는 시민들을 대상으로 초상화를 그리고 있고, 그 옆에는 4~5개의 소형 파라솔이 놓여 있어 축제에 참여하고 있는 사람들의 토정비결과 손금을 봐주고 있다. 이는 단순한 구경꾼이었던 거리의 시민들을 적극적인 참여자로 만들어냄으로써 축제의 분위기를 더욱 활성화시키는 계기가 되고 있다.

<그림 2-18> 신촌축제의 주요공간 구조와 행태

① 무대는 새터마당의 북쪽 끝에 설치되고, 무대 위에는 대형모니터와 조명기구가 설치되어 있다.
② 무대는 주로 본행사의 의례와 각종 개별행사가 벌어지며, 특히 야간 이용이 활발하다.
③ 무대 앞에는 성화대가 준비되어 있어 개막과 함께 점화되어 폐막식까지 불을 밝히고 있다.
④ 본행사를 위한 임원들의 좌석이 설치된다.
⑤ 환경조형물로 때에 따라서는 조형물 대신 수퍼그래픽이 바닥에 그려지기도 한다.

3. 논현동가구거리축제

(1) 개요 및 환경구성

㉮ 개 요

논현동가구거리축제는 지역문화권을 형성하고 집단 마케팅을 통해 논현동을 가구유통의 중심지로 자리잡게 하며, 외국 가구업체와의 경쟁력 확보를 위한 축제로 조사시점인 1996년에 제2회를 맞았다. 이 지역의 가구점은 강남의 개발이 완료되면서 들어서기 시작하여 영동사거리에서 논현사거리에 이르는 구간에만 당시 100여개의 점포가 들어서있었다. 이 거리의 가구점들은 중고가구가 중심이 되는 사당동과는 달리 신상품이나 고급가구를 주요 판매대상으로 하고 있었다.

이 가구거리축제는 이곳을 생업의 기반으로 하고 있는 가구판매상들이 상가번영회를 조직하여 매년 3월에 벌이는 동종직업인들의 행사이다. 10일간(9일~18일)에 걸쳐 이루어지는 이 축제의 구성은 개막을 알리는 첫날의 행사를 시작으로 고적대의 거리행진, 신상품대전, 가구관련 세미나, 소년·소녀가장 돕기, 전통혼례식, 맥주 무료시음, 노래자랑, 꽃씨 나누어주기, 연예인 공연 등이 벌어진다.

상인들의 모임인 상가번영회에서는 축제의 유치를 위하여 몇주일 전부터 준비에 들어간다. 각 상인들로부터 일정액을 염출하거나 협찬사를 결정함으로써 축제의 비용을 마련한다. 비용의 마련이 끝나면 축제를 기획하고 연출할 전문기획업체를 선정하며, 기획업체에서는 부대시설 설치전문가와 진행요원, 초청대상 등에 대한 섭외가 이루어진다. 이뿐만 아니라 축제행사에 대한 절차와 이용객의 유치를 위한 특별행사도 기획된다.

㉯ 환경구성

이곳은 강남대로와 논현로를 좌우의 끝단으로 두고 동서를 횡단하는 학동로의 약 1km 구간으로 도로를 가운데 두고 남북 양측에 늘어선 가구판매상

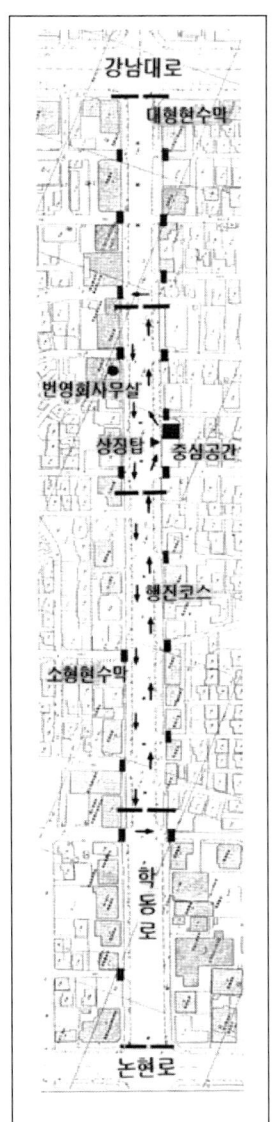

들은 이곳을 성격이 분명한 거리로 감지시켜준다. 축제가 있기 전의 이 거리는 가구점이 많다는 특성 이외에는 계획도로로서 여느 강남의 거리와는 별 차이를 발견할 수 없다. 그러나 가구거리로서의 특징은 명확하게 나타난다.

가구디자인과 같은 건물의 파사드, 거리를 가득 메운 가구운반용 트럭, 가로시설물 처럼 보도에 내놓은 의자와 각종 가구들, 가구판매로 사람들의 인지를 고정시켜 놓은 유명메이커들, 끊임 없이 이어질 것같은 가구전시 쇼윈도우 등은 이곳을 지나다니는 젊은이를 신혼부부로, 그리고 중년이후의 주부들에 대해서는 혼수품을 준비하는 친정어머니로 착각하게 만든다. 이 거리의 동질성은 마치 입구만 다를뿐 내부는 가구라는 요소로 통일되어 하나의 공간을 이루고 있을 것같은 분위기를 보인다. 즉 안방이라는 내부가 윈도우를 통하여 가로를 향해 개방되어 있고, 이러한 안방의 행렬은 가로의 전체를 유사하게 메우고 있는 것이다.

<그림 2-19> 논현동의 축제시설과 행진과정

```
0    40   80              200    N
▲    ▲    ▲               ▲
(m)
```

일상에서도 다소 이질성을 가지던 이 공간에 축제가 시작되면 이를 담기 위한 물리적 요소들이 들어온다. 가로의 양쪽 끝단에는 가로를 횡단하여 대형 현수막이 걸리고, 대로와 연결되는 양측 가로의 소로에도 소형의 현수막이 걸린다. 이렇게 축제를 알리는 도구에는 축제포스터와 가구점의 윈도우를 장식하는 할인판매 포스터, 그리고 축제를 상징하는 깃발들이 곳곳을 차지한다. 또한 북측 가로의 중앙에는 축제의 공식행사를 위해 약 120평 정도의 공지가 마련되고 반대편인 남측 가로의 한 가구점에는 축제를 총괄·지휘하는 본부가 설치된다.

⑵ 공간의 동적인 이용

㉮ 앞전행사과정

가로의 중앙공지에 마련된 행사장과 행사장의 건너편에 위치한 총괄본부 앞을 중심으로 고적대와 길놀이꾼들이 서로의 호흡을 맞추기 위해 연습으로 분주하게 움직이고는 있으나 활발한 공간의 이동을 보이고 있지는 않다. 이러한 모습은 단지 연습과 축제분위기 조성을 위한 행위정도로 이해할 수 있겠다. 그러나 제2회 축제의 기획행사였던 꽃씨나눠주기에서는 거리의 전구간을 오가면서 시민들의 참여를 유도하고 있다.

㉯ 본행사과정

움직임을 통한 공간의 이용은 본행사의 의례부분이 모두 끝이 나면서 시작되는데, 외부로부터 초청된 고적대가 교통이 차단된 학동로를 약 30분간 활보한다. 가구거리 전체를 도는 이 퍼레이드는 지휘봉을 든 여학생을 선두로 하여 고적대, 축제깃발을 든 기수단, 상가번영회임원, 풍물패 등의 순서로 이어진다. 길놀이로서 퍼레이드가 벌어지는 가로와 이 가로에 병풍처럼 둘러진 건물의 창문과 옥상에는 구경꾼들이 모여 행사에 간접적으로 참여하고 있음을 보인다.

<사진 2-18> 길놀이   <사진 2-19> 고적대행진

구간은 공식행사장을 출발하여 강남대로를 향해 150여m를 진행한 후 완전히 선회하여 다시 반대방향인 논현로를 향해 이어지고, 이 행렬은 500여m의 행진이 이루어진 후 다시 돌아 공식행사장인 중앙 공지로 들어온다. 따라서 약 1km 가량 이어지는 구간의 절반정도를 퍼레이드 구간으로 활용했던 것이다. 이렇게 길놀이의 구간이 절반으로 줄어듦에 따른 부작용은 퍼레이드를 마친 후 10분이 채 지나지 않아 발생되었다. 축제의 공식행사가 벌어졌던 서낭터의 한 쪽에서 싸움이 벌어진 것이다. 이 거리축제를 위해 얼마간을 추렴했던 가구상 주인과 이 축제를 총괄한 번영회의 임원 사이에서 벌어진 싸움으로 자신의 상점이 위치하고 있는 가로 끝부분에는 사람이 전혀 없다는 것이었다. 즉 공식행사가 벌어졌던 중심공간과 길놀이가 지나갔던 구간에만 축제의 분위기에 들어갔을 뿐 자신들은 축제의 신명에 전혀 감염이 이루어지지 않았음을 표현하는 것이었다.

<그림 2-20> 논현동가구거리축제의 행진개념도

● 고적대   ► 풍물패
► 기수단   ○ 구경꾼
■ 임 원

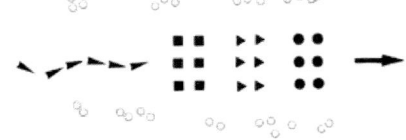

　고적대를 동원한 행진은 거리전체를 하나의 분위기로 만들기 위한 것으로 상점뿐만 아니라 거리를 이용하는 사람들도 특별할 공간의 일원이 되도록 하는 것이다. 그러나 평소에는 차도로 이용되던 곳을 행진을 위해 교통이 통제됨으로써 새로운 공간으로 변모되긴 하였지만 행진만을 위한 일시적인 상황이었기 때문에 주변의 시민이나 구경꾼들의 적극적인 참여모습은 거의 확인되지 않았다. 거리의 구경꾼들은 보도의 일부나 건물의 창문을 통해 간접적인 참여만을 보이고 있었으므로 행진이 이루어지는 차도는 또 다른 무대로 변모된 것이다.

　㉯ 뒷전행사과정

　대부분의 뒷전행사과정은 행사장을 중심으로 이루어지기 때문에 공간의 이동을 보이는 행위는 거의 없었으며 부분적인 단위행사 역시 주변의 건물 내부를 활용하고 있었으므로 움직임을 통한 공간의 특성은 확인되지 않았다.

　(3) 공간의 정적인 이용

　㉮ 무대와 주변

　가로 중앙의 공지는 축제의 공식행사뿐만 아니라 모든 행사가 시작되는 곳으로 이용되는데, 축하공연, 퍼레이드, 노래자랑 – 참여관객의 수가 적어 이루어지지 않았음 – 등이 이곳에서 이루어지거나 또는 이곳으로부터 출발한다. 공식행사는 행사장정리, 개회, 국민의례, 연혁보고, 시상식, 개막선포, 축사, 축가, 리본커팅, 상징탑제막 등의 순서로 진행된다. 개막선포와 리본커팅에 맞추어 오색의 풍선 – 진행자가 작성한 프로그램에 표현된 것으로 실제로는 오색과 상관이 없었음 – 이 하늘로 풀려져 날아간다. 상징탑의 제막과 함께 행진이 이곳으로부터 출발을 하고, 다시 이곳으로 들어온다. 행진에 사용되었던 각종 깃발이 다시 이곳에 세워짐으로써 분명한 중심공간이 된다.

<사진 2-18> 상징탑제막식 ▶
<사진 2-19> 개막선포 ▼

이 축제에서 이루어지는 선물제공, 소년·소녀가장돕기, 할인판매 등의
프로그램을 판매전략의 하나로 활용되고 있음은 쉽게 확인할 수 있으나,
그 내면에는 그들이 가진 경제력을 바탕으로 이곳에서 벌어지는 축제가 가
구왕국으로서의 힘을 과시하기 위한 행위였음으로 이해할 수 있다.

㉯ 경　계

신촌이나 명동과는 달리 보행자전용도로가 아니므로 아치형태의 구조물
은 눈에 띄지 않고, 이를 대신하여 대형현수막이 가로의 양쪽에 걸려있다.
또한 이 축제와 직접적인 관련을 갖고 있는 가구상은 도로에 면한 1켜 정
도의 건물만이 해당되므로 축제공간은 도로를 중심으로 극히 선형적인 양
상을 보인다. 따라서 학동로라는 간선도로와 접하는 내부도로의 입구에는
소형의 현수막이 어김없이 걸려있다.

<그림 2-21> 논현동가구거리축제의 주요공간 구조와 행태

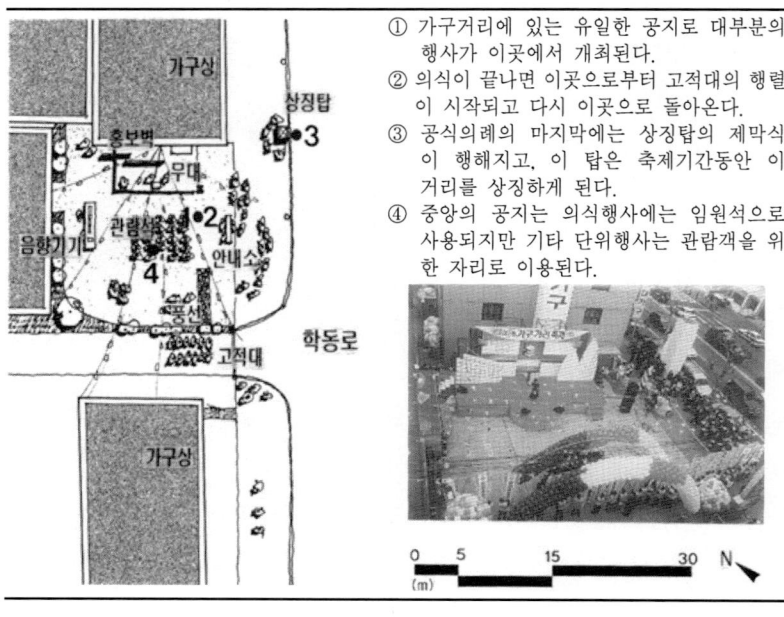

① 가구거리에 있는 유일한 공지로 대부분의 행사가 이곳에서 개최된다.
② 의식이 끝나면 이곳으로부터 고적대의 행렬이 시작되고 다시 이곳으로 돌아온다.
③ 공식의례의 마지막에는 상징탑의 제막식이 행해지고, 이 탑은 축제기간동안 이 거리를 상징하게 된다.
④ 중앙의 공지는 의식행사에는 임원석으로 사용되지만 기타 단위행사는 관람객을 위한 자리로 이용된다.

㉓ 상점과 노점 주변

축제의 주체가 상가이기 때문에 상점은 가로 전체를 두르고 있지만 축제를 난장적 분위기로 만들어주는 노점은 전혀 나타나지 않는다. 또한 계절적 영향으로 인해 상가의 문들이 대부분 닫혀 있어 창안으로 들여다 보아야 하는 구조를 가지고 있으므로 거리이용자와의 사이에 적극적인 상호교섭이 일어나지 않고 있다. 따라서 거리이용자들은 필요한 경우를 제외하고는 거의 상점이나 그 주변에서 특별한 행위를 하지 않는다.

㉔ 보 도

축제가 이루어지기 몇분 전부터 풍물패는 총괄본부 앞에서, 그리고 고적대는 공식행사장 앞에서 그들의 호흡을 맞추기 위한 사전 연습이 이루어지고 있으며, 가로에서는 프로그램중의 하나인 '꽃씨 나누어주기'와 행사안내장이 각 점포의 종업원들에 의해 배포되고 있어 이미 이 공간은 축제의 분위기가 시작되고 있다. 이러한 분위기는 구경꾼과 언론사의 취재기자들, 행사진행을 맡은 이벤트사의 직원들, 질서유지를 위해 투입된 경찰들에 의해 더욱 긴밀하게 전달된다.

Ⅲ. 공간요소와 행위 특성

외부환경은 일반적으로 바닥면과 천정면 그리고 수직면으로 구분되고, 여기에 인간 혹은 인간의 행위가 포함되면 완전한 하나의 환경이 되는데, 축제를 담는 공간 역시 이 범주 안에 있을 것이다. 또한 일시적 경관이 만들어진다는 축제의 특성상 이미 있어왔던 시설에 장식적인 요소를 첨가하여 만들어진 새로운 기능의 시설과 축제만을 위해 일회용으로 만들어지는 시설이 있을 수 있다. 여기에서 말하는 이미 있어왔던 시설이란 가로장치물을 뜻하는 것으로 이들 요소를 중심으로 축제의 행태와 관련시켜 그 특징을 살펴 보면 다음과 같다.

1. 바닥요소

도시공간에서의 바닥면은 주로 포장과 관련되는데, 공간의 기능에 따라 패턴이나 색상을 달리 함으로써 공간에 변화감을 주는 평면적 요소이다. 그러나 축제와 관련되어 바닥면이 변화를 갖게 되는 경우는 극히 드문 현상이고, 바닥면의 용도 혹은 기능이 변화되는 경우가 대부분이다. 즉 일시적인 통제에 의해 차도에서 보행로로 변화하거나 일상적 생활공간에서 특별한 행위를 담는 공간으로 변화됨을 뜻하는 것으로, 물리적 형태의 변화보다는 기능에 많은 변화가 오게 된다. 이렇게 축제공간의 바닥면에 물리적 변화가 자유롭게 일어나지 않는 이유는 축제이후의 복구에 어려움이 있기 때문인 것으로 보이며, 또한 복구가 수월한 소재는 많은 사람이 일시에 집중됨에 따라 내구성에 문제가 발생하기 때문이다. 이와 함께 바닥요소는 수직요소나 천정요소에 비하여 시각적 효과가 훨씬 떨어진다는데에도 원인이 있는 것으로 보인다.

그러나 이것은 일관되게 나타나는 양상은 아닌 것으로 1995년의 신촌축제에서는 바닥에 수퍼그래픽을 했던 사례도 나타난다. 물론 당시에 그려졌던 바닥의 그림이 축제와 직접적으로 관련된 내용을 가지고 있다고는 할 수 없으나 이 그림으로 인해 주변과는 이질적인 공간이 형성된 것은 분명한 결과로 나타났다.

이러한 형태외에도 축제기간에 뿌려져 바닥에 흩날리는 오색꽃가루는 일상에서는 볼 수 없는 유동적인 바닥 장식요소로 인식된다.

2. 천정요소

축제의 공간에는 어김없이 불을 켤 수 있는 등과 만국기가 등장하는데, 이들은 도시환경의 비인간적인 척도를 인간적인 규모로 조정하여 준다. 한없이 위로 뚫린 공간을 일차적으로 차단시켜줌으로써 보다 친숙한 규모의 공간을 만들어내고, 도시의 빌딩 숲이 드리우는 그늘을 심리적으로 걸러줌으로써 안락감을 창출한다. 이러한 반면 쉬지 않고 흔들리며 나부끼는 모습은 활동감을 불러일으킴으로써 축제적 분위기 연출에 매우 효과적이라 할 수 있다.

3. 수직요소

축제공간을 장식하거나 일상의 공간을 축제의 공간으로 만드는 물리적 형태는 거의 대부분이 수직적인 모습을 갖는다. 이러한 수직요소는 점적인 형태와 선적인 형태로 나타나는데, 점적인 요소는 랜드마크적 역할을 하며 선적인 형태는 공간의 형태를 만드는 역할을 하게 된다. 특히 이들 수직요소들은 인간의 행태를 담게 되면서 의미를 갖는 공간이 되므로 축제공간 연출에 매우 중요한 요소가 된다.

⑴ 공간형태와 축제

　가로에서 축제를 담는 공간은 동적인 움직임을 어떠한 형태로 담는가에
따라 線的인 형태와 중심을 연결하는 형태, 그리고 중심만 존재하는 형태
와 이들이 모두 혼합된 형태로 구분할 수 있다. 이를 선형과 중심연결형,
중심집중형, 혼합형이라 한다면, 선형은 가로를 중심으로 양쪽 혹은 한쪽에
축제와 관련된 시설이나 단위행사가 배열된 형태를 말하고 중심연결형은
몇 개의 주요지점이 연계되는 형태라 하겠다. 중심집중형은 주요행사 장소
를 하나로 하여 모든 시설과 기능을 이곳에 집중시키는 형태이고, 혼합형
은 위의 구분중 2개 이상의 형태를 나타내는 것이라 하겠다.

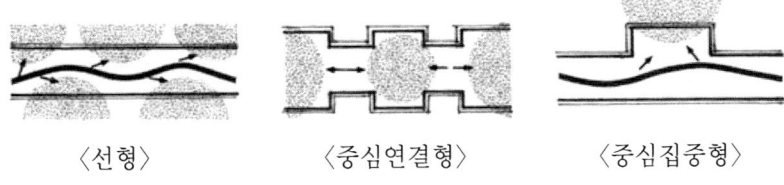

〈선형〉　　　　　〈중심연결형〉　　　　〈중심집중형〉

　선형은 축제를 담기에 적절한 공지가 없거나 가로의 폭이 좁은 경우에
나타나는데, 명동 축제가 이 형태에 속한다고 볼 수 있다. 이러한 형태는
중심공간의 위치 선정이 매우 중요한 사항으로 통행이 가장 빈번한 곳을
택하는 것이 유리하다. 그러나 축제참여자들은 보행동선 위에 있어야 하므
로 가로의 통과동선과 빈번한 마찰이 발생하게 된다. 축제를 전달하는 가
로행진은 한 쪽 입구를 출발하여 반대쪽 입구까지 도달하는 일방향적 형태
로 나타난다.

　중심연결형은 주변에 3~4개 이상의 공지가 확보되어 있거나 가로의 폭
이 비교적 넓은 경우에 나타나는 형태로 단위행사의 주제와 밀접한 관련을
맺고 있다. 새터마당, 놀거리마당, 거리축제마당, 전시마당, 이벤트마당 등
으로 구분된 신촌축제가 이에 해당되는데 참여자에게 다양한 볼거리를 제
공할 수 있는 장점을 가지고는 있지만, 이에 반해 참여도가 낮을 경우 축

제 전체의 성공도에 악영향을 미칠 수 있는 단점이 있다. 가로행진은 각 주제공간을 순회하는 형태로 나타난다.

중심집중형은 축제 개최를 위해 비교적 여유가 있는 크기의 공지가 있을 경우에 나타나는 형태로 논현동가구거리축제에서 확인할 수 있다. 이러한 형태는 참여의 집중력을 높일 수 있는 장점이 있는 반면, 다양한 행태를 기대할 수 없고 중심공간으로부터 거리가 멀어짐에 따라 축제라는 동질의 분위기 감지가 약화될 수 있다. 가로행진은 중심공간을 출발하여 다시 이 공간으로 되돌아오는 순환형태를 보인다.

(2) 시 설

현대가로축제에서 공통적으로 나타나는 수직형태의 물리적 요소는 무대, 무대장치물(음향기기, 모니터, 조명기기 등), 상징탑, 아치나 현수막 등이 있다. 경우에 따라서는 성화대나 환경조형물도 나타나는데, 이들은 넓은 의미에서 일종의 상징탑으로 볼 수 있다.

전통축제의 중심공간이 제의를 올리는 공간이라고 한다면 현대의 축제에서 중심이 되는 공간은 무대가 될 것이다. 무대는 모든 행사의 출발점이고 대부분의 공식적인 행사를 위해 제공되므로 가장 중요한 요소가 된다. 일반적으로 무대의 규모는 10m×5m 전후의 크기를 보이며, 높이는 70cm~1.5m 정도를 유지하여 관람객의 직접적인 접근은 막고 있으나 관람은 비교적 용이하다.

무대를 장식하는 요소로는 '~축제'라고 씌어진 배경벽면과 음악을 제공하고 소리를 멀리까지 전달하는 음향기기와 대형모니터, 그리고 야간의 행사를 위한 조명기기 등이 있다. 축제에 대한 정보를 전달하고 있는 배경벽면과 단위행사마다 등장하는 이동식 수직홍보기구는 과거의 축제에서 사용되던 농기나 당기의 역할을 대신하고 있으며, 음향기구나 대형모니터는 여러 명의 악공이 제공하던 음악과 음향을 이어받고 있다. 전통축제에서 농기나 당기 혹은 신목이 세워짐으로써 중심공간이 되었던 모습은 현재도 나타나는데, 이동식 수직홍보기구와 상징탑, 그리고 성화대에서 그 예를 볼 수 있다.

아치와 현수막은 축제공간의 한계를 설정해주고 이들의 뒤로 펼쳐지는 공간의 상황을 매우 직설적인 방법으로 보여줌으로써 사람들을 유인하고 있다. 마을입구의 정자목에 걸쳐진 오방신장기나 오색의 천이 상징적으로 전달하던 정보가 시대의 흐름에 따라 변모된 것으로 이해할 수 있겠다.

제3장 현대축제에 나타난 전통요소

제1절 현대축제의 전통성

현대의 축제는 과거의 전통축제와 매우 유사한 구성으로 열리고 있다. 즉 동시대의 관점에서 축제는 일련의 규칙과도 같이 절차와 행위자 및 공간의 물리적 요소들이 등장한다. 물론 시대의 변화에 따라 외형은 흔적을 찾아볼 수 없을 정도로 변모되었으나 내용의 측면에서 보면 매우 유사한 점을 발견할 수 있다. 현대의 축제에서 과거의 전통축제가 보여주던 모습을 그대로 발견한다는 것은 거의 불가능한 일이기 때문에 여기서 찾고자하는 것은 내용속에 흐르는 맥락성이다. 즉 형태가 닮았기 때문에 전통성을 유지하고 있는 것이 아니라 형태는 변했어도 그 안에 흐르는 정신이나 의미가 같다면 전통적 맥락을 유지하고 있는 것이다.

위에서 살펴본 바와 같이 현대의 축제를 이루는 각 요소들은 완전히 새로운 것으로 변모되었으나, 축제의 구성은 상당한 부분에서 공통점을 가지고 있다. 그러나 과거의 전통축제가 갖던 절차의 중요성을 그대로 가지고 있지는 않다. 따라서 현대가로축제는 전후관계의 절차적 이해보다는 유형화된 단위를 기준으로 각 요소의 형태와 의미를 파악하고 이들을 대상으로 전통축제와 비교함으로써 전통적 맥락의 발견이 보다 효과적일 것이다.

무라야마(村山智順)가 조사 -朝鮮の 郷土神祀 第一部:部落祭, 朝鮮總督府, 1937- 한 당시의 부락제는 전체 부락의 58%에서 실시되고 있는 것으로 나타났는데, 이는 부락제가 산간벽지나 근대화되지 못한 일부 지역에서만 벌어지는 의례가 아니라 도시지역에서도 성행되고 있었던 축제행위였음을 알 수 있게 한다. 이러한 측면에서 지금도 계속되고 있는 명동축제, 신촌축제, 논현동가구거리축제 등은 현대화된 도시에서 행하여지는 부락제로 이해하여야 할 것이다.

제2절 행위요소의 전통구조

현대적 축제는 과거의 전통축제와 비교하여 외형은 변모되었지만 내용의 측면에서는 많은 부분에서 전통적 맥락성을 발견할 수 있다. 전통축제와 비교대상이 되었던 현대가로축제는 모든 측면에서 직접적인 대응관계를 갖지는 않으며, 가로축제가 현대의 축제를 대표하지는 않는다. 그러나 대부분의 현대축제가 향토축제화된 상황에서 도시화된 축제로서의 의미를 갖는다고 하겠다.

I. 행 위

전통축제에 대비된 현대가로축제의 행태적 특성중 가장 두드러지게 나타나는 것은 각 요소축을 이루는 행태소들의 독립성과 이에 따른 절차의 비순위성을 들 수 있다. 과거의 전통축제는 각 요소에 의한 전후관계에 의해 기능이 설정되고 의미를 갖게 된다. 즉 강릉단오제에서의 조상굿으로부터 환후굿으로 이어지는 과정은 부정굿으로부터 화회굿으로 이어지는 정화과정과 여흥이라는 뒷전에 의해 본과정이라는 위치상·기능상의 역할이 이루어진다. 그러나 부분적으로는 절차의 순위가 의미를 갖는 경우가 발견되기도 하지만 대체적으로 현대의 축제에 나타나는 이러한 절차상의 위치는 거의 제한적 요소로 작용되고 있지 않음을 볼 수 있다. 현대가로축제는 앞전행사와 본행사 그리고 뒷전행사의 순서로 진행되지만 좀더 세분된 유형을 보면 절차상의 순서에는 큰 의미를 담고 있지 않다. 예를 들어 본행사의 개막과 제막은 순서의 위계가 정해져 있지 않으며, 특히 뒷전행사의 경우 이러한 현상은 더욱 두드러지게 나타나고 있음을 발견할 수 있다. 전체적인 절차뿐만 아니라 개별적으로 나타나는 각 행태소에서도 이러한 차이점과 전통적 맥락성이 발견된다.

1. 준 비

전통축제에서는 축제날짜가 결정되면 일정한 금기를 설정하여 금줄을 치는 등의 부정방지 장치를 마련한다. 이는 앞의 내용에서 보았듯이 좋지 않은 것에 대한 행위의 제한을 뜻하는 것으로 제의 전체에 대한 성공여부와 밀접한 관련을 맺고 있다. 그러나 현대의 축제에서 나타나는 준비단계의 각종예선이나 아치 및 현수막 등의 설치는 이와 비교될 수 있는 행태이지만 매우 다른 방법을 사용하고 있다. 거리축제의 준비과정에서는 성공적인 축제를 위하여 부정을 방지할 필요가 없고, 오히려 보다 많은 사람을 흡인하기 위해 축제가 일어나기 훨씬 전부터 홍보에 나서야 한다. 즉 전통축제에서는 부정에 대한 예방의 수단으로 일정한 기준 내에서의 참여제한 방법을 사용하여 축제의 성공을 유도하고 있지만, 현대의 축제에서는 아치나 현수막 또는 무대 등을 설치하는 행위를 통해 축제가 있게 됨을 미리 알림으로써 많은 참여를 기대하고 있는 것이다. 특히 노래자랑이나 춤경연대회 등의 예선전을 시행함으로써 더욱 확실하게 참여자를 확보하게 되어 성공적인 축제에 보다 가깝게 되는 것이다. 이렇게 전통축제와 현대축제의 준비과정은 매우 다른 방법을 사용하고 있지만 축제 자체의 의미에서는 성공적인 축제를 위한 기원행위라는 내용을 공유하고 있다. 이러한 현상은 시대의 변천에 따라 축제를 구성하는 행태소의 외형이나 개별적 의미는 변화되었지만 축제자체의 기능이나 의미는 그대로 유지되고 있기 때문이다.

<표 3-1> 전통축제와 현대축제의 행위비교 - 준비

	과 정	외 형	내 용	
			절차·기능적 의미	축제적 의미
전통축제	준 비	금기,금줄	부정의 방지,참여의 제한	성공기원
현대축제	준 비	예선,아치,현수막,무대	축제의 암시,참여의 권유	

2. 정화와 알림

준비단계에 뒤따르는 과정으로 전통축제에서의 정화과정과 같은 의미를 갖는 현대축제의 행위는 알림과정이라 할 수 있다. 영신(迎神)을 위한 거리부정과 걸립을 위한 세경굿 등은 부정을 퇴치하고 주민들의 관심을 유도하기 위한 과정이었다. 이러한 의미에서 현대축제에 나타나는 축제를 위한 연습행위나 고적대행진 등은 축제가 있음을 알리는 행위로 시민들과 상인들의 관심을 유도하고 있다. 이렇게 전통축제에서의 정화과정과 현대축제에서의 알림과정은 본행사가 시작될 것임을 알리는 행위로서 축제분위기 조성이라는 의미를 공유하고 있는 것이다.

<표 3-2> 전통축제와 현대축제의 행위비교 - 정화와 알림

	과 정	외 형	내 용	
			절차·기능적 의미	축제적 의미
전통축제	정 화	난장,걸립,거리부정,영신	부정의 퇴치,관심유도	축제분위기 조성
현대축제	알 림	연습,행진,기획행사	축제의 예고,관심유도	

3. 본제의와 본행사

위의 과정들과는 달리 외형과 내용에 있어 매우 다른 양상을 보이는 것이 본제의와 본행사과정이다. 전통축제에서의 본제의는 개인적 소지와 마

을의 안녕을 비는 염원이 대부분을 차지하므로 특정대상에 대한 참여유도
를 가장 큰 기능으로 하고 있고, 축제의 관점에서는 축제자체라고 할 수
있는 기원을 주요 의미로 담고 있다. 이러한 염원의 표현은 현대축제에서
도 나타나는데, 축포발사 또는 풍선이나 비둘기날리기 등의 행태는 축제의
시작을 알리는 기능도 하지만 이와 더불어 축제의 성공으로 경제적 활성화
를 기대하는 염원이 담겨져 있는 것이다. 즉 목적을 달리하기 때문에 내용
이 달라지게 된 것이지만 개인이나 마을의 갈등의 해소 혹은 풍년이나 풍
어를 바라는 기원의 행태가 경제적 활성화의 염원이라는 변모형태로 과거
적 유산과 선이 닿아 있다고 하겠다. 그러나 여기에는 또다른 의미가 담겨
있는데, 개막의 선포와 함께 하늘로 풀려져 나간 오색의 풍선이나 비둘기
에서 솟대 위에 앉은 오리의 염원을 볼 수 있으며, 하늘과의 교섭이라는
측면에서는 오히려 더욱 적극적인 형태로 표현되고 있는 것이다. 장대와
오리로 구성되는 솟대는 축제기간에 나무로 제작되어 새롭게 돌아오는 축
제 때까지 마을을 비보하고 마을민이 하늘을 향해 염원하는 통로가 된다.
그러나 현대의 축제현장에서 하늘과의 교섭을 위해 하늘로 올라간 풍선은
어디선가 터지게 되고 풀려져나간 비둘기는 돌아오지 않는데, 이것은 일회
성이라는 현대의 축제를 보여주는 것이다. 즉 축제가 가져야할 주기성과
순환성은 횟수라는 수단에 의해서만 나타나고 있어 '최초로의 돌아감'이라
는 재생적 특성이 매우 미약하다고 할 수 있다.

현대의 축제에서 가장 두드러진 현상이며, 가장 형식화된 행위는 지역유
지들이 참여하여 본행사의 개막을 알리는 의례행위이다. 관련자들은 무대
의 위나 아래에서 자신의 연설순서를 기다리고 있고, 무대 위에서는 번영
회장에 의해 지역내의 효자효부 혹은 불우이웃과 소년소녀가장에게 상품과
선물이 전달되고 있다. 이러한 모습은 지역민들에게 베푸는 상인들의 정성
표현이기도 하지만, 축제의 홍보와 자신들의 경제력을 과시하고자 하는 의
도가 포함되어 있는 것이다.

상징물에 대한 제막이나 성화봉송 등의 행태는 일상의 공간과 시간에서

비균질적 공간과 시간으로의 변화를 의미하는데, 특히 은산별신제의 진대베기 행위나 그 행렬을 연상시킨다. 의례적 절차의 마지막 부분인 축하행사는 전통적인 맥락을 발견할 수 없는 현대축제만의 행위로 보인다. 또한 무당이 노래하는 巫歌는 전통축제의 내용과 밀접한 관련을 맺고 있거나 축제자체를 표현하는 도구로 이용되지만, 현대의 축제에서 무대를 주도하는 사람들의 노래나 춤은 축제와는 명확한 관련성을 찾기는 힘들다.

<표 3-3> 전통축제와 현대축제의 행위비교 - 본제의와 본행사

	과 정	외 형	내 용	
			절차·기능적 의미	축제적 의미
전통축제	본제의	조상굿,세존굿,군웅굿 등	제의의 본체,개별적 참여유도	기원
현대축제	개 막	의례,풍선·비둘기날리기	시작알림	기원,과시
	제 막	상징물세우기,성화봉송	축제의 상징	비균질상태의 표현
	축하행사	행진,공연	축제의 장식	축제의 지속,참여권유

4. 뒷전과 개별행사

전통축제의 뒷전은 앞선과정에서의 각종 금기적 행위에 대한 위반 혹은 제축적 폭발이라는 형식적 의미를 지니지만 현대적 축제는 다양하게 나타나는 개별행위의 조합형태이기 때문에 축제가 가지는 형식은 보이지 않는다. 전통축제가 갖는 형식적 의미란 모든 갈등의 해소를 위해서는 금기의 위반 형식을 취하는 제축적 폭발이 요구된다는 뜻이다. 이러한 폭발에 의해 갈등이 깨끗이 해소됨으로써 사회적 질서로의 복귀가 가능해지고 축제는 성공적으로 끝을 맺는 것이다. 이에 비해 현대축제의 뒷전이라고 할 수 있는 개별행사는 일련의 절차 속에서 이루어지는 것이 아니라 독립적인 행사의 시간배열에 의해 이루어지기 때문에 전통축제에서 나타나는 형태인 제축적 폭발과는 다소 차이가 있다. 즉 본행사과정의 뒷부분을 장식하는 축하행사와 거의 유사한 형태의 반복행위만 일어나고 있을 뿐이다.

<표 3-4> 전통축제와 현대축제의 행위비교 – 뒷전과 개별행사

	과 정	외 형	내 용	
			절차·기능적 의미	축제적 의미
전통축제	뒷 전	각종놀이	뒷풀이,제축적 반란	성공확인
현대축제	개별행사	각종기획공연	기업홍보	축제의 지속,참여권유

이 밖에도 현대축제의 거의 모든 비용을 제공하는 협찬사는 자신의 기업홍보를 위하여 각종 시음대회를 열게 되는데, 길가에 설치된 무료시음장에서 제공하는 술과 음료수 그리고 과자 등을 먹음으로써 축제공간의 일원이 된다. 전통축제에서 제의후에 마을민들에게 음식을 나누는 공식행위와 이를 통해 공동체를 확인하는 모습을 연상시키고 있다.

전체적으로 전통축제는 의미를 담는 행태소(行態素)들이 연계됨에 따라 절차의 중요성이 나타나는 반면, 현대축제에서는 행태소들의 외형적 측면이 강조됨에 따라 절차는 큰 의미를 갖지 못하게 되는 것으로 판단된다.

Ⅱ. 행위자

1. 조 직

전통축제에서의 조직은 마을공동체를 기반으로 하는 어촌계나 선주들의 모임으로서 은산별신제의 경우에는 제의를 위해 특별히 조직된 기성회가 있다. 이 조직은 제의의 날짜나 제관 혹은 巫 등의 제의 전반적인 사항을 결정하고, 제의에 지출될 제비를 마련하는 임무를 가진다. 이들은 제의를 준비하면서 마을의 안녕과 평안 그리고 풍년과 풍어를 담은 기원을 올린다.

현대축제에서는 축제를 위해 별도로 조직이 구성되는 경우는 드물게 나타난다. 대부분의 경우는 기존의 조직이 축제를 위한 조직으로 변모되는 형태를 취한다. 단지 신촌축제의 경우에는 축제를 위한 추진위원회가 별도

로 만들어짐으로써 은산별신제에서의 기성회조직과 같은 역할을 보여주고
있다. 현대축제에서의 대표적인 조직은 상가번영회라는 형태로 나타나며,
행정관청인 구청은 보조적인 역할로서의 조직이 된다. 상가번영회나 추진
위원회에서는 축제의 날짜를 결정하고 비용을 제공할 협찬사를 모집하며,
축제의 모든 것을 진행할 기획사를 선정한다. 모든 것이 준비되면 이들 역
시 축제를 통하여 경제가 활성화되기를 기원한다.

어촌을 기반으로 하는 마을에서의 전통축제에는 船主가 제비를 제공하
는 경우가 많은데, 이는 풍어에 대한 기원의 댓가로 지불되는 것이다. 이는
현대축제에서 거의 대부분의 비용을 제공하는 협찬사의 역할과 대단히 유
사한 형태를 보이는데, 이러한 협찬사들은 자신들의 상품을 홍보할 수 있
는 기회를 얻는 조건으로 비용을 제공하는 것이다.

<표 3-5> 전통축제와 현대축제의 행위자비교 - 조직

	구성요소	외 형	내 용	
			기능적 의미	축제적 의미
전통축제	조 직	期成會,어촌계,船主	제의주최,제비제공	제의총괄,풍년풍어기원
현대축제	조 직	상가번영회,구청	축제주최	축제총괄,경제력과시
	협찬사	제화업체,주류업체	경제적 보조	상품홍보,판매

2. 祭官 · 임원과 회장

堂主나 山主의 형태로 나타나는 전통축제에서의 祭官은 제의의 주재자로
서 제의를 대표하는 위치를 갖는다. 현대의 축제와는 달리 제의의 과정에서
중요한 위치를 차지하기 때문에 금기의 주간은 제관과 매우 밀접한 관련을
맺고 있다. 따라서 제관의 부정은 곧 제의 전체에 영향을 미치게 되므로 제
관이 교체되거나 제관에게 들어온 부정을 깨끗이 씻어낸 후 제의가 계속된
다. 이러한 모습은 제의에서 차지하는 제관의 위치가 대단히 중요함을 보여
주는 것으로서 제의 전체에서 중심적 존재임을 표현하는 것이다.

현대축제에서도 제관과 같은 위치로 조직의 회장이 있다. 祭主로서의 번영회장은 본 축제를 위해 모든 사항을 책임지고 있지만 전통축제에서의 제관에게 부여되는 것과 같은 특정한 역할은 보이지 않는다. 다만 축제를 대표하는 중심적 존재로서 개막식의 의례에만 등장하여 불우이웃이나 효자·효녀들에게 상금과 상품을 전달하고 개막과 관련된 연설을 함으로써 자신의 경제력과 권력을 과시하고 있다. 이러한 과시의 형태는 상금수혜자의 수와 상품의 가격, 그리고 초청된 인사의 수와 그 인사들의 사회적 지명도 등과 매우 밀접한 관련을 맺고 있다.

이렇게 전통축제에서의 제관은 神 앞에서 겸손을 보임으로써 축제의 성공을 기대하지만, 현대축제에서의 제관인 번영회장은 보다 많은 상금·상품수혜자와 초청인사에 의해 자신을 과시함으로써 성공적인 축제를 보장받는 것이다. 이와 함께 전통축제에서의 임원은 특별한 역할을 부여받고 있지만 현대축제의 경우에는 이러한 임원의 역할이 발견되고 있지 않는 것도 특징의 하나라고 볼 수 있겠다.

<표 3-6> 전통축제와 현대축제의 행위자비교 – 祭官·임원과 회장

	구성요소	외 형	내 용	
			기능적 의미	축제적 의미
전통축제	祭 官	堂主,山主	제의대표	제의중심
	임 원	有司,부사	제의준비	제의보조
현대축제	회 장	번영회장	축제대표	축제중심

3. 巫·樂工·놀이꾼과 기획사·초청행위자·특수개인

전통축제와 현대축제를 모두 막론하고 각 행위자들은 나름대로의 위치에서 중요한 역할을 하고 있다. 그런데 여기서 언급되고 있는 巫·樂工·놀이꾼과 기획사·초청행위자·특수개인들은 축제의 본체를 담당하는 역할을 하고 있기 때문에 축제의 핵심적 존재라고 할 수 있다.

<사진 3-1> 巫 (양주경사굿)　　　<사진 3-2> 사회자 (명동축제)

자료 : 양주경사굿소놀이굿, 1989

巫는 樂工의 도움을 받아 마을과 마을민에게 신이나 신명을 전달하는데, 그 형태는 거의 대부분이 巫歌라고 하는 노래와 춤이 이용된다. 특히 기원의 내용이 매우 다양하게 나타나기 때문에 이를 전달하는 巫는 기원의 내용에 따라 몇 개의 과정으로 나누어 굿제의를 진행한다. 즉 본제의 전체를 '거리'라는 명칭으로 구분하여 이를 순서별로 진행함으로써 전통축제의 연출자가 된다. 굿제의의 성격에 따라서는 한 명의 무당이 전체를 연출하는 경우도 있지만 때에 따라서는 애기무당 1~2명과 함께 진행하는 경우도 있다. 이들은 자신의 巫歌에 樂工이 제공하는 음악과 재담을 첨가하여 마을민들의 희노애락을 늘어놓고 염원을 올린다.

현대축제에서는 기획사라는 단체가 축제의 모든 것을 진행하는데, 이들의 진행방식은 관련된 각 분야의 전문가들을 초청하여 보다 조직적인 방식에 의해 축제의 시간 속에 이들을 배열하게 된다. 특히 모든 관련행사에 대한 통제는 기획사의 대표가 맡게 되고, 또한 그는 축제 전체의 행사를 진행하는 사회자가 된다. 따라서 그는 무대에서 벌어지는 각 개별행사의 초청자들을 순서에 맞추어 시민들에게 소개하고, 각 초청자들은 시민들의 흥을 돋우기 위해 노래나 춤을 제공한다. 사회자와 巫는 축제의 연출자로서, 각 초청자들과 애기무당들은 연출보조라는 맥락에서 축제를 공유하고 있는 것이다. 특히 별신굿을 주관하는 巫人들은 대부분 세습무로 구성되어 있고, 이에 따라

이들은 巫人이 되기 전에 춤과 노래를 익히고 무의(巫儀), 불경(佛經), 무가
(巫歌)들을 익힌다. 이들이 많은 연습을 통해 재능이 있는 巫가 되면 보다
넓은 활동범위를 갖게 됨으로 神力이 있는 巫로서 인정이 되는 것이다. 현대
축제의 무대위로 초청되는 재즈댄스그룹이나 가수들의 춤과 노래 역시 그들
의 직업과 관련이 있기 때문에 무대로 올려지기 전에 많은 연습을 하고 있
고, 이에 따라 재능이 인정되면 보다 많은 돈이 지불되어야 하는 인기연예인
으로서 자격을 갖추게 되는 것이다. 그러나 전통축제의 巫는 직접적인 방문
으로 갈등을 해소시키거나 복을 기원해주지만, 현대축제의 巫는 구매자와
판매자를 위한 매개체로서의 역할만을 한다는 차이점도 가지고 있다.

<사진 3-3> 초청가수 (명동축제)   <사진 3-4> 초청댄싱팀 (명동축제)

　이뿐만 아니라 길군악을 연주하여 축제의 분위기를 조성하던 풍물패의 역
할은 고적대와 사물놀이패가 대신하고, 음악을 제공하는 악공은 무대 위의
장치물 중 하나인 스피커와 대형텔레비젼이 대신하고 있다. 악공이라는 인
간을 통하여 제공되던 음악이 기계에 의해 대치된 것은 비용과도 밀접한 관
련을 맺고는 있지만, 현대라는 복잡한 사회구조 속에서 만들어진 다양한 음
악들을 몇 사람의 손에 의해서는 감당할 수 없기 때문인 것으로 보인다. 따
라서 마을민들 중에서 축제의 행위자를 선발하던 전통이 전문인에 대하여
돈을 지불하는 선발방식으로 바뀌었고, 이는 대량·대중사회라는 틀 속에서
전문화라는 방법을 통해 축제의 분위기를 전달하고 있는 것이다.

<사진 3-5> 악공 (하회별신제)   <사진 3-6> 음향기기 (신촌축제)

이와 더불어 축제의 공식행사와는 큰 관련은 없지만 축제의 분위기를 더욱
고조시키는 요소로 거리의 악사나 화가 혹은 관상가라는 개별연출가들이 있
다. 이들은 축제라는 공간과 시간을 이용하여 자신의 재능을 제공하고 시민들
에게 축제의 분위기를 감염시키는 역할을 하기 때문에 이들의 모습은 현대적
축제 속의 난장이라고 볼 수 있다. 이렇게 현대축제에서의 연희자들은 전통축
제에서의 경우보다는 매우 세분화된 특징을 가지고 있다.

<표 3-7> 전통축제와 현대축제의 행위자비교 - 巫·樂工·놀이꾼과
기획사·초청행위자·특수개인

	구성요소	외 형	내 용	
			기능적 의미	축제적 의미
전통축제	巫	만신,무당	제의진행	제의연출
	樂 工	잽이,화랭이	巫의 보조	보조연출
	놀이꾼	무녀,놀이패	여흥적 놀이	뒷전꾸미기
현대축제	기획사	부일,에방뜨,좋은세상	축제진행	축제연출
	초청행위자	가수,연예인,합창단,무용단	축제행위	축제장식,자기홍보
	특수개인	거리악사,화가,점쟁이,엿장수	축제의 연출보조	축제장식,자기홍보

4. 마을민과 상인

전통축제는 일반적으로 堂山으로부터 모셔진 神을 신명이라는 형태로

巫의 몸에 담은 후, 계속되는 제의과정에서 마을민들의 신명으로 전파시키는 방법으로 진행된다. 그런데 巫의 신명에 의해 감염된 마을민들은 일방적인 수여자의 입장만을 취하는 것은 아니다. 즉 巫에 의해 전달받은 신명을 다시 巫에게 감염시키는 상호작용의 기능을 하고 있었으며, 제의비용에 대단히 중요한 제공자였다. 따라서 전통축제에서의 마을민은 행위수혜자이자 제공자였다. 이러한 측면에서 보면 현대축제에서의 마을민은 상가에 늘어선 상점의 상인들로 보아야 한다. 즉 기원의 목적이 경제의 활성화에 있고, 이를 기원하는 사람들이 바로 가로를 병풍처럼 두르고 있는 상점의 상인들이기 때문이다.

이에 따라 전통축제에서의 巫는 개개인의 소지를 위한 개별적인 방문행위가 요구되었지만, 현대의 가로축제에서의 연출자는 거리를 이용하는 시민들과 각 상인들을 연결시켜주는 역할만이 요구된다. 즉 현대축제에서의 마을민인 상인들에게 돈을 가지고 있는 외지인으로서의 시민들을 보다 많이 연결시켜줄 수 있는 수단만이 요구되는 것이다.

그러나 전통축제에서의 마을민들은 축제를 통하여 자신들의 갈등을 해소하기 위해서는 결집력있는 공동체성이 요구되었고, 또한 축제의 결과를 통해 공동체성을 발견하였지만, 현대의 가로축제는 보다 많은 상품판매를 주요 목적으로 하고 있으므로 공동체적 결집력보다는 개별적 경쟁의식이 더욱 강하게 나타나고 있다. 그럼으로써 전통축제 속의 마을민들은 축제를 神과 만나는 기회이자 생활의 일부로 받아들임으로써 자신의 한스러움을 해소시켰지만, 현대축제 속의 마을민들은 이를 생존경쟁의 현실로 받아들임으로써 보다 적극적 시민유치 방안이 필요하게 되었다. 이에 따라 축제의 중심공간인 무대로부터 멀어져 있는 상점들은 자신들이 마련한 음향도구나 할인광고를 이용하고 있다. 신촌축제에서의 한 음식점에서는 여자2명을 동원하여 자신의 음식점 명칭이 인쇄된 풍선을 나누어주는 사례도 있었는데, 이는 앞의 경우보다 더욱 적극적인 양상을 보여주는 것이었다.

<표 3-8> 전통축제와 현대축제의 행위자비교 - 마을민과 상인

	구성요소	외 형	내 용	
			기능적 의미	축제적 의미
전통축제	마을민	주민	축제참여	제비염출,합일
현대축제	상 인	개별상인	연출보조	상품판매,난장형성

5. 외지인과 거리이용자

이들은 주로 관람을 위해 타지로부터 모여든 사람들을 말하는 것으로 전통축제의 경우에는 난장을 형성하는 사람들이 대부분을 차지하고 있으며, 현대축제의 경우에는 거리를 이용하고 있는 일반시민들이 해당된다. 이들은 축제자체와는 커다란 관련을 맺고 있지 않지만 축제를 위해서 없어서는 안될 존재들이다. 전통축제에서의 외지인들은 마을을 난장적 분위기로 만들어 줌으로써 축제의 감염을 위한 매개가 되고 있으며, 특히 현대축제에서의 거리이용자들은 상인들의 염원대상인 돈을 지불할 사람들이므로 그 중요성은 더욱 크게 나타난다.

전통축제에서의 외지인들은 마을의 갈등이나 이에 대한 해소와는 전혀 상관이 없기 때문에 관람자적 위치 이상을 넘지는 못한다. 그러나 현대축제에서는 거리이용자들의 참여도에 의해 축제의 성공여부가 결정되므로 축제를 기획하는 사람들은 이들의 적극적인 참여방법을 최대의 관심사로 여기고 있다.

<표 3-9> 전통축제와 현대축제의 행위자비교 - 외지인과 거리이용자

	구성요소	외 형	내 용	
			기능적 의미	축제적 의미
전통축제	외지인	상인,관람객	축제관람	상품판매,난장형성
현대축제	거리이용자	시민	축제참여 · 관람	상품구매

전반적으로 전통축제는 상징적 대체구조를 가지고 있는 반면 현대가로 축제는 직설적 대체구조를 가지고 있다. 다시 말해 경기도당굿의 할머니당 이나 할아버지당은 안동하회별신제의 국사당이나 삼신당과 신당이라는 내용을 매개로 서로 간의 대체가 이루어질 수 있다. 그러나 이것은 개별적 요소가 갖는 상징적 의미로써만 대체의 가능성이 있는 것이고, 실질적인 대체는 불가능하다. 반면 현대가로축제는 명동이나 신촌 혹은 논현동이라 는 지역의 명칭만 다르고 각 개별행위나 물리적 요소의 외형은 너무나 닮은 모습을 가지고 있다. 명동의 아치와 논현동의 현수막은 전달하고자 하는 정보만 다를 뿐이다. 따라서 명동축제의 무대는 신촌축제의 무대와 대체될 수 있으며, 신촌축제의 아치는 논현동축제의 현수막과 쉽사리 대체될 수 있다. 이러한 현상은 기획업체의 획일적인 연출과 전통적 맥락을 상실한 현대인의 문화의식에 따른 결과로 볼 수 있으며, 이로 인하여 독자적인 지역문화로서의 축제가 되지 못하고 있는 것이다.

제3절 공간활용의 전통구조

Ⅰ. 동적인 공간이용

행위연출자의 입장에서 움직임과 관련된 축제의 행위는 주로 행진과 깊은 관련을 갖는다. 현대축제에서의 행진은 축제의 행위와 공간활용에서 매우 중요한 요소이므로 대부분 시간적·공간적으로 축제의 중심에 위치한다. 전통축제에서의 행진은 대부분 걸립을 외형으로 하여 공간을 새롭게 창출하는 고도의 상징성을 내포하고 있다.

전통축제의 행렬은 마을을 상징하는 깃발이나 마을의 수호신을 모신 神木

혹은 神竿으로 상징되는 선두부분과 본행렬부분 그리고 뒤에서 놀이를 하는 뒷놀이패부분으로 구분지을 수 있다. 이와 비교되는 현대축제에서의 행진대열은 세부적인 모습에서 지역에 따라 차이는 있으나 대체적으로 고적대나 풍물패를 선두로 하여 본행렬대를 이끌고 놀이패로서 행렬의 끝을 장식한다.

전통축제에서 나타나는 행렬과 걸립행위는 마을 주민들의 관심을 유도하고 경제적인 부조를 목적으로 하고 있으나 보다 근본적인 의미는 축제의 분위기를 마을 전체에 감염시키기 위한 절차이다. 이와 더불어 神을 모시기 전까지의 몇가지 행위는 준비과정에서 따라온 잡귀에 대한 부정퇴치를 목적으로 하는데, 이것 역시 순수한 축제의 분위기를 조성하기 위한 일련의 절차로 이해할 수 있다. 그러나 현대축제에서는 부정을 퇴치할 필요가 없고 퇴치할 부정 자체가 존재하지 않으며, 협찬사가 있음으로 해서 과거의 걸립을 통한 비용마련의 절차가 필요 없게 되었다. 축제에서의 걸립행위는 길놀이가 이루어지기 훨씬 전에 번영회의 모금이나 협찬사의 제공으로 끝이 난 상태이기 때문에 축제의 시간에는 전혀 발생하지 않는다. 풍물패는 있지만 개개의 마당역할을 하고 있는 각 상점에서의 걸립과 번영의 기원은 불필요한 행위가 된 것이다. 특히 과거의 걸립을 위한 길놀이는 마당으로 들어가기 위한 과정으로 주변을 향하여 축제분위기의 감염현상을 일으키는 것을 목적으로 하고 있지만, 현대축제에서의 길놀이는 축제를 응축시킬 수 있는 현장인 마당이 존재하지 않고 윈도우 안쪽의 안방이 각자의 마당 역할을 하고 있으므로 상호교섭적으로 일어나야 할 축제분위기의 감염은 차단되고 있다. 따라서 도로에서 이루어지고 있는 길놀이는 축제분위기를 일방적으로 전달받도록 강요하고 있는 것이다. 더구나 이들이 목표로 하고 있는 축제분위기의 감염은 각 상점이 아닌 이곳을 이용하는 손님들을 대상으로 하고 있기 때문에 더욱 유리된 현상을 보인다.

<그림 3-1> 전통축제와 현대축제행렬의 상호작용구조

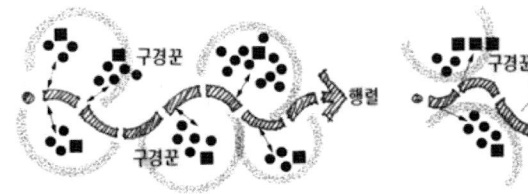 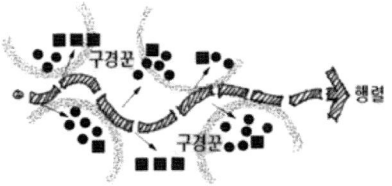

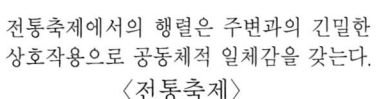

전통축제에서의 행렬은 주변과의 긴밀한   현대축제에서의 행렬은 일방향적 분위
상호작용으로 공동체적 일체감을 갖는다.   기 전달로 상호대립구조를 갖는다.
〈전통축제〉   〈현대축제〉

현대의 축제공간을 이용하고 있는 대부분의 사람들은 이 가로축제에 참여
하기 위해 온 것이 아니라 이곳에 와서 우연히 축제에 참여되었거나, 이 기간
에 제공되는 할인판매의 유혹때문에 온 것이다. 즉 갈등구조의 해소를 통한
공동체성의 회복이라는 축제 본래의 의미가 배제된 채 판매전략의 도구로서
축제가 이용되고 있기 때문에 축제와 상품판매라는 대립구조를 띠게 된다. 특
히 논현동가구거리축제의 경우에는 이러한 대립구조와 함께 이곳에서 판매되
는 상품들의 가격이 高價라는 이유로 인하여 축제의 감염이 제대로 이루어지
지 않고, 그러한 현상이 이루어지더라도 상품판매에는 직접적인 역할을 하지
못하고 있는 것으로 판단된다. 따라서 축제의 본행사가 이루어지기 전에 있어
야 할 걸립행위나 부정퇴치행위는 자연스럽게 사라지고 시민들의 관심을 유
도하기 위한 연습행위나 고적대행진 등이 더욱 부각되어 있다.

Ⅱ. 공간별 행태

1. 입구공간

전통축제는 대부분 마을단위로 이루어지고 있음을 앞서 살펴보았다. 따

226

라서 마을의 경계는 축제의 경계가 되었는데, 내륙에서는 큰길이 그 역할을 하였고 해안지방에서는 바다와 육지가 만나는 지점이 경계가 되었다.

<사진 3-7> 입구아치 (명동축제) ⬆
<사진 3-8> 마을입구 서낭목 ➡
<사진 3-9> 교통통제표지 (명동축제) ➡
<사진 3-10> 입구현수막 (논현동축제) ⬇

축제가 벌어지고 있는 마을은 균질적인 상태에서 비균질적인 상태의 공간으로 변화됨에 따라 매우 배타적이 된다. 이러한 배타성의 표현은 내적인 결속력을 강화시키는 요소로 작용을 하게 되고, 이것의 물리적인 표현으로는 금줄을 두른 장승이나 서낭목 등이 나타난다. 즉 마을의 입구에 서 있는 서낭목이나 장승에 금줄을 둘러놓음으로써 외지인으로 하여금 제의가 있음을 알게 하여 조심하게 한다.

현대의 가로축제에서는 번영회라는 조직에 의해 축제와는 상관없이 이전부터 경계가 설정되어 있으나 일반적으로는 대로를 경계로 한다. 그러나 외형적으로는 주변과 어떠한 차이도 발견할 수 없다. 따라서 축제의 시간이 되면 이를 알리는 장치물을 이용하여 명확한 경계를 설정하는데, 논현동가구 거리축제에서는 현수막으로, 신촌과 명동의 축제에서는 아치를 이용하고 있다. 논현동의 축제에서 가로를 횡단하여 걸려있는 현수막은 이 공간이 축제 공간임을 암시하는 입구 역할을 한다. 일상에서는 도로에 의해 성격이 통합됨으로써 균질적이던 공간이 현수막으로써 도로 양단을 가로지름으로써 외부와 내부라는 일시적 차별현상이 발생되어 이질적인 공간으로 변화한다. 좌우측의 강남대로와 논현로라는 '큰길'에 의해 외부와 내부라는 경계가 설정되고, 이 도로와 학동로라는 '안길'이 만나는 지점에 가로를 횡단하는 현수막이 걸쳐짐으로써 입구라는 경계의 이미지와 함께 주변과는 성격이 다른 공간임을 암시해준다. 즉 현수막의 바깥쪽은 일상의 공간으로 존재하고 있는 반면, 안쪽은 축제로 인하여 이질화된 공간이 되었음을 알리는 것이다. 신촌과 명동축제에서 사용된 아치의 경우는 이러한 특성을 더욱 명확하게 보여주며, 이는 번영회의 경제력을 보여주는 일면이 되기도 한다.

또한 이러한 현수막이나 아치는 경계를 장식하는 역할뿐만 아니라 축제에 대한 정보를 전달하여 보다 많은 사람들이 들어올 수 있도록 하고 있다. 과거의 마을민들은 축제를 통하여 공동체의식을 확인하였고 축제의 경계에 의해 물리적 공동체를 발견하였다. 따라서 축제는 마을민들을 위한 행위였고 마을민들의 내적인 결속이 강조되어야 했으므로 외부에 대하여 배타적일 수 밖에 없었다.

<그림 3-2> 전통축제와 현대축제의 입구구조

전통축제에서의 입구는 외부에 대하여 배타적인 형태를 취함으로써 내적으로는 강력한 공동체사회를 형성하게 된다.
〈전통축제〉

현대축제의 성공은 경제적 활성화와 밀접한 관련을 갖기 때문에 보다 많은 사람들의 수용을 위하여 개방적인 형태의 경계구조를 갖는다.
〈현대축제〉

따라서 외부로부터 들어오는 부정을 방지하고 이미 들어온 부정을 씻어내는 등의 과정은 이러한 관념에서 나타난 결과로 볼 수 있으며, 장승과 서낭목에 매달아 놓은 금줄이나 헝겊쪼가리 등도 마찬가지의 관념이 상징화된 것으로 볼 수 있다. 반면 현대축제에서는 외부에 배타적일 수가 없기 때문에 경계부위에 세워진 현수막과 아치는 사람들을 더욱 많이 끌어들이기 위한 흡인도구로 이용되고 있으며, 따라서 상징화된 형태보다는 직설적인 형태로 정보를 전달하고 있다.

<표 3-10> 입구공간의 특징

	구성요소	외 형	내 용	
			기능적 의미	축제적 의미
전통축제	경 계	장승,바다,서낭목	제의의 경계	내적 결속
현대축제	경 계	아치,현수막	축제의 경계	외적 흡인

2. 중심공간

전통축제에서의 神堂은 대부분의 祭儀가 수행되는 공간으로 주로 당집의 형태를 취하고 있으며, 서낭대나 상징깃발 등의 물리적 요소를 포함하고 있다. 堂山으로부터 모셔온 神을 축제라는 시간동안 이곳에 모셔놓음으로써 마을 전체는 이질화되고 내밀한 공간으로 변화된다. 특히 서낭대는 강신(降神)의 통로였기 때문에 神과 같은 의미를 갖게 되어 이것의 존재여부에 따라 중심성이 변화된다. 당집과 서낭대 혹은 깃발은 제의가 벌어지는 공간의 주요 구성요소로서 이들이 위치한 곳을 중심공간으로 만들게 된다.

<그림 3-3> 중심공간의 구조

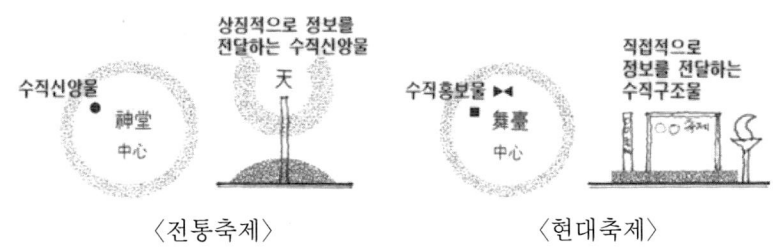

〈전통축제〉   〈현대축제〉

<사진 3-11> 서낭의 위패와 신목 (강릉단오제) ◀
자료 : 서연호, 서낭굿탈놀이, 1991
<사진 3-12> 성화대 (신촌축제) ▼

이러한 모습은 현대의 축제에서도 나타나는데, 축제가 시작되기 며칠 전부터 설치되는 무대가 그 역할을 하는 것이다. 무대에서는 개막의례를 비롯하여 축제의 전기간동안 대부분의 주요행사가 이루어짐으로써 축제라는 행위의 물리적 중심지가 된다. 신촌의 축제에서는 축제의 전기간동안 성화

가 무대의 한 쪽에 밝혀져 있음으로 이러한 상징성이 더욱 두드러지게 나타나고 있으며, 모든 축제에서는 이와 유사한 상징물이 세워져 있거나 벽에 부착되어 있다.

<사진 3-13> 무대 (명동축제)　　<사진 3-14> 祭場 (강릉단오제)

　무대를 장식하고 있는 이러한 홍보물이나 음향기구 혹은 각종상품들은 이 공간을 중심지로 만드는 주요한 요소가 된다. 전통축제의 神堂에는 堂山에서 모셔진 神이 존재하고, 神을 기리는 도구들이 있으며, 神과의 접촉이 가능한 巫가 있으므로 인하여 중심공간이 된다. 현대축제에서는 이것과는 전혀 다른 도구들이 무대를 장식하고 있다. 그러나 이들에 의해 표현되는 축제 속의 의미는 전혀 다른 것만은 아니다. 즉 '~축제'라는 문구로 무대의 뒷면을 장식하고 있는 홍보벽화나 현수막은 보다 직설적으로 축제를 표현하고 있는데, 이는 전통축제의 기간동안 마을민들에게 개방되어 보여지던 신당벽화의 상징성을 그대로 담고 있다고 볼 수 있다.

　이뿐만 아니라 巫가 제공하는 각종 공수와 여기서 사용되는 음악의 소음은 마을민들로 하여금 자신의 갈등을 해소시켜 줄 것이라는 기대유발에 의해 이들을 끌어들이는 요소가 된다. 무대를 장식하고 있는 각종 음향기구에서는 사람들을 모이도록 음악이 흘러나오거나 사회자의 직접적인 권유가 쏟아져나오고 있다. 이와 함께 무대의 테이블에 진열된 상품들은 더욱 효과적인 흡인도구로 작용하고 있다. 이렇게 사람들에 대한 대량흡인으로 축제의 전기간동안 중심공간으로서의 역할을 함으로써 무대는 현대축제의 神堂이 되는 것이다.

<사진 3-15> 애드벌룬 (명동축제)　　　<사진 3-16> 당산목과 금줄

하늘로 띄운 에드벌룬에는 축제를 표현하는 문구가 적혀져 있는데, 이는 축제를 보다 직접적으로 표현함으로써 당산목의 상징성을 대신하고 있다. 즉 전통축제에서의 수직신앙물이 갖고 있던 상징이 현대화된 사회에서의 직접적인 정보기호로 변모된 것이라 하겠다. 이러한 사례를 논현동가구거리축제를 통해 살펴보면 다음과 같다. 개막행사가 벌어지던 마당 한 귀퉁이의 보도와 차도가 만나는 지점에는 축제를 알리는 상징탑이 서있다. 이 상징탑은 솟대 혹은 당산목이라는 수직구조물로서, 또는 두레노동현장에서 볼 수 있던 두레기의 역할을 하고 있다.

<사진 3-17> 상징탑제막식 (논현동축제) ◀
<사진 3-18> 두레기 ▼

가로축제가 시작되기 전의 이 상징탑에는 제막식을 위한 흰색 천이 덮

여 있어 제의 전에 당산목에 둘러진 금줄로서의 역할을 하고 있다. 그러나 금줄로서의 흰색 천이 갖던 기능은 제막식을 통해 사라지게 되면서 탑면에 적힌 내용으로 그 기능을 대신하게 된다. 즉 이 상징탑의 탑면에 적힌 내용이 전달하고 있는 정보는 솟대와 당산목에 걸려있는 금줄이 전달해주는 정보이며, 노동현장임을 알리는 두레기의 문구가 전달해주는 정보와 동일한 것이다. 이러한 홍보탑은 대기소와 함께 정보의 전달뿐만 아니라 축제가 벌어지는 중심공간을 보호하는 역할도 함으로써 전통축제에서의 금줄이 갖던 기능도 있음을 알 수 있다.

<표 3-11> 중심공간의 특성

	구성요소	외 형	내 용	
			기능적 의미	축제적 의미
전통축제	神 堂	당집,서낭대,기	제의의 중심	물리적 중심지
현대축제	무 대	홍보물,음향기구,각종상품	축제의 중심	물리적 중심지
	주 변	대기소,홍보탑,안내소	축제중심공간의 장식	축제중심공간의 보호

3. 상징공간

전통축제에서의 堂山은 神이 거처하는 곳으로 주로 山이 되며 경우에 따라서 서낭목의 형태를 갖기도 하는데, 우리의 기원을 발현하는 대상이 되므로 축제의 정신적 중심이 되는 존재이다. 물론 堂山이나 서낭목 자체를 기원의 대상으로 하는 것이 아니라 이들은 매개체로서의 역할만 할 뿐이다. 마을민들은 자신과 마을의 갈등을 神에게 알리고, 堂山에 거주하는 神은 이들의 염원을 풀어주게 된다. 이처럼 전통축제에서의 堂山은 염원을 올리고 이를 들어줄 대상이 있다고 생각하는 상징적 공간이다. 현대축제에서의 이러한 기능은 실질적으로 사라졌다. 그러나 염원이라는 측면에서 그 내용이 변화된 것이기 때문에 소멸되었다고 단정지을 수는 없다. 즉 과거의 神的 존재가 마을민들의 염원을 들어줌으로써 성공적인 제의가 되도록 했다면 현대의 축제는 보다 다양하고 재미있는 프로그램을 제공함으로써 더욱 많은 사람들이 참여를 하게 되고, 그럼으로써 상품이 잘팔리게 되어 성공적인 축제가 되는 것이다. 따라서 축제 전반의 프로그램을 만드는 번영회사무실과 기획사의 사무실은 일종의 神을 만드는 공간으로 볼 수 있다. 현대의 대중문화가 탄생시킨 神은 축제 프로그램에 등장하는 연예인이나 이들이 부르는 노래와 춤, 혹은 이들이 벌어들이는 돈인 것이다.

<표 3-12> 상징공간의 특성

	구성요소	외 형	내 용	
			기능적 의미	축제적 의미
전통축제	堂 山	山神木	神의 거처	정신적 중심지
현대축제	본 부	번영회·기획사무실	대표와 임원의 공간	기획의 중심지

4. 연계공간

길은 堂山과 마당, 神堂과 마당 혹은 마당과 마당을 연계시키는 선형공간으로 축제가 벌어지면 그 분위기를 전달하는데 가장 큰 역할을 하는 곳이다. 巫와 樂工들을 앞장세운 행렬은 이 공간을 단순히 공간을 이동하기 위한 연결통로로 이해하고 있는 것이 아니라 보다 특별한 목적을 가지고 이용하고 있다. 경기도당굿의 거리부정에서와 같이 당주집에서 굿당까지 가는 과정에 잽이들에게 삼현육각을 잡히고 풍악을 울리면서 간단한 의례를 지내는 모습이 나타난다. 이러한 과정에서 사람들은 모여들고 점차 축제의 분위기를 전달받게 된다. 즉 공간의 이동과정을 제의를 확산시키는 수단으로 이용하고 있으며, 그 공간을 축제분위기의 전달통로로 이용하고 있는 것이다.

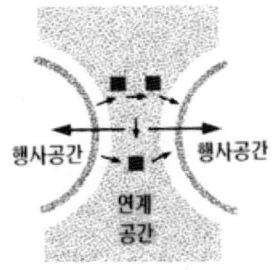

<그림 3-4> 연계공간의 구조와 역할

연계공간은 각 주요행사공간 사이에서
자연스러운 흐름을 만들어준다.

<사진 3-19> 행진 (신촌축제) ➡
<사진 3-20> 길굿 (양주경사굿) ⬇
자료 : 김수남, 양주경사굿소놀이굿, 1989

　　현대의 가로축제는 그 명칭에서 알 수 있듯이 가로자체가 축제의 주공
간이 된다. 상가들에 의해 둘러싸인 보도나 혹은 일상에서의 차도였던 공
간을 일시적으로 통제시킴으로써 만들어진 보행자도로가 축제공간이 된다.
그러나 전통축제에서와 같이 巫나 제의행렬의 움직임에 따라 축제의 분위
기가 전달되지는 않는다. 시작초기의 고적대 행렬은 축제분위기를 만드는
데 큰 역할을 하지만 이 분위기를 지속시키기 위해 계속적인 행진을 하지
는 않는다. 따라서 이러한 분위기의 계속적인 연계를 위하여 물리적인 도
구를 사용하는데, 천개면을 덮은 만국기와 일렬로 늘어선 각종 시음대 및
상품홍보소 등이 그것이다. 하늘을 뒤덮은 만국기는 이 가로를 하나의 동
질적인 공간으로 만들고 있으며, 시음대와 상품홍보소는 이용자들로 하여
금 자연스럽게 공간을 이동하게 한다. 축제의 분위기에 감염된 채 가로를

이용하는 사람들은 양측에 **빽빽히** 늘어선 마당인 상점에 들어가 돈을 내놓고 상품을 가지고 나옴으로써 상점주인들의 기원을 만족시켜준다.

<표 3-13> 연계공간의 특성

	구성요소	외 형	내 용	
			기능적 의미	축제적 의미
전통축제	길	행렬의 통로	제의의 확산	축제분위기 감염통로
현대축제	보 도	통로,시음소,깃발	축제의 홍보와 확산	축제분위기 감염통로

<사진 3-21> 만국기 (명동축제)　　　<사진 3-22> 시음소 (신촌축제)

5. 보조공간

전통축제에서의 난장은 금기의 위반이라는 제축적 반란을 의미하기도 하지만 축제가 있음을 알리고, 마을을 하나의 분위기로 전환시키는 작용도 한다. 여기서의 난장은 후자의 경우를 말하는 것으로 외부로부터 들어온 사람들의 상행위와 내부인들의 놀이가 祭場의 밖에서 뒤얽혀 일어난다. 현대의 축제는 이러한 난장의 기능이 더욱 두드러져 있는데, 이는 경제의 활성화를 목표로 하기 때문인 것으로 추측된다.

<사진 3-23> 상점과 노점 (명동축제) ◀
<사진 3-24> 난장 (은산별신제) ▼

　축제가 벌어지는 마을의 입구나 공터에는 시장이 들어서고 씨름판과 놀이판이 연출되며, 씨름판에서는 황소를 상품으로 내걸고 사람들이 모여들기를 기다린다. 반면 현대의 가로축제는 경제활성화가 가장 큰 목적이기 때문에 처음부터 상점들이 즐비하게 늘어선 상가가 축제공간이 되고 있으며, 거리에는 상품을 풍성하게 쌓아놓고 사람들을 끌어들이고 있다.

　전통축제에서는 마을이나 마을민들을 위한 기원이 축제의 성공여부와 가장 큰 관련을 맺는다. 따라서 제의를 진행하는 巫는 서낭목이 서있는 공동마당과 마을의 식수를 제공하는 공동우물, 그리고 개인의 집마당을 직접 방문하며 소지를 올린다. 이러한 측면에서 보면 현대축제에서의 성공여부는 축제가 벌어짐으로써 어느 정도로 장사가 잘되었는가에 의해 판단되기 때문에 여기서의 개인마당은 상가를 이루는 각 상점들이 된다.

　또한 巫의 방문이 이루어지는 이러한 공간들은 금줄이 쳐지거나 황토가 뿌려지게 되는데, 이는 부정을 방지하기 위한 것으로 이를 통해 神이 무사히 방문할 수 있고, 그럼으로써 소원이 성취되는 것이다. 현대축제에서의 개인마당이 되는 각 상점들은 거의 대부분이 이 기간을 이용하여 할인판매를 실시한다. 각 상점의 쇼윈도우를 뒤덮고 있는 할인판매 광고문은 손님을 끌어들이고 있으며, 그럼으로써 평소보다 훨씬 높은 판매고를 올릴 수 있게 된다. 즉 이러한 광고문은 일상으로부터 새로운 공간과 시간을 만들어 냄으로써 현대사회의 神的 존재인 돈의 무제한적 방문을 가능케 하여 상인의 소원이 성취된다.

<사진 3-25> 금줄 (은산별신제)　<사진 3-26> 할인판매광고 (명동축제)

이뿐만 아니라 현대축제의 巫인 축제연출자의 직접적인 방문이 이루어지지 않으므로 축제의 중심공간인 무대로부터 떨어져 있는 곳은 축제의 분위기에 감염되지 않을 수도 있다. 논현동가구거리축제에서는 이러한 현상

<그림 3-5> 보조공간의 구조와 역할

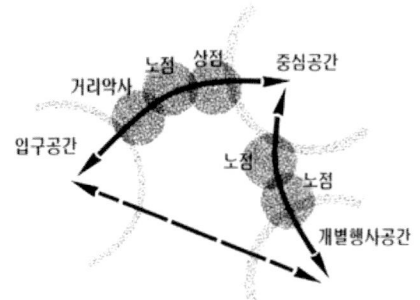

이 실제로 나타났는데, 가로의 끝부분에는 중심공간과는 달리 손님의 이용이 거의 없었다. 이로 인하여 가로의 끝부분에 위치한 상점의 주인과 상가번영회의 임원들 사이에는 심한 몸싸움이 벌어졌는데, 이는 위치에 따라 축제의 감염도에 차이가 있음을 보여주는 것이다.

이에 반해 신촌과 명동에서는 이러한 일이 전혀 발생하지 않았다. 오히려 명동에서는 거리악사들의 연주를 소음이라고 불평을 표현했고, 신촌의 한 음식점에서는 거리에서의 무료시음회로 인하여 장사가 더욱 안된다고 불평을 늘어놓기도 했다. 그러나 전반적으로 축제를 표현하는 무대의 소음은 일정한 거리를 두고 상점과 노점으로부터 나오는 소음으로 대치됨으로써 거리전체가 축제의 공간으로 쉽사리 연결된다.

<표 3-14> 보조공간의 특성

	구성요소	외 형	내 용	
			기능적 의미	축제적 의미
전통축제	난 장	시장,씨름판,놀이판	제의의 장식	축제분위기 조성
	마 당	마당,우물,금줄,황토	개별적 기원	개별적 감염
현대축제	상 점	각종상점,물품,음향	판매,축제보조	경제활동,축제분위기 연계
	노 점	각종가판대,물품,음향	판매,축제보조	경제활동,축제분위기 연계

제4장 한국축제의 특성과 발전방향

제1절 축제의 공간과 행태특성

축제는 고유의 신앙성과 상징성을 가지고 마을의 번영과 다산, 그리고 정신적인 안정과 평화를 기원했던 공동체문화의 생활기반이었다. 그러나 역사의 단절기와 근대화의 과정을 거치면서 신앙성과 상징성은 점차 변색되거나 쇠퇴하여 생활과 분리된 채 예술적 형태나 장식적 모습이 되어버렸다. 이러한 상황에서 본 연구는 현대축제를 새롭게 바라보는 시도였다.

I. 축제의 구조에 나타난 특성

본 연구는 축제에 나타난 행태적 특성과 공간·물리적 특성에 관한 조사분석을 통해 현대적 축제와 전통축제의 양상을 비교하였다. 이는 현대축제에 나타나는 전통적 특성을 발견하여 축제를 담게 될 현대도시공간의 조성방향을 제안하고, 현대축제가 가져야 할 몇가지 요건을 제시하는 것이다. 이러한 목적을 이루기 위해 본 연구는 크게 문헌을 통한 축제의 이해와 현장자료의 분석을 통한 실질적 사례를 연구하였다.

분석대상이 되었던 사례는 은산별신제를 비롯한 전승축제 7개와 복원축제 1개, 그리고 현대축제는 명동축제를 비롯한 3개의 가로축제가 분석되었다. 행위와 행위자 그리고 이들을 담는 공간으로 구분되어 분석된 개별적 구성요소들은 시대적인 차이에 따라 그 외형은 매우 다른 양상을 가지고 있다. 그러나 각 요소들이 담고 있는 내적인 의미에서는 상당히 유사한 모습을 찾을 수 있었고, 이러한 의미의 발견은 전통과 현대를 공통적인 요소로 묶어줄 수 있는 역할을 하였다. 각 과정에 대해서는 전통축제와 현대축제에 공통으로 나타나는 준비과정, 전통축제에서의 정화과정과 현대축제에서의 알림과정, 본제의(전통축제)와 개막의례 및 축하행사(현대축제), 뒷전(전통축제)과 개별행사(현대축제) 등으로 비교가 가능했고, 행위자에 대해서는 조직(傳)과 번영회 및 협찬사(現), 제관 및 임원(傳)과 회장(現), 무녀를 포함한 놀이꾼들(傳)과 기획사관련자 및 개별행위자들(現), 마을민(傳)과 상인(現)들로 구분되어 전통적 의미를 찾을 수 있다.

도면에 표시에 의해 조사된 현장연구는 공간과 행태의 관계를 이해하기 위한 것으로 일정구역을 움직이는 동적인 공간활용행태와 특정공간을 중심으로 이루어지는 정적인 공간활용으로 구분되어 조사되었다.

입구공간으로서의 경계와 그 구성요소는 외부에 대한 배타성의 유무로 외형적인 차이를 가지고 있었으나 축제의 성공을 위한 수단이라는 측면에서는 매우 닮은 모습을 하고 있다. 이뿐만 아니라 중심공간인 神堂은 제의의 중심역할을 함에 따라 당집이나 서낭대 혹은 수직신앙물을 가진 이 공간을 물리적 중심지가 되게 한다. 이러한 모습은 무대공간을 중심으로 하는 현대축제에서도 유사하게 나타나는데, 중심의 상징으로서 음향기구와 각종 홍보도구들이 이용되고 있다. 전통축제에서의 堂山은 神이 거처하는 공간으로서 축제 전체에 대하여 정신적인 중심공간 역할을 하였는데, 이는 축제의 프로그램을 제공하고 축제의 모든 것을 결정하는 本部의 모습으로 현대축제화하였음을 볼 수 있다. 연계공간인 길은 축제의 분위기를 전달하고 확산시키는 역할로서 현대축제에서의 步道와 그 의미를 공유하고 있고, 축제자체의 모습은 아니지만 축제의 한귀퉁이에서 이를 장식하고 분위기를 조성하는 보조공간으로서의 난장은 상점과 노점이라는 형태로 시대적 흐름에 의해 그 외형은 변모되어 있다. 물론 이들이 항상 절대적인 비교대상으로 작용하는 것은 아니지만 오랜 시대적 흐름에도 불구하고 많은 부분에서 의미의 공통성을 유지하고 있다.

Ⅱ. 축제의 공간과 행태에 나타난 특성

축제뿐만 아니라 모든 행태는 이를 담는 그릇으로서의 공간을 필수적으로 요구하며, 심지어는 공간이 없이 존재하는 행태는 있을 수 없다고도 볼 수 있다. 이렇듯 행태는 공간을 기본적인 배경으로 두어야 하고, 공간 속에서 일어나는 행태는 공간과의 관계를 형성하는 과정이어야 한다. 이러한 측면에서 볼 때, 우리의 축제에서도 공간으로부터 분리된 행태를 생각할 수 없고, 공간이 배제된 축제행위는 하나도 없다고 하겠다. 그러나 여기에서 주목할 것은 공간관련성이란 항상 고정된 공간을 의미하는 것이 아니라 상황에 따라 고정되기도 하고 그렇지 않기도 하다는 점이다. 즉 어떤 행태는 특정공간을 요구하기도 하지만 그렇지 않은 경우에는 행태가 공간에 적응하기도 한다. 전자의 경우는 공간밀착적 행태라 할 수 있고, 후자의 경우는 공간독립적 행태라 할 수 있다.

전통축제에서의 공간밀착적 행태는 降神의 장소인 堂山과 신을 모시는 神堂, 개인의 복을 빌기 위한 마당, 그리고 또다른 기원장소로서의 서낭당 혹은 공동마당 등을 중심으로 이루어진다. 이들은 대부분 고정된 형태의 물리적 요소를 가지고 있어 축제의 시간이 되면 항상 다시 태어나는 공간이 되며, 주로 의식적인 절차에 의한 행태를 담는 공간이 된다. 이에 따라 이 공간에서의 행태에는 축제의 기간은 물론이고 축제와 관련이 없는 기간에도 일정한 금기가 이루어지고 있다. 즉 축제의 기간을 거치면서 이러한 물리적인 요소들에 만들어진 신성성은 마을과 마을민을 지켜준다는 믿음 때문에 이들을 해치는 모든 행위에 대하여 일종의 심리적 경고가 되고 있는 것이다. 이에 반해 현대의 축제는 축제행위를 위한 특정한 장소를 가지고 있기는 하지만 이들의 대부분은 축제의 시간을 위하여 새롭게 만들어진 공간 혹은 물리적 요소들이다. 따라서 일상의 공간을 현대화된 신성공간으로 만들기 위해서는 보다 직설적인 방법을 사용하여야 했고, 이에 따라 관람객과 행위자를 명확하게 구분할 수 있는 무대형태가 만들어졌다. 현대축제에서 보여주는 이러한 공간형태는 축제가 진정으로 도달하려고 하는 집단의 공동체성을 발휘할 수 없게 하는 결과가 되었다. 이렇게 전통축제에서 필수적인 요소로 작용하는 특정공간과 이를 구성하는 물리적 요소들이 일정구역의 마을민들을 하나로 묶어주는 매개체가 되었음을 볼 때, 현대축제의 전통성회복에 하나의 지침이 될 수 있을 것이다.

이와 함께 특정공간이 요구되지 않는 공간독립적 행태는 축제의 마무리로서 뒷전을 담당하던 탈놀이와 제의과정에 포함되어 있는 길굿에서 그 전형을 볼 수 있다. 이러한 형태의 행위들은 특정한 형태의 공간을 요구하는 것이 아니라 행위가 공간에 적응하는 것으로 일상의 공간에 특정한 행위를 담게 됨으로써 일시에 이질적인 공간으로 변모되는 것이다. 그러나 이러한 공간은 행태를 담기 위해 특정한 형태의 공간이 요구되었던 경우와는 달리 축제행위가 끝남과 동시에 다시 일상의 공간으로 되돌아가고, 이후의 어느 곳에서도 신성성이나 이질성을 찾을 수 없게 된다. 특히 전통축제공간에서 나타나는 일시적 축제판의 형성에는 종교적 상징물인 깃대나 神竿 등이 중요 역할을 하고 있어 이들이 세워지는 곳은 바로 하늘과 맞닿는 공간으로서 신성이 있는 공간이 되는 것이다. 이러한 특성으로 인하여 공간에는 일정한 규모를 가지거나 특정한 시설이 요구되지 않고 주변의 자연 지형지물이 일시적으로 이용된다.

제2절 현대축제의 발전방향

전통축제의 구조분석과 도면분석의 결과는 현대축제의 각 요소에서 전통적 요소를 발견하는 바탕이 되었고, 그 결과는 현대축제의 방향과 문화거리조성에 대한 몇가지 지침으로 요약될 수 있다.

Ⅰ. 축제성격의 개선

1. 전통개념의 회복

현대축제에 대한 새로운 시각의 접근을 통해 비교적 다양하게 변모된 전통요소를 발견할 수 있었다. 그러나 그러한 공통적 양상에도 불구하고 진정한 축제의 의미를 담기에는 많은 부분에 불만족스러운 요소를 안고 있다. 그중 가장 중요한 것은 행사적 모임을 축제로 승화시키는 핵심요소에 대해 지나치게 무관심하고 있는 것으로, 그것은 의례대상과 신앙적 상징물의 배제와 심한 변형이라 하겠다. 과거의 전통축제에는 항상 정신적 중심이 되는 의례대상과 물리적 중심이 되는 신앙적 상징물이 있었다. 그러나 현대사회에서 새롭게 형성된 가치관에 의해 의례대상은 심각한 변모를 가져왔음을 볼 수 있고, 이는 축제를 유치하는 목적의 변화와 무관하지 않은 것으로 보인다. 즉 현대의 가로축제에서 추구하는 실질적 목적은 지역경제의 활성화에 있다. 물론 이러한 모습은 과거의 전통축제가 추구하던 목적과 크게 다르지는 않다. 전통축제에서의 경제활성화는 공동체사회의 결속이라는 커다란 대전제 속에서 부수적으로 따르던 하나의 요소였으나 현대축제에서는 모든 것이 여기에 촛점을 맞추고 있다는 데 문제가 있는 것이다. 따라서 현대축제는 더 많은 수익을 올리기 위해 더 많은 홍보물을 만들어내고, 더 많은 사람들을 끌어들이기 위해 더욱 자극적이고 새롭고 다양한 요소를 도입하여야 하므로 항상 똑같은 형태와 의미를 갖고 있는 의례대상과 신앙적 상징물은 불필요한 존재가 되는 것이다. 이에 따라 진정한 모습의 축제를 가능하게 해주었던 의례대상과 신앙적 상징물은 그 기능뿐만 아니라 형태에서도 완전히 변화하거나 소멸되어야 했다. 그러나 최대의 경제적 이득을 위해 도입되는 새롭고 다양한 자극들은 시간의 흐름에 따라 더욱 커다란 자극요소를 요구하기 때문에 쉽사리 한계상황을 맞을 것이므로 이러한 발상은 매우 근시안적 대안에 지나지 않는다. 현재 이루어지고 있는 도시의 가로축제는 대부분 이러한 상황을 맞고 있음을 볼 수 있는데, 명동에서의 축제와 신촌에서의 축제는 그 장소만 다를 뿐이고 내용은 거의 동일하다. 사람의 유인방법으로 늘어놓는 의미없는 소규모 단위행사들과 참여이유를 알지 못하는 사람들, 그 속에서 조금이라도 돈을 더 벌기위한 상인들의 모습 속에서 축제의 흥청거림과는 매우 다른 양상을 발견하게 된다. 이렇듯 현대의 도시공간에서 열리고 있는 축제의 대부분은 가치가 전도되어 있는데, 그 원인은 외래인을 끌어들이기 위한 축제, 지역의 얼굴을 인위적인 힘으로 만들기 위한 경쟁적인 축제, 공간과는 상호교섭이 없이 떠도는 축제에서 찾을 수 있다.

이와 함께 현대의 축제는 그 행사내용이 매번 그때의 상황에 따라 적당한 방법으로 바뀌고 있음을 볼 때 시간적 주기성만이 의미를 가지고 있다고 하겠다. 그러나 전통축제에서의 주기성과 순환성은 시간과 함께 공간 그리고 내용에서도 최초(ab initio)에 대한 회복을 의미한다.

이러한 문제들을 극복하기 위해서는 전통에 근거한 의미와 형태를 회복하는 것이 시급하다. 진정한 축제의 의미를 되살리기 위해서 주최자는 경제적 이득이라는 목적보다는 지역의 얼굴로서의 문화를 찾거나 만들어가는 노력이 있어야 한다. 즉 신앙이 있고 의례대상과 상징물이 있는 축제, 그리고 진정한 의미에서 주기성과 순환성의 개념을 되찾는 축제가 된다면 더 이상의 나열되고 유사한 것이 반복되는 현장은 사라지게 될 것이고, 그리하여 지역의 얼굴로서 자리잡게 되는 축제의 문화는 한 지역의 자존심과 관련되어 자연스럽게 경제를 활성화시키는 계기가 될 것이다. 다시 말해 사람들을 인위적으로 모으기 위한 노력에 앞서 진정한 축제로의 복귀를 서두른다면 지역의 얼굴만들기와 지역 경제의 활성화는 부수적인 효과가 되어 돌아올 것이다. 또한 축제공간을 구성하는 물리적 요소의 이용에 대해서도 과거의 서낭목과 금줄, 황토 등의 경우에서와 같이 일상의 시설을 활용한다면 그 상징적 효과는 매우 크게 나타날 것이다.

이와 더불어 현재의 향토축제는 지역의 운동장을 활용함으로써 축제참여자와 관중을 이분화시키는 경향이 있는데, 관중을 통제하여 축제행위자와 분리시켜 놓음으로써 마치 무대에 올려진 연극이나 영화를 보는 상황을 연출하고 있는 것이다. 이 또한 진정한 축제의 형태는 아니라고 하겠다. 과거의 제의적 축제에서는 무당의 신명이 마을민들의 신명으로 전달되고, 마을민들의 신명은 다시 무당의 신명으로 이어져 온 마을이 하나의 공동체를 형성하여 왔다. 이렇듯 축제에는 행위자와 관람자가 따로 없다. 누구에 의한 시작이랄 것도 없이 모두가 행위자이고 모두가 관람자가 되어야 한다. 따라서 이러한 이분화된 양상의 축제를 극복하고 공동체적 목적을 다소나마 달성하기 위해서는 일반관람자들이 함께 할 수 있는 참여마당을 자연스럽게 조성해주어야 한다.

이렇게 정신적 중심으로서의 의례대상과 물리적 중심으로서의 신앙적 상징물이 다시 살아나고 관람객이 참여자로 되돌아 올 수 있도록 축제의 진정한 전통개념을 회복한다면 비록 현대의 사회일지라도 공동체적 결집력이 살아나는 계기가 마련될 것이다.

이러한 시점에서 비록 많은 수는 아니지만 지방자치화를 계기로 일부의 향토축제를 통해 과거의 것을 찾아내거나 새롭게 복원하는 등의 노력은 매우 다행한 일이라 하겠다.

2. 현대사회로의 적응

현재까지 이어지고 있는 전통축제가 최초의 모습을 그대로 유지하고 있다고는 할 수 없다. 즉 현대의 축제는 시간의 흐름에 따라 점진적으로 시대에 적응하여 현재의 모습으로 자리잡은 것이고, 이 또한 변모될 가능성을 상당부분 가지고 있다. 진정한 전통의 의미가 시대에 맞추어 변모되는 것이라 보면, 전통의 고수를 고집하는 것은 축제를 노년층에서나 즐기는 문화향수적 차원에 머물게 함으로써 새로운 세대와의 차이만 더욱 심화시키는 원인이 될 수도 있다. 전통에 대한 일방적인 복고만을 주장하는 것은 오히려 전통의 맥을 단절시키는 결과를 가져올 수도 있으므로 보다 열린마음으로 현대적 상황을 긍정적으로 수용하여야 하겠다. 구조와 의미가 훼손되지 않고 전통에 뿌리를 둔 축제라면 그 형태의 변형은 큰 문제가 되지 않을 뿐만 아니라 진정한 축제정신의 회복이 가능하다는 전제하에 그 형태는 시대에 적응하여 변모되는 것이 더욱 바람직할 것이다.

이를 위하여 우선 전통에 대한 개념이 명확하게 설정되고, 현대사회에서의 공동체성에 대한 가치와 의미 그리고 한계가 새롭게 정립되고 보다 분명해져야 한다. 즉 두레축제를 가능하게 했던 과거의 공동체적 양상은 현대의 사회에서는 매우 찾아보기 힘든 상태가 되었기 때문에 현대적 개념의 공동체에 대한 이해가 선행되어야 하는 것이며, 이러한 선행작업은 현대사회에 적응된 형태의 축제도입에 기초적인 역할을 할 것이다.

축제를 구성하는 프로그램은 계층을 초월한 내용이 적극 도입되어 세대간, 계층간의 공감대를 형성하는 화합의 장을 이룰 수 있어야 하고, 공간적인 측면에서는 변모된 현대환경에 적응된 전통축제를 구상하여야 한다. 전체의 주제를 분산시키지 않는 범위에서 모든 세대에게 개방될 수 있는 프로그램을 연구하고, 그 연구된 결과는 여러 차례의 시행착오 과정을 거쳐 새로운 전통이 될 수 있도록 하여야 한다.

실질적인 진행을 관장하는 행정관서는 지금까지의 직접적 관할형태에서

간접적 지원형태로 전환하여 보다 다양한 자율성을 제공하고, 지역환경조
성에 관련된 정책결정에서 축제공간을 위한 기반시설의 확충에 더욱 관심
을 쏟아야 한다. 지역문화가 특정인의 노력이나 주도하에 만들어질 수 없
는 것임을 생각할 때 행정관서의 직접적 관여는 장기적인 측면에서 지역민
의 참여를 저하시킬 우려가 있다. 따라서 저변으로부터 자리를 잡아 시대
의 변화에 자연스럽게 적응하는 자생력을 키워나갈 수 있도록 행정관서는
기반조성의 역할을 하여야 한다. 이러한 노력의 결과는 현재의 시간에 적
응된 미래의 전통으로서, 그리고 생활 속의 축제문화로서 새롭게 자리를
잡게 될 것이다.

3. 지역독자성의 표현

　현재 이루어지고 있는 각종 행사형태의 지역축제와 도시가로축제의 가
장 큰 문제점중의 하나는 그 지역을 나타내는 독자적 특성이 거의 없다는
점이다. 일반적인 이벤트행사의 나열이나 국적을 확인할 수 없이 이루어지
는 고적대행렬, 그리고 일반 관람객의 참여를 유도하기 위해 개최되는 노
래자랑 등은 어느 곳에서나 볼 수 있는 공통행태가 되어 있다. 이러한 현
상으로 인하여 적어도 도시가로축제의 경우에는 어느 지역의 것인가에 매
우 혼란을 느끼게 된다. 즉 동종의 경제활동이라는 주제로 개최되는 논현
동의 가구축제와 지역성을 기반으로 하는 신촌의 축제에는 차이점이 거의
없이 피상적인 수준에서만 전통적 구조를 유지하고 있다. 효부·효녀·효
자에 대한 시상식, 그리고 지역의 소년·소녀가장을 돕는 것과 축제는 아
무런 관련없이 자신들의 경제력과 힘을 과시하는 일련의 이벤트에 불과하
다. 물론 과거의 전통축제에서도 경제력이나 힘을 과시하는 경우가 없었던
것은 아니지만 과거의 과시행위는 神力을 상징적으로 표현함으로써 축제의
성공을 기대하거나 공동체사회의 실질적인 부조를 위한 것이었다. 이에 반
해 현대의 의례에서는 축제와는 직접적인 관련을 갖지 않은 채 일련의 절

차 속에서 의미없이 이루어지고 있다. 이러한 모습은 고적대를 앞세운 행렬대의 경우에도 마찬가지로 나타난다. 똑같은 음악과 율동, 특히 1996년에 행하여진 명동·신촌(별도의 행렬대로 있었음)·논현동 축제에서는 같은 고적대가 행렬대를 이끌게 됨으로써 더욱더 지역적 특성을 찾을 수 없었다. 비록 행렬대를 통해서만 지역의 전통을 보여주는 것은 바람직하지 못하지만 최근의 향토축제에서 보여주는 지역관련 인물이나 사건을 형상화한 행렬들은 그 나름대로의 의미를 가지고는 있다. 이렇듯 지역의 축제, 특히 도시가로의 축제가 특성을 갖추지 못하고 있는 가장 큰 원인은 특정 기획사가 중심이 되어 있기 때문이다. 마치 복사기에서 만들어진 듯한 똑같은 모양의 현대축제는 보다 많은 축제행사를 처리하려는 기획사의 상업성에 의해 획일적인 형태로 만들어질 수 밖에는 없는 실정이다. 현대의 축제는 그들에 의해 상업성이 더욱 부채질 되고, 전통과의 관련성에 커다란 상처를 입히고 있다. 지역적 특성과 유리된 상태로 제공되는 현대가로축제는 애정있는 관심과 깊이있는 연구를 통해 대대적이고 점진적인 개조가 이루어져야 한다.

우선 과거의 축제와 마찬가지로 현대의 축제는 지역의 경제력이나 힘을 과시하는 수준에서는 벗어나서 지역문화의 진솔성을 담는 축제가 되어야 한다. 이것이 하나의 주제를 이룬다면 그것은 훌륭한 축제의 시작이 될 것이다. 그러나 현대사회의 복잡성과 다양성에 비추어 과거와 같이 축제의 주제가 항상 제의적일 필요는 없다. 특히 모든 여건이 변모된 결과 현대가 경제적 측면에 비중을 많이 두는 사회라면 이것을 지역특성과 관련시켜 축제의 의미를 살려 나아가야 한다. 현대에 적응된 전통적 먹거리와 놀거리 그리고 볼거리를 주제로 하거나 지역의 역사와 문화유산뿐만 아니라 산업 및 자연자원을 발굴하여 축제의 주제로 제공된다면 행사를 위한 축제가 아니라 진정한 공동체적 일체감을 확인할 수 있는 축제가 될 수 있을 것이다. 이뿐만 아니라 현재의 특정시간에 한정되어 경쟁적으로 개최되는 축제는 미국 토인들 사이에 벌어지던 포트래취와 같이 상호간의 소모적 양상만

부추기고 있다. 이런 점을 고려할 때 개최시기에 있어서 지역별로 의미를 갖는 시기를 찾을 수 있다면 주제의 설정에 커다란 요소로 작용할 수 있을 것이다. 전통시대의 사람들은 하회별신굿을 보지 못하면 죽어서도 한이 되었다고 한다. 현대의 명동가로축제 혹은 이 축제의 어떤 특정부분은 다른 곳에서는 절대로 볼 수 없는 또다른 하회별신굿이 되어야 한다.

4. 축제공간의 제공

  현대의 축제는 일상의 생활 속에서 우리고유의 의식을 담아낼 수 있어야 한다. 그러나 본 연구의 대상이 되었던 서울의 경우만 보더라도 진정한 축제를 담아낼 수 있는 공간이 제대로 있는가? 공동체적 힘의 결집을 보여줄 수 있는 두레축제의 공간은 존재하는가? 현재의 도시공간에는 행사를 위한 공간만 있을 뿐 축제를 위한 장소는 없다고 보아야 할 것이다. 이를 극복하기 위해서는 도시에서 열리는 문화활동으로서의 축제는 도시의 문화정책의 수립에 필수적으로 포함되어야 하고, 문화공간으로서의 축제공간은 도시구조의 정비정책 등과 관련되어야만 한다.

  축제의 공간은 도심의 녹지공간이 그 도시의 건강을 지켜주는 肺가 되고 있듯이 정신의 건강을 지켜주는 공간으로 자리잡아야 한다. 쌈지마당은 달동네를 위한 축제공간으로 활용되고, 공공시설의 앞마당은 지역민을 위해 개방되어야 한다. 이와 함께 한때 활발히 추진되었던 열린마당이나 마을마당의 조성계획, 그리고 재활용된 여의도광장을 위한 계획 등은 축제라는 문화행위를 담을 수 있는 하나의 대안이 될 수 있어야 하겠다. 특히 가로공간의 조성에는 축제라는 일시적 행태를 담을 수 있는 방안이 강구되어 보다 활발한 축제행위를 유발하여야 할 것이다.

Ⅱ. 문화환경공간의 조성

축제의 유치는 지역 또는 특정가로의 활성화를 위해 매우 효과적인 방안이다. 여기서 행위는 행위를 담는 공간과 유기적인 관련을 가져야 더욱 의미가 있는 장소로서, 혹은 의미를 발생시킬 수 있는 장소로서 제공될 수 있다. 또한 축제의 공간이 문화의 공간으로서 자리잡기 위해서는 독자성있는 문화행위가 담겨야 하고, 그 공간의 구조 역시 전통의 맥락에 기반을 두어야 한다. 환경계획적 차원에서 본 축제공간은 크게 형태에 따라서는 연계공간과 행사공간으로, 기능에 따라서는 관람공간과 연출공간으로 구분될 수 있다. 그러나 축제에서의 관람공간과 연출공간은 항상 고정되어 있는 것이 아니라 상황에 따라서는 서로의 역할을 바꾸기도 하고 혹은 서로 혼합되기도 한다. 따라서 축제의 공간을 기능에 따라 분리하는 것은 의미가 없으므로 여기서는 주요행사공간과 각 공간을 이어주는 연계공간을 중심으로 공간과 행위 그리고 시설에 대한 조성방안을 강구해본다.

1. 전체공간

(1) 시설계획

축제를 담는 공간은 기존의 가로나 도로를 이용하고 있다. 따라서 축제공간의 시설은 기존의 가로시설물이나 건축물과 밀접한 관련을 가지고 계획하여야 한다. 가로에서 이용되거나 시각적 대상이 되는 시설에는 가로등, 휴지통, 우체통, 가로수, 전신주, 키오스크나 안내판, 벤치, 연석, 건물파사드와 색상, 간판, 포장패턴 등이 있으며, 축제에서 도입될 수 있는 시설에는 무대와 주변시설, 홍보아치, 오색기와 등, 간이천막, 이동식 객석, 안내소, 간이음식점, 난장시설 등이 있다.

일상의 공간이 축제의 공간으로 변모하기 위해서는 많은 작업이 필요하다. 따라서 기본적으로 설치되는 위와 같은 시설은 가능하면 변화없이 일정

한 형태를 유지하는 것이 바람직하겠다. 이를 위해서는 가로장치물의 기능
이 일상과 축제의 시간에 모두 이용될 수 있도록 이중적 용도로 계획되어야
할 것이고, 설치패턴 또한 모듈화된 기준을 가져야 하겠다. 이에 반하여 일
시적인 시설은 지역별로 독자성있는 형태를 가져야 한다. 어떠한 형태이던
지 그 시설을 보았을 때 축제가 연상되고 특정지역이 연상되어야 한다.

(2) 외부인과 내부인을 위한 공간계획

축제로 이용되는 공간은 일상에서는 거의 차량에 의해 점유되는 곳들이
다. 축제를 즐기는 사람들은 뚜렷한 목적없이 이리저리 매우 느린 발걸음
을 옮겨 놓기 때문에 차량의 속도와는 매우 이질적인 요소가 된다. 따라서
차량의 통제는 필수적인 문제로 나타나기 때문에 그곳을 생업의 터전으로
하는 사람들에게는 매우 불편한 기간이 된다. 이들 모두가 만족할 수 있는
공간이 되기 위해서는 보행에 불안감을 주지 않는 정도의 차량허용과 생업
에 지장이 없을 정도의 차량통행이 전제되어야 한다. 이를 위해서는 이면
도로를 최대한 활용하는 방안을 도입하거나, 시간제 통행, 차량유형에 따른
분별통행 등을 도입할 수 있다. 그러나 단기간을 위해 이면도로의 활용을
안내하는 것은 현실적으로 매우 어려운 상황이기 때문에 시간제 통행이나
분별통행방법을 적극 고려해야 할 것이다.

2. 행사공간

축제와 관련된 행사가 벌어지는 공간으로서 전체가 모일 수 있는 주요
행사 공간은 공간과 개별적인 단위행사가 열리는 개별행사공간으로 구분하
여야 한다. 도시의 공간은 대규모의 단일공간보다는 몇 개의 소규모 공간
이 산재되어 있는 경우가 많으므로 현실적 여건상 넓은 공간을 확보하기가
매우 어려운 실정이다. 따라서 하나의 공간에서 모든 행사가 개최될 경우
통과보행과 마찰이 발생할 우려가 있으므로 소규모 행사의 분산을 위한 공

간계획이 이루어져야 한다. 또한 축제의 절차상 필수적 요소인 의식과정을 담는 공간과 축제의 뒷전격인 비의식과정을 담는 공간은 구분되어 도입하여야 한다.

(1) 주요행사공간

현대의 축제는 행진을 매우 중요시 하고 있다. 전통축제에서도 보았듯이 행진은 분위기 조성의 역할을 담당하고 있으며, 행진의 형태는 당산이나 당산목이 있는 공간을 시점으로 하여 결국은 다시 그곳으로 되돌아 간다. 이는 시작과 끝의 행위를 수용하는 중심공간을 보여주는 것이다. 이곳에는 약간의 시설이 요구되는데, 의식을 위한 단과 수직상징물을 설치할 수 있는 시설 그리고 간단한 조립식 간이객석과 천막 등을 고정시킬 수 있는 시설 등이 그것이다. 이를 위해서는 가로시설물들 사이의 간격이 일정한 모듈적 질서를 가지고 설치하여야 하고, 무대와 같은 단이 설치되는 시설의 경우에는 배경이 되는 건물파사드와의 관계도 고려하여야 한다. 항상 일정한 위치에 이 공간이 조성된다면 건축물 개수시 건축주와의 협의에 의해 이러한 의도를 반영할 수 있을 것이며, 거리의 상징공간이 될 수 있으므로 상당한 가능성이 있을 것이다.

단이 설치되고 기간내내 유지되어야 하므로 거리의 공지나 특정공간의 한 쪽 벽면을 이용하는 형태가 바람직하다. 특히, 이곳은 축제공간 전체를 대표하기 때문에 이전부터 의미가 있는 곳 -인물 및 역사적 사건과의 관련 등- 이면 더욱 효과적일 수 있으며, 이런 의미에서 중심공간의 위치를 변경없이 일정하게 유지하는 것도 중요한 사항이 된다.

(2) 개별행사공간

공간의 활용도를 높이고 축제의 다양성을 제공하기 위한 공간으로 주요행사공간의 축제분위기를 계속 이어가는 효과도 누릴 수 있다. 주요행사가 열리는 중심공간과 같은 시설은 필요치 않으나 공간의 성격을 명확히 해줄 수 있는 요소가 도입되어야 한다. 전통축제에서의 당산목 주변에는 부정의 퇴치를 위해 황토가 뿌려지는 것을 보았는데, 이는 주변과 이질화된 공간을 만드는 상징적인 행위이다. 현대축제공간에서 만들어지는 연출공간 역시 바닥패턴을 이용할 수 있도록 사전에 계획이 된다면 바람직할 것이다. 단을 두는 형태는 통과보행이나 서비스차량의 동선과 마찰이 발생할 소지가 있고, 행사가 있지 않은 시간에는 보행로로서 제공되어야 하므로 좋지 못한 형태가 될 것이다.

(3) 돌발행사공간

이는 연출자만이 행위를 제공하는 것이 아니라 참여자 혹은 구경꾼들이 일시적인 연출자가 되어 도발적인 해프닝을 만들어 내는 것이다. 그러기 위해서는 소규모의 공간적 여지가 있어야 하는데, 공간의 크기 측면에서 보면 5~8명 정도를 수용할 수 있는 면적이면 가능하다. 가로공간에서 이를 수용할 수 있는 곳은 주요보행로와 분산보행로가 교차하는 곳의 입구부위나 건축물의 1층이 뒤로 후퇴되어 피롯티가 발생한 공간이 적절하다. 이렇게 교차하는 두 도로에는 분산보행로의 양측에 깃발과 등 또는 소형스피커가 설치될 수 있는 가로시설이 요구되는데, 기존의 가로시설에서 반영하여 이중적 활용이 되도록 하는 것이 바람직하다.

3. 연계공간

축제의 연계공간은 축제행렬이 주요공간을 옮겨다닐 수 있도록 선형으로 된 공간을 말한다. 따라서 이 공간 역시 축제를 위해 만들어진 공간이 아니라 축제가 이용해야하는 공간이다. 축제행렬의 움직임은 일반 보행속도의 절반에도 미치지 않을 정도로 매우 느리다. 일부에서는 차량을 이용하여 이동을 하기도 하지만 또 한편에서는 대형구조물을 밀고 가는 경우도 있고, 주변의 구경꾼과 어우러져 놀기도 하고, 멈춰서서 자신들의 행위를 보여주어야 하는 경우도 있다. 따라서 이들의 행렬은 전진과 정지가 반복되고 일부에서는 정체가 되기까지 한다. 이러한 행렬의 특성을 감안하여 연계공간이 되는 도시가로의 광장이나 공지, 역전광장, 건물전정 공간, 도심소공원 등은 일시적으로 이들에게 제공될 수 있도록 하여야 한다.

이와 함께 도로의 연변에서 관람을 하는 구경꾼들을 위한 공간도 고려하여야 하고, 통과보행과의 관계도 계획요소로 반영하여야 한다.

제3절 앞으로의 과제

앞서의 연구에서 보았듯이 축제는 인류공통의 기원을 가지고 태어났다. 그러나 시간의 흐름에 따라 인류의 모습이 달라졌듯이 축제의 양상 또한 커다란 차이가 생겨 각 민족의 문화로 자리를 잡게 되었다. 우리에게도 우리만의 문화로서 축제가 있었고, 지금도 그 축제는 계속되고 있다. 이러한 시점에서의 본 연구는 현대축제에 대한 새로운 이해를 위해 시도된 것으로 몇가지 극복해야할 과제들을 가지고 있다.

우선 본 연구자는 민속학이나 인류학을 연구하는 전문인이 아니기 때문에 각종 사례들에 대한 현장조사에서 예리한 관찰력을 발휘할 수가 없었다. 이러한 문제는 관련분야의 전문인과 함께 조사된다면 훌륭히 극복될 수 있을 것이고, 공간 속의 행태에 대해 보다 생생한 사실들을 기록할 수 있을 것이다.

이와 함께 축제는 무형의 문화이기 때문에 한 번 소실되면 완전한 복구가 거의 불가능하다. 따라서 현재까지 살아서 이어지고 있는 전통축제에 대한 기록이 매우 시급한 상황이다. 살아있는 전통축제에 대하여 행태와 공간의 구조를 보다 세부적으로 기록하는 것은 미래의 전통을 세우는 기초

작업이 될 것이며, 새로운 문화공간의 창출에 좋은 실마리를 제공할 수 있을 것이다.

그러나 무엇보다도 현대의 행사와 같은 축제가 진정한 집단의 공동체성을 발휘하는 축제로 다시 태어나기 위해서는 축제의 주체인 우리 자신이 마음을 열어야 할 것이다.

· 저자 ·

김태경   · 약 력 ·
(金太京)   서울시립대학교 문리과대학 조경학과 졸업
         서울시립대학교 대학원 조경학 석사
         서울시립대학교 대학원 공학 박사

         한국조경학회 이사
         한국전통조경학회 상임이사
         강원도 건설기술 심의위원
         조경기술사
         강릉대학교 환경조경학과 교수

         · 주요논저 ·

         『조경기술사자료집』
         『한국조경설계경기작품집』
         「가로수 식재체계 수립」
         「강릉단오제의 도시공간적 의미」
         「경포호의 옛모습 추정」
         「농촌문화마을 경관형성 기본계획」
         외 다수

한국의 축제 다시보기

· 초판 인쇄   2006년 5월 30일
· 초판 발행   2006년 5월 30일

· 지 은 이   김태경
· 펴 낸 이   채종준
· 펴 낸 곳   한국학술정보㈜
             경기도 파주시 교하읍 문발리 526-2
             파주출판문화정보산업단지
             전화 031) 908-3181(대표) · 팩스 031) 908-3189
             홈페이지 http://www.kstudy.com
             e-mail(e-Book사업부) ebook@kstudy.com
· 등   록   제일산-115호(2000. 6. 19)
· 가   격   17,000원

ISBN 89-534-5062-4 93330 (Paper Book)
      89-534-5063-2 98330 (e-Book)